Michael Maurer

WILHELM VON Humboldt

EIN LEBEN ALS WERK

Böhlau Verlag Köln Weimar Wien

Bibliografische Information der Deutschen Nationalbibliothek:
Die Deutsche Nationalbibliothek verzeichnet diese Publikation in der
Deutschen Nationalbibliografie; detaillierte bibliografische Daten sind
im Internet über http://portal.dnb.de abrufbar.

Umschlagabbildung:
Gottlieb Schick: Wilhelm von Humboldt, Öl auf Leinwand (1808/09), (c) bpk |
Deutsches Historisches Museum | Arne Psille

© 2016 by Böhlau Verlag GmbH & Cie, Köln Weimar Wien
Ursulaplatz 1, D-50668 Köln, www.boehlau-verlag.com

Alle Rechte vorbehalten. Dieses Werk ist urheberrechtlich geschützt.
Jede Verwertung außerhalb der engen Grenzen des Urheberrechtsgesetzes
ist unzulässig.

Korrektorat: Rainer Landvogt, Hanau
Umschlaggestaltung: Guido Klütsch, Köln
Layout und Herstellung: Franziska Creutzburg, Köln
Satz und Datenkonvertierung: Reemers Publishing Services, Krefeld
Reproduktionen: Satz + Layout Werkstatt Kluth, Erftstadt
Druck und Bindung: Finidr, Cesky Tesin
Gedruckt auf chlor- und säurefreiem Papier
Printed in the EU

ISBN 978-3-412-50282-9 | eISBN 978-3-412-50706-0

INHALT

1 EINLEITUNG Wer war Wilhelm von Humboldt? 9

2 DEN STOFF SEINER ERFAHRUNGEN DEM UMFANG
   DER WELT GLEICH MACHEN Ich, Du und Welt 14
   Herkunft, Kindheit und Jugend 14
   Die ersten Reisen 17
   Hochgestimmte Verlobungszeit 23

3 SEHNSUCHT NACH FREIHEIT Humboldts Liberalismus
   als Komponente seines Menschenbildes 30
   Entwicklung der Kräfte und Genuß 30
   Gegen Bevormundung, für Gedankenfreiheit 33
   Die Verfassungsschrift 36
   Die Grenzen des Staates 38
   Liberalismus in Perspektive 46

4 WAS DEN GANZEN MENSCHEN ZUSAMMENKNÜPFT
   Die ideale Menschlichkeit der Griechen 65
   Wozu Griechisch lernen? 65
   Graecomanie in Deutschland vor 1800 69
   Über das Studium des Alterthums 72
   Humboldt als Übersetzer 76
   Weisheit der Griechen: Der Ertrag für die Anthropologie 78

5 VERKNÜPFUNG UNSRES ICHS MIT DER WELT
   Frühe Schriften zur Anthropologie 82
   Anthropologie und Menschheitsdenken im 18. Jahrhundert ... 82
   Theorie der Bildung des Menschen 85
   Plan einer vergleichenden Anthropologie 87
   Menschenkenntnis und Selbsterkenntnis 89
   Über den Geschlechtsunterschied 91
   Über die männliche und weibliche Form 94
   Humboldts anthropologische Ansätze und ihre Tragweite 97

6 EINE VÖLLIGE REVOLUTION AUF DEM GEBIET
DER ÄSTHETIK Im Kreise Goethes und Schillers 100
    Familienleben, ländliche Muße, wissenschaftliche Kontakte .. 100
    Bei Schiller in Jena 103
    Theorie des Epos 108
    Gewinn und Verlust im Umgang mit den Klassikern 114

7 NATIONALCHARAKTER, PHYSIOGNOMIE,
JAHRHUNDERTPROJEKT Vergleichende Anthropologie
in der Pariser Zeit 116
    Nationalcharakter: deutsch und französisch 116
    Leben in Paris 1797–1801 119
    Physiognomik – ein Forschungsprogramm? 121
    Das Jahrhundertprojekt 122
    Fazit: Kategorien der Anthropologie 127

8 BEGEGNUNG MIT FREMDEN KULTUREN Spanien,
die Basken und der Impuls zum Studium der Sprachen .. 130
    Reiseziel Spanien 130
    Der spanische Nationalcharakter 136
    Der Montserrat bei Barcelona 139
    Das Erlebnis der spanischen Kunst 142
    Zur Entwicklung des Spanienbildes 143
    Die Begegnung mit dem Baskischen 146

9 LEBEN AUF KLASSISCHEM BODEN Rom 1802–1808 ... 154
    Amtliche Tätigkeit als preußischer Resident beim
    Heiligen Stuhl 154
    Die ideelle Bedeutung Roms 157
    Das Studium der Griechen 160
    Persönliche Krisen 162

10 IM DIENSTE DER BILDUNG Preußen und
Deutschland 1809–1810 167
    Ein schwerer Entschluß 167
    Verschiedene Aktivitäten 172
    Prinzipien der Schulreform 174
    Der Königsberger und der Litauische Schulplan 177

Das humanistische Gymnasium 182
　　　Die Gründung der Universität Berlin 186

11 EUROPÄER UND KOSMOPOLIT Diplomat und
　　Minister für Ständische Angelegenheiten (1810–1819) ... 192
　　　Gescheitert? 192
　　　Leben in Wien 197
　　　Diplomat im Befreiungskrieg 1813 198
　　　Denkschrift über die deutsche Verfassung 1813 201
　　　Auf dem Wiener Kongreß 1814/15 207
　　　Frankfurter Territorialkommission und
　　　Londoner Botschaft 1815–1818 211
　　　Minister für Ständische Angelegenheiten 1819 213

12 VERWIRKLICHUNG DER DURCH DIE MENSCHHEIT
　　DARZUSTELLENDEN IDEE Geschichtsphilosophie 217
　　　Die Natur der Dinge 217
　　　Über die Aufgabe des Geschichtschreibers 222
　　　Geschichtsphilosophie in Perspektive 228

13 DER MENSCH IST NUR MENSCH DURCH SPRACHE
　　Sprachwissenschaft und Sprachphilosophie 229
　　　Humboldts Sprachenkenntnis 229
　　　Über das vergleichende Sprachstudium 231
　　　Über das Entstehen der grammatischen Formen 236
　　　Über die Buchstabenschrift 238
　　　Über den Dualis 241
　　　Über die Verschiedenheiten des menschlichen Sprachbaues .. 244
　　　Sprache und Denken 246

14 DIE SPONTANEITÄT DER WAHL IM DU
　　Klassische Briefkultur 252
　　　Briefkultur 252
　　　Der Briefwechsel mit Schiller 253
　　　Briefe an eine Freundin 257
　　　Botschaften des ‚Weisen von Tegel' 265
　　　Der Briefwechsel mit Caroline 271

15 SO GLÜCKLICH OHNE ALLEN ANSTOSS
Ein Leben als Werk 277
Letzte Dienste 277
Private Harmonie im Alter 278
Die täglichen Sonette 280
Synthese 284

16 NACHWORT Wirkung auf die Nachwelt 289

NACHWEIS DER ZITATE 297

LITERATURHINWEISE
Werkausgaben 298
Briefausgaben 298
Forschungsliteratur 298

BILDNACHWEIS 303

PERSONENREGISTER 305

I EINLEITUNG

WER WAR WILHELM VON HUMBOLDT?

Wilhelm von Humboldt verfolgte einen einzigen Gedanken sein Leben lang mit bewundernswerter Konsequenz, aus ihm läßt sich sein Denken und Handeln ableiten: *Der Mensch ist ein Individuum, und er darf es auch sein!* Er muß sich bestreben, seine eigene Persönlichkeit auszubilden, indem er immer mehr Welt in sich aufnimmt. Er soll dabei möglichst wenig von anderen eingeschränkt werden, aber auch auf andere keinen Zwang ausüben. Institutionen wie Staat und Kirche haben kein Recht, Individuen zu unterdrücken; ihre Aufgabe besteht nur darin, zur Sicherheit und Entfaltung von Persönlichkeiten beizutragen.

Humboldt konzipierte den Menschen nach sich selbst und nach dem Ideal des Menschen, das er in seiner Welt vorfand. Autonomie wurde vorausgesetzt, Willenskraft, Selbstbewußtsein. Aus seiner Idee vom Menschen ergab sich eine staunenswerte geistige Offenheit und Aufnahmebereitschaft: Möglichst alle Arten von Menschen, alle Nationen, Geschlechter, Altersstufen, Temperamente, ja: alle historisch verwirklichten Formen menschlicher Kultur genau kennenzulernen stellte er sich als Aufgabe. Die Sprache als das spezifisch Menschliche rückte für ihn immer mehr in den Mittelpunkt seines Denkens. Die Vielfalt der Sprachen bewahren und das Universale des Menschseins verstehen. Die Welt durch Sprache erkennen: Das war sein entscheidendes Ziel.

Obwohl er der Pädagogik wesentliche Impulse gegeben hat, liegt sein entscheidender Beitrag eigentlich darin, zum Selbstdenken, zur Selbstbildung, zur Selbsterziehung zu ermuntern und in Schule und Universität die Rahmenbedingungen dafür zu schaffen. Humboldt steht für das „Wagnis der Autonomie" (Cord-Friedrich Berghahn). Im Gespräch mit der Antike zielt er auf den modernen Menschen.

Er vertrat die Vorstellung, menschliche Entfaltung benötige vor allem Freiheit. Sein politisches Denken ist wesentlich darauf gerichtet, die Wirksamkeit des Staates zu beschränken: nur so viel Staat wie nötig. Er dachte diesen von der Gesellschaft her, lehnte Ständeschranken, Zunftzwänge, akademische Korporationen, Leibeigenschaft usw. ab und trat dort, wo er mitzureden hatte, für Freiheit ein.

Der unverrückbare Glauben an das Individuum und die freie Entfaltung der Kräfte bedeutete freilich für den aufgeklärten Menschen, der sich seiner Bestimmung bewußt geworden war, auch eine hohe Pflicht und schwere Verantwortung. Humboldt wollte die sittliche Autonomie mit allen Konsequenzen ausleben. Er war aus Prinzip ‚religiös unmusikalisch': Der preußische Protestantismus der Aufklärung vermochte ihn nicht wirklich zu beeindrucken. Die seelischen Bedürfnisse des autonomen Individuums verwies Humboldt in den zwischenmenschlichen Bereich: Familie und Freunde. Wo es um Orientierung an Vorbildern der Tradition ging, standen ihm die klassischen Griechen näher als die Juden des Alten Testamentes und die Christen der Antike und des Mittelalters. Er lebte im Kreise von Goethe und Schiller und blieb lebenslang im Banne der Weimarer Klassiker. Ihr Menschenbild, ihre Vorstellung von ästhetischer Erziehung des ‚ganzen Menschen' wurde in Humboldts Reform von Schule und Universität wirksam.

Humboldts Überzeugung von der Pflicht des einzelnen, sich zur individuellen Persönlichkeit auszubilden, bürdete ihm die Last ständiger Selbstprüfung und Erprobung auf verschiedenen Gebieten auf. Er war durchdrungen von dem Gedanken, etwas für die Menschheit leisten zu müssen. Dazu aber müsse man ihm einen weiten Spielraum zur Entwicklung seiner Persönlichkeit lassen. Je mehr er sich um die Erkenntnis und Ausbildung seiner Individualität bemühe, desto besser könne er schließlich, meinte er, seine eigene Aufgabe erfüllen. Der Weg, den er dabei ging, führte ihn zu der Erkenntnis, daß Entscheidendes nicht durch ein Werk zu vollbringen sei, sondern durch die Entfaltung aller Kräfte, in der Gestaltung des eigenen Lebens. Als Vorbild für andere, aber nicht im Sinne der Nachahmung, sondern als Ermunterung zu jeweils eigener Ausbildung ihrer Persönlichkeit. In diesem Sinne intendierte er sein Leben als Werk.

Wilhelm von Humboldt (1767–1835) war ein preußischer Adliger, dessen Name heute in erster Linie mit dem Stichwort ‚Bildung' verbunden wird, und zwar in doppelter Weise: Er gilt als Stifter des humanistischen Gymnasiums in Preußen, wie es sich im 19. Jahrhundert zu einer spezifischen Schulform entwickelte, die auf ganz Deutschland ausstrahlte, und er wurde 1810 zum Gründer der Berliner Universität, die später sogar in Humboldt-Universität umbenannt wurde.

Humboldt lebte in wechselnden Phasen seines Lebens mehrfach als adliger Privatmann auf seinen Gütern (bzw. denen seiner Frau) und im preußischen Staatsdienst, zunächst als Gerichtsreferendar in Berlin, später als preußischer Gesandter auf verschiedenen Posten (Rom, Wien, Frankfurt, London) und als (Quasi-)Minister in Berlin bzw. Königsberg. Am folgenreichsten waren seine 16 Monate als Chef der Sektion für Kultus und Unterricht im preußischen Ministerium des Innern (1809/10). Im Jahre 1819 amtierte er unter Hardenberg zwölf Monate lang als ‚Minister für Ständische Angelegenheiten'.

Humboldt war außerdem ein bedeutender Gelehrter, dessen originelle Leistung vor allem im Bereich der damals gerade erst entstehenden allgemeinen und vergleichenden Sprachwissenschaft liegt, mit der er sich hauptsächlich in den letzten anderthalb Jahrzehnten seines Lebens beschäftigte. Er war bedeutend als Übersetzer, und zwar vor allem aus dem Griechischen. Er trat auch mit eigenen Dichtungen hervor (z. B. mit der Elegie *Rom,* 1806). Er versuchte sich im Bereich der Ästhetik und Literaturkritik (vor allem mit seiner Theorie des Epos). Seine politischen Schriften, die ihn als eingefleischten Liberalen zu erkennen geben (insbesondere seine *Ideen zu einem Versuch, die Gränzen der Wirksamkeit des Staates zu bestimmen*), stempeln ihn zu einem Klassiker des politischen Denkens. Und seine Schriften über die alten Griechen fundierten theoretisch die Graecomanie der Goethezeit; er stand in engem Kontakt mit Goethe und vor allem 1794–1797 in Jena mit Schiller. Die gemeinsame Liebe zu den alten Griechen wurde bestimmend für die Weimarer Klassiker, und Humboldt war unter den dreien der genaueste Kenner der griechischen Sprache.

Ein reiches Leben also, bei dem man sich hinzudenken muß, daß er in jungen Jahren vor allem die Bekanntschaft berühmter Menschen suchte, daß er jahrzehntelang glücklich in einer modernen, offenen Ehe mit Caroline von Dacheröden lebte (1791 bis zu ihrem Tode 1829), die acht Kinder zur Welt brachte. Er machte zahlreiche Reisen durch Europa, lebte in wichtigen Hauptstädten, erforschte europäische Randkulturen wie die der Basken. Er genoß lebenslang das enge, wenngleich nicht spannungsfreie und auch von Rivalität bestimmte freundschaftliche Verhältnis zu seinem um zwei Jahre jüngeren Bruder Alexander von Humboldt (1769–1859), dem Weltreisenden. Er hinterließ eine bedeutende, weitverzweigte Korrespondenz, unter der sein noch von ihm selbst veröffentlichter Briefwechsel mit Schiller, die beiden Bände *Briefe an eine Freundin* und die sieben Bände der Korrespondenz mit seiner Frau Caroline herausragen. Seine Humanität und seine Vielseitigkeit bewährten sich in klassischen Briefen, die zum Besten der deutschen Briefkunst gehören.

Um Wilhelm von Humboldt zu verstehen, muß man sich die individuelle Verbindung klarmachen, die er durch sein Leben verwirklichte: Er lebte wie ein Adliger seiner Zeit, besuchte beispielsweise nie eine Schule, sondern erhielt Privatunterricht; er lernte zwar eifrig, legte aber nie ein Examen ab. Er trat in den Staatsdienst seines Fürsten ein, fühlte sich aber stets souverän genug, sich daraus wieder in sein Privatleben zurückzuziehen. Seine liberale Grundeinstellung erklärt sich wohl zum Teil auch aus der Haltung eines Adligen, der den König nicht zu weit als Souverän über sich sehen will, sondern den Staat als eine zugängliche Institution für fähige Diener betrachtet. Als Freiherr aus einem 1736 geadelten Geschlecht war er sehr auf seine Ehre bedacht; sein Ausscheiden aus dem Staatsdienst 1810 und 1819 beruhte nicht zuletzt auf Konflikten über Rangvorstellungen.

Mit diesem Adelserbe verband Wilhelm von Humboldt aufgrund seiner Erziehung ein ausgesprochen aufklärerisches Leistungsethos, das ihn dem Gelehrtenstand annäherte. Wohl fällt es auf, daß ein Großteil des gesellschaftlichen Umganges dieses Mannes aus gleichrangigen Adligen bestand, auch an den Universitäten, ohnehin im Staatsdienst und als Diplomat. Trotzdem gehörten zu seinen Freunden und engsten Vertrauten auch zahlreiche Bürger, und zwar meist die Spitzen der jeweiligen Berufshierarchien, Wissenschaftsdisziplinen und Künste. Sein klassisches Menschheitsideal war idealistisch gefärbt; an den alten Griechen, also an einer aristokratischen Kultur, wurde Maß genommen, von hier aus aber ständeübergreifend ein Allgemein-Menschliches angezielt. Er arbeitete unablässig an der Verwirklichung eines menschlichen Optimums und durfte sich in seinen späten Jahren sagen, daß er einer Realisierung seines Ideals sehr nahe gekommen sei.

Wilhelm von Humboldt hielt sich selbst in fast allen Epochen seines Lebens für glücklich. Er war es in mehrfachem Sinne: durch seine privilegierte Herkunft, reichliche materielle Mittel, eine universale Erziehung, vielfältige Möglichkeiten zum ungehinderten Ausleben seiner Begierden, aber auch durch eine Großzügigkeit des Geistes, welche ihn über manches hinwegsehen ließ, woran sich kleinlichere Geister stießen, und im Alter durch eine gediegene Weisheit, Ruhe und Klarheit.

2 DEN STOFF SEINER ERFAHRUNGEN DEM UMFANG DER WELT GLEICH MACHEN

ICH, DU UND WELT

Herkunft, Kindheit und Jugend
Wilhelm von Humboldt wurde am 22. Juni 1767 in Potsdam geboren. Sein Vater Alexander Georg von Humboldt war als Major aus dem preußischen Militärdienst ausgeschieden und hatte danach als Kammerherr am preußischen Hofe gedient, bevor er sich ins Privatleben zurückzog. Der 46jährige heiratete 1766 eine 25jährige, eine ‚gute Partie': Sie war zwar nicht selbst von Adel, sondern aus einer hugenottischen Gelehrten- und Industriellenfamilie, die sich nach Preußen geflüchtet hatte, Marie Elisabeth geb. Colomb, verw. von Holwede. Sie war in jungen Jahren bereits Witwe geworden und brachte nebst einem Sohn aus erster Ehe auch zwei Landgüter in der Umgebung von Berlin in die Familie Humboldt: Ringenwalde und Tegel. Wilhelm war der älteste Sohn, zwei Jahre später wurde Alexander geboren. Die beiden Knaben wurden früh Waisen, da der Vater schon 1779 starb und die Mutter mit der Sorge um die Erziehung ihrer Söhne zurückließ.

    Erstaunlicherweise lernte der spätere Sprachwissenschaftler erst spät sprechen: nämlich in seinem dritten Lebensjahr. Er konnte aber sehr früh schreiben, nämlich mit drei Jahren (sein Hauslehrer brillierte gerne mit ‚Wunderkindern'!). Die Sommer verbrachte man in Tegel, die Winter in Berlin. Wilhelm bewahrte vielfältige Erinnerungen an den Landsitz Tegel, über den er später seiner Braut schrieb: „Die Gegend hat in der Tat etwas Romantisches, und für eine hiesige ist sie überschön. Und ich, der ich von meiner ersten Kindheit an da war, von wie vielen Erinnerungen werd ich ergriffen bei jedem Anblick. Wie oft stand ich, wie neulich, auf dem Weinberg und sah über das Feld und die Wiesen und den See und seine einzeln verstreuten Eilande hin! Sehnsucht dehnte dann meinen Busen aus" (WCB 1, 144). Ansonsten schilderte er seine Kindheit als freudlos: „Ich hatte so eine traurige frühe Jugend. Die Menschen quälten mich; ich hatte keinen, der mir etwas war, oder wenn ich mir auch einmal einen so idealisierte – so konnt ich nicht mit ihm umgehen. Das gab mir eine so eigentliche Liebe zu den Büchern, und in das trockenste Studieren mischte sich so eine Empfindung, so eine Anhänglichkeit, die aus Bitterkeit gegen die Menschen entsprang und oft nicht ohne Tränen war" (WCB 1, 134).

Die Mutter bewies Geschick bei der Auswahl der Erzieher für ihre Söhne. Schon für den ältesten aus erster Ehe war als Hauslehrer Joachim Heinrich Campe angestellt worden, der später berühmte Pädagoge, Schulgründer, Übersetzer und Schulbuchautor. Als Hofmeister fungierte Gottlob Johann Christian Kunth, der dann im preußischen Staatsdienst Karriere machte. Seit 1785 erhielten Wilhelm und Alexander von Humboldt, die nie eine Schule besuchten, Privatvorlesungen von berühmten Berliner Aufklärern: Christian Wilhelm (von) Dohm lehrte sie Statistik und Nationalökonomie, Ernst Ferdinand Klein Naturrecht, Johann Jakob Engel Philosophie und Geschichte der Philosophie. Alle waren berühmte Männer aus dem Kreis der Berliner Aufklärer um den Verleger Friedrich Nicolai, den Gymnasialdirektor Johann Erich Biester und den jüdischen Handelsdiener und Philosophen Moses Mendelssohn. Dohm trat hervor als Verfasser der Schrift *Über die bürgerliche Verbesserung der Juden* (1781). Klein war einer der Hauptmitarbeiter am *Allgemeinen Landrecht für die Preußischen Staaten* (1794). Engel verfaßte Schriften zur Ästhetik und Literaturwissenschaft und war auch der Erzieher des Kronprinzen. Die Zöglinge siedelten mit ihrem Hofmeister ganz nach Berlin über und sahen die Mutter nur noch sonntags in Tegel.

Die Brüder Humboldt erhielten zwar eine Adelserziehung in dem Sinne, daß man frei und kavaliersmäßig lernte und studierte, aber auf körperliche Übungen wie Reiten, Fechten und Voltigieren legten ihre bürgerlichen Erzieher wenig Wert. Gewiß, Reiten gehörte damals zum Selbstverständlichen. Die beiden genossen die zu ihrer Zeit bestmögliche Erziehung, die auf zivile Karrieren im Staatsdienst ausgerichtet war, nicht auf das militärische Adelsleben, das ihr Vater geführt hatte.

Gleichzeitig verkehrten sie auch schon im Salon der Henriette Herz (geb. Lemos). Henriette galt als Schönheit und intellektuelle Wunderfrau; sie sammelte junge Leute von Geist und Geschmack um sich und gründete mit Brendel Veit (später: Dorothea Schlegel) und Carl von La Roche einen Zirkel, in dem man gemeinsam las und diskutierte, Liebschaften anspann und die aufkeimenden Gefühle analysierte. Die Salonkultur wurde hinterfangen von einer Korrespondenzkultur. Wilhelm von Humboldt fand hier eine neue Welt, eine neue Umgangskultur, ein geselliges Leben außerhalb adliger Konventionen.

Hofmeister Kunth begleitete das Brüderpaar im Wintersemester 1787/88 auf die preußische Landesuniversität nach Frankfurt an der Oder. Alexander war für das Fach Kameralistik vorgesehen, Wilhelm für Jura. Alexander sammelte sogleich Freundschaftserfahrungen mit Männern, in die er sich verliebte; Wilhelm vergrub sich in die Bücher.

Freilich: Intellektuell hatte Frankfurt an der Oder wenig zu bieten, und so wandte sich Wilhelm schon nach einem Semester nach Göttingen. Göttingen gehörte zu Kurhannover; preußischen Untertanen war es eigentlich verboten, im Ausland zu studieren, doch kümmerte man sich nicht darum. Göttingen galt als Musteruniversität der

Aufklärung. Hier lehrten berühmte Männer als Professoren verschiedener Fächer. Wilhelm, gerade volljährig geworden, war nun souverän genug zu studieren, was ihn interessierte, und ließ die juristischen Studien liegen. Statt dessen besuchte er die spektakulären Vorlesungen des Physikers Georg Christoph Lichtenberg, die demonstrativ gelehrten Vorlesungen des Historikers und Staatswissenschaftlers August Ludwig (von) Schlözer, vor allem aber die des Altphilologen Christian Gottlob Heyne. Humboldt liebte das Griechische, und dieser Liebe konnte er hier nachhängen. In seiner Göttinger Zeit studierte er auch die Schriften Immanuel Kants. Wilhelm verbrachte zwar in Göttingen nur zwei Semester (bald kam sein Bruder Alexander nach), doch erweiterte sich sein Horizont in dieser Zeit beträchtlich, wie sich bald zeigen sollte.

Die ersten Reisen

Zu einer vollkommenen Erziehung im Sinne des 18. Jahrhunderts gehörte der Abschluß durch Reisen. Wilhelm und Alexander von Humboldt unternahmen jedoch nicht eigentlich ‚Kavalierstouren' wie die Adligen der früheren Generationen, sondern eher ‚Bildungsreisen', Reisen zur Ausbildung als Gelehrte in den verschiedenen einschlägigen Wissenschaften. Damit mußten sich ihre Wege auch bald schon trennen, denn Alexander verlegte sich ganz auf die Naturwissenschaften, vor allem auf das Bergfach, die Geologie und die Botanik, während Wilhelm das Studium des Menschen in einem allgemeineren Sinne anstrebte. Es ist auffallend, daß derselbe Mann, der später Einsamkeit und Freiheit propagierte und nicht müde wurde, das isolierte Denken des Individuums zu preisen, in jungen Jahren geradezu süchtig danach war, andere Menschen kennenzulernen, vor allem die Bekanntschaft von zugänglichen Berühmtheiten zu machen. Für ihn war diese ‚empirische' Menschenkunde weit wichtiger als das Studium aus Büchern. Ein entscheidendes Mittel zur Gewinnung solcher Kenntnisse bestand in Reisen.

Seine erste Reise 1788 von Göttingen aus führte *nach dem Reich*. Den Charakter seiner jugendlichen Bildungsreise erkennt man vor allem daran, daß er sich in seinen Tagebuchaufzeichnungen auf die gedruckten Reiseführer bezog, die er bei sich hatte: um sich statistische Angaben zu sparen, aber auch, um diese nach seinen eigenen Recherchen zu berichtigen. Er suchte Berühmtheiten verschiedener Lebensbereiche auf, vor allem an Höfen (Arolsen, Darmstadt) und Universitäten (Marburg, Gießen, Mainz, Bonn). Am wichtigsten war es ihm dabei, seine Menschenkenntnis zu perfektionieren. Dementsprechend finden sich viele Charakterschilderungen und persönliche Einschätzungen von berühmten und unbekannten Leuten. Er führte sorgfältige Gespräche, in denen er seine Gesprächspartner vor allem mit Fragen nach dem Wöllnerschen Religionsedikt konfrontierte, um ihre Meinung zu sondieren und ihre Argumente für Religions- und Gewissensfreiheit zu prüfen. Kein zweites Faktum hatte den jungen Humboldt nämlich so sehr in Erregung versetzt wie der Rückschritt der Aufklärung in Preußen nach dem Tode Friedrichs des Großen 1786, als dessen Nachfolger Friedrich Wilhelm II. unter den Einfluß orthodoxer klerikaler Kreise zu geraten schien, indem er Johann Christoph von Wöllner zum Minister machte und die Pressezensur verschärfte. Humboldt sah darin einen fundamentalen Anschlag auf die Meinungsfreiheit der Menschen. Seine Gespräche auf der Reise ins Reich lassen seine Erregung über dieses damals gerade aktuelle politische Faktum noch erkennen. Sie weisen jedoch auch voraus auf den alten Humboldt, der im Kampf gegen die ebenso reaktionären und die Meinungsbildung einengenden Karlsbader Beschlüsse 1819 unter Protest aus dem preußischen Staatsdienst ausschied.

Mainz war die wichtigste Station dieser Reise: eine blühende Handelsstadt, katholisch geprägt, unter der Herrschaft eines Erzbischofs. Aber gerade in dieser Zeit schien sich Mainz der Aufklärung zuzuwenden, wofür auch die kurz zuvor erfolgte Berufung Georg Forsters zum Bibliothekar des Kurfürsten stand. Forster hatte, zusammen mit seinem Vater Johann Reinhold, an der zweiten Weltreise von James Cook teilgenommen und war eine europäische Berühmtheit seit seiner Beschreibung dieser Reise in englischer und deutscher Sprache. Er war schon Professor am Carolinum in Kassel und an der Universität Wilna gewesen und trug sich nun mit dem Gedanken einer weiteren Reise in die Südsee in russischen Diensten, die freilich nicht zustande kam. (Er wurde später Präsident des Mainzer Jakobinerclubs und starb als Abgesandter der Mainzer Jakobiner in Paris 1794.) Die Begegnung mit dem 13 Jahre älteren Forster war für Humboldt von großer Bedeutung: Hier traf er auf einen freien Geist, der viele Sprachen beherrschte und die Welt mit den Augen der Aufklärung zu sehen gelernt hatte. Mit ihm konnte man politische, aber auch ästhetische, naturwissenschaftliche und philosophische Gespräche führen. Aber mehr noch stand Humboldt im Banne der Frau, mit welcher Forster unglücklich verheiratet war: Therese, Tochter des Göttinger Universitätsbibliothekars Heyne, eine gebildete Frau, die sich später als Schriftstellerin und Journalistin durchschlug. Für den jungen Humboldt war sie interessant aufgrund ihrer zwischenmenschlichen Erfahrungen und psychologischen Einsichten; die damals übliche empfindsame Seelenzergliederung erbrachte auch Gesprächsaufzeichnungen, die in erster Linie für die Berliner interessant sein mußten, für Henriette Herz, Brendel Veit und Carl von La Roche. Dabei ist unverkennbar, daß Humboldt von der zehn Jahre älteren Therese auch erotisch fasziniert war. Als er Caroline von Dacheröden kennenlernte, mußte er sich zunächst einmal aus ihrem Zauber lösen.

Den intellektuellen Höhepunkt der Reise bildeten die philosophischen Gespräche mit Friedrich Heinrich Jacobi in Pempelfort bei Düsseldorf, zu dem Humboldt mit einer Empfehlung Forsters gekommen war. Humboldt hatte in Göttingen mit einem privaten Studium der Kantschen Kritiken begonnen; Jacobi war, als Gefühlsphilosoph, ein Gegner Kants. Die Gespräche drehten sich um Weltanschauliches und Metaphysisches und trugen dazu bei, daß Humboldt, der dem 24 Jahre Älteren natürlich als Schüler gegenübertrat, seine philosophischen Ansichten klären konnte. Auch in den kommenden Jahren bildete der Pempelforter Philosoph immer wieder einen Referenzpunkt für Humboldt, der beispielsweise eine umfangreiche Rezension von Jacobis Roman *Woldemar* veröffentlichte.

Die Tagebücher dieser ersten *Reise nach dem Reich* dienten dem 21jährigen Studenten wesentlich als Gedächtnisstütze. Er bearbeitete sie nach der Rückkehr, aber nur für seine Berliner Freunde und seinen Studienfreund Johann Stieglitz. Insgesamt sind sie fragmentarisch und textlich roh. Sie lassen jedoch die Bildungsanstrengungen und Entwicklungstendenzen des Göttinger Studenten erkennen, den Radius seiner Beobachtungen, der sich auch bereits auf romantisch gesehene Landschaften erstreckte, aber wesentlich psychologisch war: Er wollte Menschen kennenlernen und klären, was ein Mensch ist. Sie zeigen auch schon die charakteristische Rückwendung auf sich selbst: die Selbstanalyse, die sich immer wieder an Begegnungen und Gespräche anschloß. Humboldt wollte nicht nur klären, was „der Mensch" ist; er wollte vor allem Einsicht in seinen eigenen Charakter gewinnen. Beide Richtungen spielten für ihn immer ineinander; die Öffnung nach außen und die Bohrung in die Tiefe waren für ihn letztlich auf dasselbe Ziel ausgerichtet.

Eine weitere Reise unternahm er zusammen mit seinem früheren Hauslehrer Joachim Heinrich Campe nach Paris im Jahr der Revolution. Campe war einer der berühmtesten Pädagogen und Publizisten seiner Epoche. Er gehörte zu den Philanthropen, welche besonderen Wert auf Aufklärung und Nützlichkeit legten, dementsprechend die sprachlichen und abstrakten Komponenten der Erziehung in den Hintergrund stellten und die praktischen, berufsbefähigenden besonders betonten. Campe war sofort begeistert vom Sturm auf die Bastille und den Ereignissen, die sich daran anschlossen und die bald schon als ‚Französische Revolution' in die Annalen eingingen. Campe trug selber wesentlich zur Revolutionspublizistik in Deutschland bei durch seine Aufsätze im *Braunschweigischen Journal* und durch die Buchfassung seiner Reiseberichte aus Paris. Er war der Mann mit dem politischen Spürsinn, der sich zur rechten Zeit am entscheidenden Ort aufhielt: Am 14. Juli 1789 ereignete sich der Sturm auf die Bastille in Paris; am 17. Juli brach Campe in Braunschweig auf, traf sich mit Humboldt in Holzminden und war vom 4. bis zum 26. August dann in Paris mitten im Geschehen. Während Campe begeistert die Errungenschaften der Revolution pries, blieb sein Schüler dagegen kühl und zeigte wenig Sinn für die politischen Begebenheiten und für die weltgeschichtliche Stunde. Freilich: Auch er war anfangs ein Befürworter der Revolution, der Freiheit und Gleichheit, aber eher zurückhaltend, aus der Position des reflektierenden Beobachters.

Die entscheidende persönliche Begegnung auf dem Weg nach Paris fand in Aachen statt, wo sein früherer Berliner Lehrer Christian Wilhelm (von) Dohm inzwischen als preußischer Sonderbeauftragter amtierte. In seinem Tagebuch hielt Humboldt die für ihn wichtigen politischen Gespräche fest, wobei vor allem deutlich wird, daß Dohm einer der frühen Liberalen war, der den Staatszweck allein in der Sicherheit der Bürger sehen wollte. Alle weiteren möglichen Funktionen des Staates wollte er nur insofern gelten lassen, als sie nicht die Freiheit der Bürger einschränkten (vgl. GS 14, 90 f.).

Es ist offenkundig, daß der reife, 16 Jahre ältere Dohm für Humboldt ein entscheidendes Vorbild war, während sein anderer alter Lehrer, Campe, ihm gerade auf dieser Reise mehr und mehr in seiner Begrenzung deutlich wurde. Humboldt störte sein enges Nützlichkeitsdenken: „Vom Rheinfall von Schaffhausen sagte er mir […] ‚ich sehe lieber einen kirschbaum, der trägt früchte, und so schön und gross der Rheinfall ist, so ist es ein unnüzes geplätscher'" (GS 14, 85 f.). Dieses Argument findet sich in Variationen später bei Novalis, Brentano und Eichendorff. Die ältere Aufklärung wurde von den Jungen als borniert denunziert, weil sie angeblich bloß utilitaristisch gewesen sei, während die neue Generation das Selbstbewußtsein hatte, ein komplexeres Menschenbild zu vertreten, welches Schönheit und Kunst einschloß. Diese abgrenzende Notiz wurde schon 1789 von einem 22jährigen formuliert; für die späteren Romantiker war das bereits Klischee.

Die Reise führte von Aachen weiter über Spa und Lüttich nach Paris. Ein beträchtlicher Teil der Reisebeschreibung besteht aus stichwortartigen Aufzeichnungen über Reiseweg, Städte und Bauwerke. In Paris werden Kirchen, Schlösser, Krankenhäuser und soziale Einrichtungen besichtigt und Architektur und Kunstwerke beschrieben. Eine eigene Note zeigt sich vielleicht in einem artikulierten Gefühl der Fremdheit und Verlassenheit in der ersten Großstadt, welche der junge Preuße in seinem Leben zu sehen bekam, und in der ausgesprochen sozialen, mitfühlenden Weise, in der er auf das Elend der Massen reagierte. Es berührte ihn, wie Mengen von Leichen einfach anonym aufgebahrt wurden, ohne daß sich ein Mensch um die Opfer kümmerte; er machte sich Gedanken über die Beschädigung der Humanität in den urbanen Agglomerationen.

Die Bildungsreise nach Paris, einer der größten Menschenansammlungen des damaligen Europa, bedeutete also für den jungen Adligen aus Deutschland, der dazu von einem bürgerlichen Pädagogen angeleitet wurde, eine wichtige Erfahrung für das ganze Leben. Es fällt auf, daß unter diesen Umständen die ständischen Aspekte der Kavalierstour völlig in den Hintergrund rückten, wenn man auch den Hof und die Schlösser und Gärten mit ihren zahlreichen Kunstwerken besuchte und beschrieb. Paris brachte nur wenige Begegnungen und Gespräche mit bedeutenden Persönlichkeiten, erweiterte aber den Radius der Sozialerfahrung durch die Auseinandersetzung mit den Menschen als Massen – nicht unwichtig für den vergleichenden Anthropologen, zu dem sich Humboldt bilden wollte.

Auf der Rückreise trennte sich Humboldt von Campe und reiste allein weiter gen Süden: Mannheim, Heidelberg, Ludwigsburg, Stuttgart, Zürich. Was auf seiner ersten Reise im Vorjahr die Testfrage an seine Gesprächspartner gewesen war: „Wie hältst du's mit dem Wöllnerschen Religionsedikt?", verwandelte sich nun in die Testfrage: „Wie hältst du's mit der Französischen Revolution?" Nun besuchte Humboldt erneut wissenschaftliche und literarische Berühmtheiten und versuchte, in Gesprächen seine Menschenkenntnis um neue Charakterstudien zu erweitern. Aber auch Institutionen wurden unter die Lupe genommen, beispielsweise die Hohe Carlsschule, die Militärakademie des Herzogs von Württemberg, unter der sein späterer Freund Schiller zu leiden hatte. Auf den jungen Humboldt, der ausschließlich privat erzogen worden war, wirkte eine solche Drillanstalt abstoßend.

In Zürich lernte er Johann Caspar Lavater kennen, aber dieser damals vor allem als Physiognomiker berühmte Theologe überzeugte ihn nicht. Lavater verdient allerdings insofern besondere Erwähnung, als er einer der Prominenten seiner Zeit war, an denen sich der junge Humboldt durch Abgrenzung bildete. Freilich: Ein junger Mann, der Kant gelesen und von Forster und Lichtenberg gelernt hatte, konnte sich schwerlich auf den schwärmerisch-intuitiven Lavater einlassen, zumal Humboldt für die spiritualistisch-religiösen Anschauungen des Zürchers überhaupt keine Empfänglichkeit zeigte.

Der größte Teil der Aufzeichnungen über die Schweiz besteht aus Berichten über seine Wanderungen und aus Landschaftsschilderungen. Humboldt zog über Zug und Luzern ins Gebirge, besuchte auch die berühmten Seen und Wasserfälle, wanderte und fuhr schließlich über Bern und Lausanne nach Genf. Da er beträchtliche Strecken zu Fuß ging (meist mit einem ortskundigen Führer), lernte er mancherlei Menschen und Lebensverhältnisse kennen, wie sie sich eben nur im Gebirgs- und Bauernland Schweiz hatten ausprägen können. Die Schweiz war im 18. Jahrhundert zu einem Sehnsuchtsland der Europäer geworden, in dem sich natürliches Leben mit aufgeklärtem Denken zu verbinden schien, wo Freiheit der Gemeinden mit wirtschaftlichem Wohlstand gepaart war. Dabei verglich er sein Wissen aus Büchern (etwa dem Schweiz-Reisebericht des Göttinger Professors und Hofrats Christoph Meiners) mit seiner Erfahrung durch Autopsie.

Hochgestimmte Verlobungszeit

Nach den ersten Reisen ging es an die Lebensgestaltung. Im Auftrag der Berliner Freunde sollte Wilhelm von Humboldt als auswärtiges Mitglied zunächst Caroline von Dacheröden in Erfurt anwerben, dann auch Caroline von Beulwitz in Rudolstadt. Gebildete, empfindsame junge Leute, die miteinander lasen, diskutierten, liebelten und korrespondierten. Im Sommer 1788 erfolgte ein Besuch des Göttinger Studenten auf dem Gut der Familie Dacheröden, Burgörner im Mansfeldischen. Der Vater war ein privatisierender preußischer Beamter, der zuletzt als Kammerpräsident im westfälischen Minden amtiert hatte, die Mutter bereits verstorben. Eine rege Korrespondenz folgte, von der allein aus dieser Zeit ein dicker Band überliefert ist: nicht weniger als 163 ausführliche Briefe und Gegenbriefe. Sie schrieben sich beinahe posttäglich, d. h. zweimal pro Woche.

Die persönlichen Beziehungen waren in diesem Kreis insgesamt äußerst komplex, zunächst um Carl von La Roche, der zu Beginn als Caroline von Dacheröden versprochen galt, sich dann aber zugunsten Humboldts zurückzog. Liebesbeziehungen und Verliebtheiten spannen sich wechselnd um die beteiligten Personen: Caroline von Beulwitz (geb. von Lengefeld) lebte in Unfrieden mit dem Ehemann, dem sie als 15jährige angetraut worden war: Sie liebte nun den Dichter Friedrich Schiller. Derselbe wurde aber auch von ihrer Schwester, Charlotte von Lengefeld, vergöttert; nach einiger Zeit eines komplizierten Dreiecksverhältnisses ehelichte der Dichter die unverheiratete Charlotte. Caroline von Beulwitz ihrerseits, eine enge Freundin Caroline von Dacherödens, stand auch in einem Verhältnis zu Humboldt, verliebte sich dann in den Koadjutor Dalberg, den Förderer Schillers und Humboldts, und heiratete schließlich in zweiter Ehe Wilhelm von Wolzogen. Wilhelm von Humboldt mußte sich zunächst einmal aus der Faszination befreien, die ihn an Therese Forster band, welche er als Student in Göttingen im Hause ihres Vaters, Christian Gottlob Heyne, kennengelernt hatte; deren Ehemann, der Weltumsegler Georg Forster, wurde ebenfalls ein enger Freund Humboldts. Therese wandte sich auch schon dem Schriftsteller Ludwig Ferdinand Huber zu; sie lebte zeitweise in einer *ménage à trois* mit Forster und Huber.

Ein Großteil des Briefwechsels zwischen Wilhelm von Humboldt und Caroline von Dacheröden gilt der Anbahnung einer Beziehung, dem Kennenlernen, der Pflege des angeknüpften Verhältnisses, der wechselseitigen Versicherung der Liebe und der Hoffnung auf ein künftiges gemeinsames Lebensglück. (Die Verlobung erfolgte am 17. Dezember 1789.) Beide wußten sich auszudrücken; beide verwendeten einen gemeinsamen literarischen Code. Sie waren beinahe gleich alt (sie ein Jahr älter als er) und hatten dieselbe prägende Bildungsphase der Aufklärung und Empfindsamkeit durchlaufen. Was für *Wilhelm* die Berliner Aufklärer gewesen waren, bedeutete für *Caroline* Rudolf Zacharias Becker, der Hofmeister ihres älteren Bruders, der sie teilweise mit unterrichtet hatte. Die empfindsamen Liebenden fanden sich im Zeichen *Ossians* und *Werthers;* man zitierte sich gegenseitig Verse von Goethe, genoß gemeinsam den *Tasso* und andere Werke.

Von Anfang an stand man auf dem vertraulichen Fuß des Du miteinander: Im Berliner Kreis war dies die allgemeine Anrede. Man fand in der Folge Kurz- und Kosenamen füreinander: Anfangs hieß Caroline noch ‚Lina' (wie damals jede Caroline), bald aber ‚Li'. Wilhelm, der gegen seinen Vornamen ohnehin eine Abneigung hegte, wurde alsbald ‚Bill' genannt.

Das Liebesgeflüster der beiden Verliebten und Verlobten verlangt eigentlich Diskretion; der Leser des gedruckten Bandes fühlt sich als Lauscher an einem Schlüsselloch. Überflüssig zu sagen, daß ein solches ausführlich verschriftlichtes Liebesgeflüster nicht frei ist von Redundanz – und trotzdem fasziniert. Dies teilt sich unmittelbar über die Kluft zweier Jahrhunderte hinweg mit!

Ganz eigen ist die ‚Mystik der Liebe', in der sich beide ergehen. Gewiß: Seit Walther von der Vogelweide und Heinrich Seuse gibt es das in der deutschen Sprache. In gewissem Maße gehört es sicher zu jeder Beziehung zwischen zwei Verliebten. Aber Caroline von Dacheröden und Wilhelm von Humboldt haben dieses Element in besonderem Maße kultiviert und in klassischen Beispielen ausgeformt.

Sie an ihn, 29. Januar 1789: „Mit welcher Wonne les ich in Deiner Seele und folge dem Gang Deiner Gedanken und Empfindungen. Es ist erstaunlich, wie sich unsere Vorstellungsarten oft begegnen und wie ähnlich wir über viele Dinge denken, mir ist es allemal eine schöne Entdeckung, so oft ich es finde, dieser Einklang unserer Wesen ist dem meinen süßer Genuß" (WCB 1, 25).

Er an sie, 15. Januar 1790: „Nein Lina, nicht Deine Phantasie hat es geboren, jenes Sehnen, jenes Streben Deines Herzens nach Liebe. Es ist Wahrheit, Wahrheit, die uns beide beglückt, und die mich zu den höchsten Gipfeln der Seligkeit hebt. Wenn ich dem Schicksal für eine Gabe danke, wenn eine mich mit innerem Stolze erfüllt und mich gleichmütig auf alles andere um mich blicken läßt, so ist's, daß mein Herz Sinn hat, Dich zu fassen, und Kraft der Liebe genug, um Deiner hohen, glühenden, einzigen Liebe gleich zu bleiben. Je höher die Liebe, desto voller umfaßt sie das Wesen des andern, und eine große reiche Seele wird nur von einer reichen umfaßt. So ist der Mensch nie mehr, als er Kraft hat, zu lieben. Du wecktest sie in mir, diese Kraft, Du gabst mir, was ich nie genossen hatte, das Gefühl, ganz und einzig geliebt zu werden. O! Lina, das Glück meiner Tage wird Dein Dank sein! – Die Natur schuf uns für einander, oder – ach! daß mein Herz noch so oft nicht den Mut hat, das Grenzenlose Deiner Liebe zu fassen – sie gab nur Dir die Fähigkeit, mich zu beglücken. – Wie so alles in uns immer eins war. Wie so immer gleiche Höhe, gleiche Weite der Empfindung, wie in uns beiden der äußere und innere Sinn immer so gleich zusammenschmolz, wie in uns beiden immer jeder diesem gleiche Glut lieh, und in uns beiden immer dieser jenen auf gleiche Weise verschlang! Hätte ich Dich nie gefunden, so hätte ich wohl glücklich sein können, aber den höchsten Grad des Glücks hätte ich nimmer erreicht. Und doch fühl ich's, daß meine Liebe noch immer höher, schöner werden wird. Meine Seele ist noch nicht groß genug, die Deine ganz zu umfassen, so vieles ahndet sie nur erst, so vieles liegt erst dämmernd vor ihr da. Aber Liebe erhöht die Kraft, und mit der Kraft wächst auch wieder die Liebe" (WCB 1, 70 f.).

Im Stil der Zeit tauscht man sich brieflich aus über Gedanken und Gefühle; Körperliches kommt kaum zur Sprache. Im Wort gibt es: Augen, Mund, Lippen, Herz, Busen, Schoß (auf beiden Seiten), nichts weiter. Die einzige erwähnte Körperflüssigkeit sind Tränen; sie werden reichlich vergossen, von ihm und von ihr. Zeittypisch ist ein gewisser dingbezogener Fetischismus: Man erbittet sich Schattenrisse, Wilhelm bestellt in Berlin einen Porträtmaler, man kommentiert beiderseits die Ähnlichkeit oder Unähnlichkeit einzelner Züge. Aber nicht nur das: Auch Briefen werden Küsse aufgedrückt, um sie bei Empfang wieder abzunehmen. Caroline liebt, herzt und küßt alle Gegenstände, die Wilhelm berührt hat. Man schickt sich Haarlocken.

Die Anbahnung der Beziehung zwischen beiden adligen Häusern wird sehr sorgfältig bedacht. Natürlich muß, je näher die Hochzeit rückt, auch deren Organisation, Terminierung, die Ausstattung des künftigen Hausstandes usw. besprochen werden. Das gravierendste Problem jedoch scheint die Karriere des Bräutigams zu sein. Wilhelm von Humboldt war nach dem Studium in den Justizdienst eingetreten und arbeitete (von Januar 1790 bis Mai 1791) als Referendar an verschiedenen Berliner Gerichten und am Departement der Auswärtigen Angelegenheiten. Niemand zweifelte, daß ein Mann von seiner Herkunft, seinen Fähigkeiten und seinem Arbeitseifer dort binnen kurzem Karriere machen würde. Humboldt selbst allerdings hatte andere Pläne, die sich in der ersten Hälfte des Jahres 1791 zunehmend konkretisierten. Er wollte sich seiner freien Bildung widmen und nur für sich privat leben. Weil es aber auch für einen Adligen mit wenig Renommee verbunden war, ohne Einkommen und Titel eine Ehe einzugehen, besorgte er sich den Titel eines ‚Legationsrates'. Damit zu heiraten und einen standesgemäßen Haushalt zu führen schien möglich, wenn man den Beitrag, den seine Mutter aus dem Vermögen der Familie leistete, und die Mitgift des Schwiegervaters zusammenführte. Dem Schwiegervater, der seinen Schwiegersohn lieber in angesehener Position gesehen hätte, wurde die Enttäuschung damit versüßt, daß er seine einzige Tochter, mit der ihn eine innige Beziehung verband, bei sich behalten konnte. Humboldt wollte gerne in der Nähe des Koadjutors Carl Theodor von Dalberg sein, der eine faszinierende und hochgebildete Persönlichkeit gewesen sein muß. Dieser lebte in der Aussicht, bei nächster Gelegenheit zum Erzbischof und Kurfürsten von Mainz aufrücken zu können, was die Humboldts, Schillers, Forsters und weitere befreundete Familien davon träumen ließ, sich in Mainz in Gemeinschaft wiederzufinden. Doch hatte Humboldt als Sproß eines preußischen Adelsgeschlechtes mit Aussichten im preußischen Verwaltungsdienst auch noch zu bedenken, daß er seinen Wohnsitz möglichst nicht außerhalb Preußens nehmen sollte. Dies war möglich, wenn er nicht in das damals kurmainzische Erfurt zog, sondern auf das schwiegerväterliche Gut in Burgörner: Die Grafschaft Mansfeld gehörte zu Brandenburg-Preußen. Faktisch lebte man dann im Winter in der Stadt, in Erfurt, und im Sommer auf dem Landgut.

Das Verhältnis der Verliebten und Verlobten intensivierte sich mit wachsendem Briefwechsel. Aus der Verliebtheit nach der ersten Begegnung entwickelte sich eine immer tiefere persönliche Beziehung, die in den häufigen Briefen, die zwischen Berlin und Erfurt, zwischen Tegel und Burgörner hin- und herliefen, immer weiter wuchs. Zwischendurch kam es mehrfach zu persönlichen Begegnungen, entweder im Hause des Schwiegervaters oder auch bei Dritten, beispielsweise am Weimarer Hof oder bei Dalberg. Die wenigen Treffen boten Stoff für immer wieder aufgenommene Erinnerungen in den Briefen; die zärtlichen Begegnungen, Gespräche und Küsse wurden immer wieder heraufbeschworen als Pfand der Liebe. Die Beziehung steigerte sich im hochgestimmten Ton immer mehr, je näher die ersehnte Hochzeit rückte. Beide Briefpartner schmachteten sich an und hoben sich gegenseitig in den Himmel. Caroline nannte ihren Verlobten ein „großes, göttliches Wesen – welcher Gott sandte mir die Kraft, Dich zu fassen" (WCB 1, 450).

Die beiden Liebenden folgten einem Konzept der Beziehungen, das zwar von den herrschenden Vorstellungen von der Rolle eines Mannes und einer Frau ausging, aber im damaligen Kulturstil doch eine seelische Gleichheit als Basis vorsah, die auch das Geistige umgriff. Man hat den Eindruck, daß sich hier zwei vollkommen ebenbürtige Menschen begegnen, die sich sozial, materiell und bildungsmäßig auf gleichem Niveau ansprechen und etwas zu sagen haben. Vor allem aber sind beide von der ersten Stunde an davon überzeugt, ganz einzigartige Wesen und füreinander bestimmt zu sein. Rivalisierende Persönlichkeiten, welche die Bahn dieser beiden Sterne kreuzen, können nur vorüberziehende Kometen sein, die aber nie als ernsthafte Störung aufgefaßt werden.

3 SEHNSUCHT NACH FREIHEIT

HUMBOLDTS LIBERALISMUS ALS KOMPONENTE SEINES MENSCHENBILDES

Entwicklung der Kräfte und Genuß

Die Heirat in Erfurt am 29. Juni 1791, das Ausscheiden aus dem preußischen Staatsdienst zuvor, der Rückzug in ein adliges Landleben der Muße bedeuteten den Beginn eines neuen Lebensabschnittes für Wilhelm von Humboldt. Um diese selbstgewählte Lebensform zu verwirklichen, bedurfte es freilich eines Entschlusses, der gegen die Erwartungen seiner eigenen Herkunftsfamilie und der Familie seiner Frau durchgesetzt werden mußte. Indem sich der Bräutigam in den Monaten vor der Hochzeit über seinen Lebensweg klarwurde, reifte er zu der Persönlichkeit, als die er später hervortreten sollte; er gewann dabei einige seiner charakteristischen Lebensmaximen.

Ein wichtiges Element ist dabei das Ästhetische. In der Abwendung von den Berlinern und in der Hinwendung zu seiner Schönen wurde ihm immer deutlicher, daß die Kategorie ‚Gut' nicht allein herrschend sein konnte, wenn man ein geglücktes und genußreiches Leben gestalten wollte: „Ach! und wen nicht das Schöne als Schönes hinreißt, wer es nicht schön empfängt und schön darstellt – der vermag nicht wahrhaft zu genießen und wahrhaft zu geben!" (WCB 1, 75 f.)

Genuß, Freude, Entzücken werden wichtige Ausdrücke in dieser hochgestimmten Verlobungszeit. Beide, Bräutigam und Braut, äußern wenige Vorstellungen über lebenspraktische Einrichtungen; beide ergehen sich in einem ekstatischen Preis des (vorgestellten) Genießens, das durchgehend philosophisch grundiert ist. Dazu gehört das wechselseitige Geben und Nehmen, das volle Auskosten des Menschseins.

Unabdingbar ist aber auch der Rückzug auf sich selbst, das Horchen auf das Innere und die Abwendung vom äußeren Leben: „Wie doch alles Glück in diesem rein Idealischen unsrer Empfindungen, in diesen Individualitäten unsrer Gefühle liegt, wie sich da jeder seine eigene Welt bildet, und wie nur in dieser Heimat ihm wohl ist. Aber ewig strebt die Wirklichkeit außer uns diesem innern Sein entgegen. Solange sie uns nun bloß einengt, hemmt, begrenzt, solange wir leiden, entbehren wir bloß einen Teil des Genusses. Wir ziehen uns immer mehr in uns zurück, werden genügsamer und genießender. Aber wenn wir anfangen, außer uns zu wirken, dann zieht uns oft der Strom mit sich fort, wir gehen aus uns heraus, zerstören die heimische Hütte in uns, und in den Palästen, die wir außer uns auftürmen, bleiben wir ewig Fremdlinge" (WCB 1, 103). Humboldt entwickelte in dieser Phase seines Lebens die Vorstellung, er sei ein vollkommen innerlicher Mensch, dem an Wirkung auf andere wenig liege. So konzipiert er ihre Zweisamkeit: „Still und ungekannt werden wir nur uns leben, in uns und unsern Gefühlen einen Himmel von Freuden finden. Nur für so ein Leben bin ich gemacht. Vielen etwas zu sein, mich vielen mitzuteilen, ist mir nicht möglich. Überhaupt wird es mir so schwer, etwas aus mir in andere übergehen zu lassen. Alle meine Ideen, auch über ganz allgemeine Dinge, sind so innig mit allem, was mir lieb ist, verwebt, daß sie dadurch einen so großen Wert für mich erhalten, daß jede Gestalt, die ich ihnen geben könnte, mir nicht vollkommen genug ist, und von der Kränkung, die ich empfinde, irgend eine Idee, die mir wert ist, nicht in der Entwickelung oder in der Präzision zu sagen, in der sie bei anderen eben den Wert erhalten kann, den sie in mir hat, kann ich Dir keinen Begriff geben" (WCB 1, 117 f.). „Sich selbst zu jeder Stufe des Genusses und der Kraft zu erheben, dacht ich immer, wäre des Lebens höchstes

Ziel. Nur für sein inneres Sein zu arbeiten, darin, fühlt ich, könnte allein für mich Genuß und Ruhe und Seligkeit liegen. Mein glückliches und mein nützliches Leben ist dahin, wenn ich lang und oft mich von mir entfernen muß, wenn ich viel in Lagen sein muß, die nicht stark und anhaltend auf mich zurückwirken. Ich fühlte es gleich, daß nur das eigene Gefühl meiner selbst mich beglücken könnte" (WCB 1, 242 f.). Während es den Anschein hat, als beschreibe Humboldt nur seine persönliche Befindlichkeit, kommt doch auch zum Vorschein, daß er in dieser Selbstbeschreibung etwas Verallgemeinerbares sieht.

Biographisch verankert er seine Erkenntnis im Übergang von Frankfurt an der Oder, seinem ersten Studienort, nach Göttingen, dem zweiten Studienort (1788). Sein Studienfreund Stieglitz, der Philosoph Jacobi, der Weltreisende Forster – das waren nun die Orientierungspunkte, welche ihm eine weitere Perspektive eröffneten. Schließlich die Begegnung mit Caroline: „[…] da dämmerte es erst so in mir, daß doch eigentlich nur das Wert habe, was der Mensch in sich ist. Je länger ich fortlebte, je mehr ich einsah, was immer war, was ich aber nicht klar wußte, wie nah mein Geist meinem Herzen war, da wurde es immer und immer gewisser in mir. Nun änderten sich alle meine Ideen über Nützlichkeit. Den Weg zu suchen, der mich, nur mich zum höchsten Ziele führte, schien mir meine Bestimmung. […] Eine Zeitlang, ich erinnere mich sehr wohl der Zeit in Göttingen und auf der Reise, quälte mich noch die Idee, daß doch dieses System sehr eigennützig sei. Aber wie ich tiefer in die Wahrheit der Dinge drang, da fand ich doch, daß das Einwirken der Wesen auf tausendfach andre Weise geschieht, als der gewöhnliche Blick des Menschen entdeckt, ehe ihn ein Gefühl zu der Höhe emporhebt, die Dein Anblick mir gab, die auch unerwidert jede höchste Stufe der Empfindung errungen hätte; da fand ich, daß das Gute, auch was man schafft, einen andren Maßstab hat, und fest und unerschütterlich ward nun in mir die oft dunkel empfundene, aber selten klar ausgedachte Wahrheit, daß der Mensch immer insoviel Gutes schafft, als er in sich gut wird" (WCB 1, 344 f.).

Damit stehen wir an einem entscheidenden Punkt: Wilhelm von Humboldt kann sich für seine Zukunft durchaus ein Wirken ins Große vorstellen, weigert sich aber, dies auf dem gewöhnlichen Karriereweg unter Nützlichkeitsgesichtspunkten anzugehen. Er macht es sich selbst zur Aufgabe, zunächst noch selber reifer, tiefer und besser zu werden, bevor er an ein ertragreiches Wirken auf andere denken kann.

Gegen Bevormundung, für Gedankenfreiheit

Eine der frühesten ausgearbeiteten Schriften Wilhelm von Humboldts, *Über Religion,* ist offensichtlich veranlaßt durch die Problematik, die mit der Publikation des Wöllnerschen Religionsedikts 1788 virulent geworden war. Wie verhalten sich Staat und Religion zueinander? Was darf ein Staat seinen Untertanen als Bürgern vorschreiben, wo muß er sich zurückziehen?

Um diesen Kontext voll zu erfassen, muß man sich die preußische Tradition ins Gedächtnis rufen, in der Wilhelm von Humboldt aufgewachsen war. Das Kurfürstentum Brandenburg war ebenso wie Preußen schon früh zur Reformation übergegangen und damit ein lutherischer Staat geworden. Doch waren die Kurfürsten im frühen 17. Jahrhundert zum Calvinismus übergetreten, wobei sie den Ständen gegenüber weitgehend die lutherische Konfession des Kernlandes sicherstellen mußten. Infolge der Aufnahme von Hugenotten war eine weitere Konfession hinzugekommen – ganz zu schweigen von den Juden, die als Schutzjuden geduldet wurden. Im Zuge der Expansionen des 18. Jahrhunderts waren schließlich verschiedentlich katholische Gebiete preußisch geworden, vor allem in Schlesien, Ostpreußen und Polen. Friedrich der Große hatte deshalb wie auch aus aufgeklärtem Geiste eine weitgehende Toleranz in Religionsdingen verfochten; er war bekanntlich der Meinung, daß jeder „nach seiner Façon" selig werden solle. Mit dem Regierungsantritt seines Neffen und Nachfolgers, Friedrich Wilhelms II., wurden diese Realitäten in Zweifel gezogen, als orthodox lutherische Kreise unter Wöllner Einfluß gewannen. War das nun eine vorübergehende Erscheinung? Der aufgeklärte junge Jurist fühlte sich grundsätzlich angesprochen und provoziert.

In seiner Erziehung hatte Religion keine große Rolle gespielt. Im Gespräch mit Jacobi äußerte er freimütig, daß ihm Religion kein Bedürfnis sei. An verschiedenen Stellen seiner Tagebücher wird erkennbar, daß er sich als Philosoph fühlte, der gewissermaßen über den Dingen stand. Die hier zunächst zu besprechende Schrift macht deutlich, inwiefern der junge Humboldt zwar in den Selbstverständlichkeiten seines aufgeklärten Zeitalters befangen war, zugleich aber auch das Bedürfnis verspürte, zu einer grundlegenden, philosophisch und staatsrechtlich haltbaren Position durchzustoßen.

Er beginnt mit einer religionsgeschichtlichen Verankerung: Religion und Staat seien immer schon, in allen Kulturen, aufs engste verwoben gewesen. Es gehe nun darum, den Ursprung dieses Verhältnisses aufzuspüren. Dabei leitet er die Identität (wie wir heute sagen würden) einer Gruppe aus der Partikularreligion dieser Gruppe ab, die zugleich sozial und politisch den Zusammenhang verbürge. Solange eine Religion nur Partikular- oder Nationalreligion war, entstand hier kein Problem. Erst in dem Moment, als Religionen mit Allgemeinheitsanspruch auftraten, welche über die politischen Grenzen hinaus Geltung erlangen wollten, brach ein Konflikt auf.

Diese Veränderung, die durch das Christentum in die griechisch-römische Welt hineintrat, hing auch damit zusammen, daß die universalisierte Vorstellung von Religion an die Stelle von äußerem Zwang innerliche Überzeugung setzte: Damit ging es nicht mehr um den *Bürger* (den Angehörigen eines bestimmten Staates), sondern um den *Menschen*. Religion wurde zum Mittel der Bildung. Unter diesen Umständen konnte aber die Methode des Zwanges nicht mehr greifen: Wo persönliche Überzeugung, wo Glauben von einem Menschen verlangt wurde, konnte Freiheit nicht außer acht bleiben. Ehrliche innerliche Überzeugung hat die Freiheit zur Voraussetzung, sich dafür oder dagegen zu entscheiden. Damit konnte ein Staat nicht mehr Konformität erzwingen: Wo er dies tat, mußte sie äußerlich bleiben.

Humboldt setzt sodann mit einem weiteren, philosophischen Gedankengang ein: Der Mensch besteht aus Körper und Geist, aus sinnlichem und ideellem Vermögen. Beide Extreme werden durch ein Drittes vermittelt, das er „ästhetisches Gefühl" nennt (HS 1, 10), nämlich durch Einbildungskraft sinnliche Vorstellungen mit außersinnlichen Ideen zu verknüpfen. Das vermag die Kunst; es tritt also die Ästhetik hinzu, damit Körper und Geist, Sinnliches und Sittliches in einer menschlichen Ganzheit sich entfalten können. Es ist zu kurz gegriffen, wenn man bei jedem Werk der Phantasie, der Kunst gleich eine Nutzanwendung fordert. Vielmehr bedeutet die Kultivierung des sinnlichen Vermögens des Menschen insgesamt eine progressive Bildung, eine Vervollkommnung seiner geistigen Natur in jeweils individueller Gestalt. ‚Tugend' kann also nicht einfach als Erfüllung gewisser Moralvorschriften verstanden werden, sondern bedeutet letztlich ein durch ästhetische Bildung erreichtes Gleichgewicht der Seelenfähigkeiten einer individuellen Persönlichkeit.

Auf diesem Stand der Spekulation läßt sich die Ausgangsfrage erneut stellen: Inwiefern kann und muß ein Staat auf die Religion seiner Untertanen Einfluß nehmen? Wenn der Staat für die Bildung der Bürger zuständig ist, liegt es nahe, ihm die Religion als Bildungsmittel für die Bürgergesellschaft in die Hand zu geben. Weil der Staat es aber nicht nur mit einer Elite der Gebildeten zu tun hat, welche philosophischen Gedanken zugänglich sind, sondern an die Masse der Untertanen denken muß, fragt es sich, ob er nicht auch einfach mit Belohnungen und Strafen arbeiten und sich der Religion bedienen darf, welche Belohnungen und Strafen im Jenseits verheißt, um die Masse der Gläubigen und Untertanen möglichst im Rahmen einer gemeinschaftsdienlichen Moral zu halten und ein Zusammenleben vieler zu ermöglichen. Hier erweist sich Humboldt wiederum als Aufklärer: Der Schaden, der durch eine staatliche Einschränkung der Denkfreiheit entsteht, übersteigt den Nutzen der reflexionslosen Anleitung bei weitem. Selbstdenken und Mündigkeit muß der Staat seinen Bürgern zumuten – selbst dann, wenn es zur Beherrschung einer rohen Masse einfacher wäre, Zwang einzusetzen. Wenn der Zweck des Menschen der Mensch selbst ist: „so bedarf die Erhaltung der gränzenlosesten Freiheit zu denken, zu untersuchen, die angestellten Untersuchungen, die gefundenen Resultate anderen mitzutheilen keiner Vertheidigung mehr" (HS 1, 32). – Humboldt führt uns hier einen seiner grundlegenden Gedankengänge mit philosophischer Fundierung vor, der staatsrechtliche Auswirkungen hat und in seiner kritischen Stoßrichtung sich direkt gegen die aktuelle Politik Preußens unter Wöllner richtet.

Die Verfassungsschrift

Die früheste gedruckte politische Schrift Wilhelm von Humboldts wurde ursprünglich 1791 als Privatbrief an seinen gleichaltrigen Berliner Freund Friedrich Gentz geschickt, der sie auszugsweise im Jahr darauf in der *Berlinischen Monatsschrift*, dem Zentralorgan der Berliner Aufklärer, drucken ließ – mit Wissen des Autors, aber anonym. Der 24jährige trat nun also als politischer Schriftsteller an die Öffentlichkeit, wenn auch zunächst mit vorsichtiger Zurückhaltung. Gleichwohl wußten damals alle Interessierten binnen kurzem über die Identität des Autors Bescheid.

Wir können aus dieser kurzen Schrift mit dem Titel *Ideen über Staatsverfassung, durch die neue französische Konstitution veranlaßt* ablesen, was bereits gefestigte Anschauungen des jungen Adligen waren, was er im Rahmen seiner Bildung sich angeeignet und was er auf Reisen hinzugewonnen hatte. Nicht zuletzt erbrachte die Form des Privatbriefes aber auch einen höchst lesbaren, verständlichen Text. Der Adressat, Friedrich Gentz, damals ebenfalls in preußischem Staatsdienst tätig, begrüßte anfangs die Französische Revolution wie fast alle deutschen Intellektuellen, wandte sich jedoch bald unter dem Einfluß von Edmund Burke, dessen Schrift gegen die Revolution er ins Deutsche übersetzte, dem konservativen Denken zu.

Humboldt ging, wie damals die Zeitgenossen allgemein, davon aus, daß diese neu geschaffene Verfassung ein Ausdruck der Vernunft sei, wenn auch an die französischen Verhältnisse adaptiert. Dies ist bereits ein Ansatzpunkt für Humboldt (wie auch für Gentz und Burke):

Kann eine Staatsverfassung überhaupt ‚neu' sein, geht sie nicht immer aus historischen Verhältnissen hervor, also letztlich aus dem Zufall?

Die Verfassung von 1791 war revolutionär, und zwar insofern, als sie ein altes System durch ein diesem völlig entgegengesetztes ersetzte. Das alte System hatte zum Zweck die Freiheit eines einzigen, das neue die Freiheit jedes einzelnen. Der Autor versucht uns durch Analogie auf den Gedanken zu führen, daß eine solche Ersetzung eines alten Systems letztlich nicht möglich sei und jedes neue System immer irgendwie auf das alte aufbauen müsse, wenn auch in modifizierter Form. Es ergibt sich logisch, daß man auf die Geschichte zurückgehen muß. Gleichwohl ist die Argumentation Humboldts nicht eigentlich gegenrevolutionär oder gar reaktionär, wie sich im Blick auf seine Rekonstruktion der Geschichte zeigt, die keineswegs auf eine Rechtfertigung des Ancien régime hinausläuft. Er beginnt beim klassischen Topos der Staatstheorie, dem Herrschafts- und Unterwerfungsvertrag: Zwar ist es einleuchtend, daß Menschen Freiheitsrechte delegieren an den, der ihre Sicherheit gewährleistet, aber wenn die Gefahr vorüber ist, wollen sie sofort das Joch abschütteln. Da Macht dazu neigt, sich zu stabilisieren, erhält sich Freiheit (beispielsweise im Mittelalter) nur insofern, als konkurrierende Mächtige gegeneinander kämpfen. Als Gegengewalt entstehen im Feudalismus die Städte. Mit der emporkommenden Geldwirtschaft verändern sich beide Seiten. Die Mächtigen streben danach, sich Geld durch Besteuerung anzueignen; es erscheint ihnen in gewissem Maße als Ziel, den Wohlstand der Nation zu fördern, um ihre Macht zu stärken. Um dieses Ziel zu erreichen, gewähren sie begrenzte Freiheiten, damit sich der Wohlstand entfalten kann. In der Sicht der Aufklärung erscheint dann der Wohlstand (umgekehrt) als Staatszweck; wo sich Fürsten diesen Gedanken aneignen (im aufgeklärten Absolutismus), entsteht trotz des guten Willens genau das Gegenteil: der absolute Despotismus, die Unterdrückung der Freiheit des einzelnen, eine Lähmung der Kräfte des Individuums. Auf der anderen Seite bewirkt Aufklärung aber Bewußtsein der eigenen Kräfte und „Sehnsucht nach Freiheit", und diese beiden Tendenzen stießen nun in der zugleich aufgeklärtesten und am despotischsten regierten Nation, in Frankreich, direkt aufeinander. „Hier musste also auch die Revolution zuerst entstehen" (HS 1, 40).

Was ist davon zu halten? Humboldt brauchte sich nicht (wie Campe) für die Revolution auszusprechen und sich auch nicht (wie Burke) gegen die Revolution zu positionieren. Er konnte seine philosophische Denkform, die platonische, mit der Leibnizschen Kräftelehre verbinden und in historischem Denken ausmünzen. Bereits in dieser frühen Schrift stellen ‚Individuum' und ‚Freiheit' Schlüsselbegriffe dar. Staat und Verfassung werden letztlich danach beurteilt, wieweit sie eine Entfaltung von individuellen Kräften ermöglichen. Zugleich ist Humboldt durchdrungen von historischem Denken: Nicht *Zustände* sind entscheidend, sondern das Früher und Später; jeder Zustand ist nur ein zufälliger Durchgangszustand. Damit wird auch ausgesagt, daß eine willkürlich angesetzte Vernunft nicht auf Dauer eine Verfassung stiften kann; sie kann nur einen neuen Durchgangszustand schaffen, der von neuen Zufällen betroffen sein wird, die der zukünftigen Geschichte wieder eine andere Richtung geben werden. Außerdem wird durch die Profilierung Frankreichs als Gesellschaft der Aufklärung und des Despotismus für Deutschland mit seinen anderen Voraussetzungen eine andere Geschichte möglich. Dabei fällt auf, daß Humboldt völlig davon Abstand nimmt, das Bestehende oder die Vergangenheit zu rechtfertigen, geschweige denn zu verklären. Der preußische Adlige zeigt sich sogar ausgesprochen kritisch seinem Stand gegenüber, wo er bei der historischen Rekonstruktion des Feudalismus im Mittelalter provozierend vom Adel als einem überflüssigen Übel spricht. Er stellt sich auf die Seite der *Freiheit,* und damit ist die Freiheit des Individuums gemeint, notwendig zur Entfaltung aller Kräfte.

Die Grenzen des Staates
Die *Ideen zu einem Versuch, die Gränzen der Wirksamkeit des Staates zu bestimmen* gelten in neuerer Zeit als eine der grundlegenden politischen Schriften; sie sichern Humboldts Platz unter den Klassikern der

Staatstheorie und unter den Vätern des Liberalismus. Dabei ist jedoch zu bedenken, daß 1792 nur einzelne Kapitel in Schillers *Neuer Thalia* sowie in der *Berlinischen Monatsschrift* erschienen sind; die gesamte Schrift wurde erst 1851 ausgegraben und gedruckt sowie 1852 in die Werkausgabe aufgenommen, wo sie nun, nach der gescheiterten Revolution von 1848, erst eigentlich ihre Wirkung entfalten konnte als Manifest der Freiheit.

Es geht um die Befugnisse des Staates dem einzelnen gegenüber, nachdem im aufgeklärten Absolutismus eine umfassende Konzeption des Wohlfahrtsstaates entwickelt worden war, die nun, nach der Französischen Revolution und dem Sieg der Freiheit, ganz neu bedacht werden mußte. Humboldts grundierende „Sehnsucht nach Freiheit" (HS 1, 57 f.) führte ihn dazu, den als notwendig vorausgesetzten und anerkannten Staat genauer nach seinen Zwecken hin zu untersuchen und daraus zu bestimmen, wo der Wirksamkeit des Staates Grenzen zu setzen seien. Die sich immer weiter ausdehnenden Gebiete des Regierungshandelns sollten einer kritischen Prüfung unterzogen werden hinsichtlich ihrer Folgen, nämlich der immer weitergehenden Eingriffe in das „Privatleben der Bürger". Diese Untersuchung setzt die Möglichkeit einer Revolution immer schon voraus; der Seitenblick auf Frankreich leitet die grundlegende und auch die spezieller auf die deutschen Verhältnisse bezogene Reflexion an. Humboldt bekennt sich einerseits zur Revolution von 1789: Es sei „ein schöner, seelenerhebender Anblik […], ein Volk zu sehen, das im vollen Gefühl seiner Menschen[-] und Bürgerrechte seine Fesseln zerbricht"; andererseits aber folgert er daraus für den preußischen Fürstenstaat, daß es noch „ungleich schöner und erhebender" wäre, einen Fürsten zu sehen, „welcher selbst die Fesseln löst und Freiheit gewährt, und diess Geschäft nicht als Frucht seiner wohlthätigen Güte, sondern als Erfüllung seiner ersten, unerlasslichen Pflicht betrachtet" (HS 1, 59). Das enthält auch implizit den Vorschlag an die Fürsten, doch aus Klugheit freiwillig Freiheit zu gewähren, um zu verhindern, daß das Volk sie sich selber nimmt. Daß dieser Punkt aber erreicht ist, daß entweder das eine oder das andere geboten ist, ergibt sich aus der Kultur und Aufklärung, welche das Volk im 18. Jahrhundert nun einmal erlangt hat.

Der Vergleich der Antike mit der Moderne erhärtet diese Diagnose nur: Zur Wiedergewinnung der vollen Energie benötigt der Staat der Neuzeit, so Humboldts Botschaft, den Mut, seinen Bürgern mehr Freiheit zu lassen. Dem steht die neuzeitliche Tendenz der Staaten entgegen, immer weitere Bereiche des Lebens staatlichem Handeln und staatlicher Lenkung zu unterwerfen: Landwirtschaft, Handwerk, Handel, Industrie, Künste und Wissenschaften ... Humboldts Prüfung dieser Entwicklungen hat zum Ziel, hier Grenzen zu ziehen und festzustellen, wo überhaupt staatliches Eingreifen erforderlich ist und wo das Gemeinwohl größeren Nutzen aus einer Zurückhaltung des Staates erwarten könnte.

Der zweite Abschnitt beginnt ganz unpolitisch mit den anthropologischen Grundlagen des Denkens, die durchdrungen sind von einem allgemeinen, über Leibniz vermittelten Platonismus, der Humboldts Denken von jung an und bis zu seinen letzten Zügen charakterisieren sollte. Am Anfang steht derjenige Satz, der vielleicht in der Folge am meisten zitiert wurde: „Der wahre Zwek des Menschen […] ist die höchste und proportionirlichste Bildung seiner Kräfte zu einem Ganzen. Zu dieser Bildung ist Freiheit die erste, unerlassliche Bedingung". Angefügt wird freilich sogleich: „Allein ausser der Freiheit erfordert die Entwickelung der menschlichen Kräfte noch etwas andres, obgleich mit der Freiheit eng verbundenes, Mannigfaltigkeit der Situationen" (HS 1, 64). Es wird also von einem Bild des Menschen ausgegangen, das diesen als ein Wesen mit verschiedenen Anlagen sieht, die durch Kräfte entwickelt werden. Verkümmerung erfolgt, wo die Freiheit beschränkt wird; sie droht aber auch, wo durch bloß einseitige Förderung die Vielfalt, die Mannigfaltigkeit beschränkt wird. So sehr am Anfang von einem in sich geschlossenen Wesen mit vorhandenen Anlagen ausgegangen wird, so wichtig ist doch gleich die zweite Bedingung, die „Mannigfaltigkeit der Situationen", um Einseitigkeit zu verhindern. –

Praktisch bedeutete das zum Beispiel, daß der junge Humboldt, wie wir schon gesehen haben, möglichst viele Menschen kennenlernen wollte und sich immer mit Begeisterung auf Reisen begab.

Der Mensch, dies ist ein weiterer Grundsatz jeder Anthropologie, besteht nicht für sich selbst, sondern nur in Gesellschaft mit anderen. Der „bildende Nuzen solcher Verbindungen" ist das, worauf es ankommt, die „charakterbildende Verbindung" beispielsweise zwischen Mann und Frau (HS 1, 65).

Humboldt mag mit dieser „Sehnsucht nach Freiheit" und Abwehr überflüssiger staatlicher Eingriffe am Ende des 18. Jahrhunderts zunächst wie ein Sonderling gewirkt haben. Aber hier ist schon alles theoretisch durchdacht, was wenige Jahre später, nach der Niederlage Preußens bei Jena und Auerstedt 1806, gewissermaßen zur preußischen Staatsdoktrin werden sollte, als der König sagte, man müsse sich zum Ersatz der mangelnden physischen Kräfte auf die geistig-moralischen verlassen. Das bedeutete: Was der Staat nicht leisten kann (durch sein Heer und seine Beamten), muß durch die Kräfte der Nation, also des Volkes, bewirkt werden.

Dies war genau Humboldts Anschauung, die hier 1792 schon klar ausgeformt ist. Je mehr ein Staat tätig wird, anordnet und reguliert, desto mehr hemmt er die Kräfte der Nation. Die Untertanen verlassen sich nämlich dann darauf, daß es der Staat schon richten werde, und machen es sich bequem. Sie vernachlässigen damit aber ihre eigenen Kräfte und Möglichkeiten, was sich auf lange Sicht nur fatal auswirken kann. Die Regelungswut des Staates beeinträchtigt die Selbsttätigkeit der Bürger und sie beschädigt auch ihre Moral, weil nämlich jeder seinen Vorteil darin sucht, sich den Anordnungen des Staates (der dann als fremde Größe aufgefaßt wird) zu entziehen.

In dem freiheitlichen Staat, den sich Humboldt utopischerweise vorstellt, würden die Menschen aufblühen, weil sie sich ungehindert entfalten dürfen. „So liessen sich vielleicht aus allen Bauern und Handwerkern *Künstler* bilden, d. h. Menschen, die ihr Gewerbe um ihres Gewerbes willen liebten, durch eigen gelenkte Kraft und eigne

Erfindsamkeit verbesserten, und dadurch ihre intellektuellen Kräfte kultivirten, ihren Charakter veredelten, ihre Genüsse erhöhten. So würde die Menschheit durch eben die Dinge geadelt, die jetzt, wie schön sie auch an sich sind, so oft dazu dienen, sie zu entehren" (HS 1, 76). – Dieses ‚Bildungs-Axiom' werden wir im *Litauischen Schulplan* und an vielen anderen Stellen wiederfinden.

Das zweite Gebiet, auf dem Humboldt seine utopisch gerichtete Freiheitslehre durchspielt, ist das Verhältnis der Geschlechter, speziell in der Ehe. Dies ist höchst charakteristisch für den jungen Ehemann, der gerade in diesen Jahren praktisch und theoretisch zu verwirklichen suchte, was sich im bestmöglichen Falle aus der Verbindung eines Mannes und einer Frau im Sinne eines vollen Menschseins gewinnen lassen könnte. Humboldt hat zur selben Zeit in zwei anderen Aufsätzen für Schillers *Horen* den Geschlechtsunterschied eigens thematisiert, wir werden im Zusammenhang seiner Anthropologie darauf zurückkommen. Nichtsdestoweniger ist diese Verknüpfungsstelle von Anthropologie und Staatstheorie von Belang: Um den Rahmen sinnvoller Staatstätigkeit abzustecken, denkt Humboldt nicht nur an verschiedene Stände, sondern auch an das Zusammenwirken der Geschlechter. Und wie er sich vorstellt, daß aus Ackerbauern und Handwerkern geradezu *Künstler* werden könnten, wenn man ihnen Gewerbefreiheit ließe, so schließt er analog, daß die Institution der Ehe eben nicht ein bloß juristisch fixiertes Verhältnis mit gewissen staatlichen Garantien sein dürfe, sondern möglichst den Individuen zur freien Entfaltung überlassen bleiben sollte. Weil die Verhältnisse der Menschen untereinander von großer Mannigfaltigkeit sind, kann man sie nicht normieren; man muß sie frei lassen. Das höchste Ziel ist „die ungetrennte, dauernde Verbindung Eines Mannes mit Einer Frau" (HS 1, 81); diese wird aber nur durch *Liebe* möglich, also durch freie Neigung von beiden Seiten, nicht durch Gesetze. In Humboldts Staat wären also vielerlei verschiedene vertragliche Vereinbarungen zwischen Individuen möglich; der Staat würde sich aus der Ehegesetzgebung zurückziehen.

Die weiteren Abschnitte spinnen die Argumentation des Zentralgedankens immer weiter aus und tragen sie in immer weitere Kreise hinaus. Humboldt unterscheidet platonisch ‚Kräfte' und ‚Resultate': Der Staat des aufgeklärten Absolutismus erbringt zwar möglicherweise gute Resultate (im Sinne von Volkswohlfahrt, Steueraufkommen usw.), kann diese aber nur auf eine Weise hervortreiben, welche die individuellen Kräfte einschränkt. Die Sorge um das physische Wohl der Untertanen führt gleichzeitig zur Verkümmerung ihrer Kräfte als Individuen; indem diese aber nicht geweckt, gestärkt und angereizt werden, schwächt sich der Staat auf lange Sicht selber.

Zur Erreichung eines menschlichen Optimums müssen die Kräfte aller Individuen entfesselt werden. Dabei hat der Staat sehr wohl seine Berechtigung; sie besteht darin, Übergriffe von Bürgern auf andere Bürger zu verhindern (innere Sicherheit) und die Bedrohung derselben durch äußere Feinde abzuwehren (äußere Sicherheit). Einen weiteren Zweck außer diesem defensiven und juristischen, außer Militär und Justiz, will Humboldt nicht gelten lassen. Seine Sehnsucht nach Freiheit ist es, die diesen extremen, philosophisch begründeten Liberalismus hervorgebracht hat.

Im fünften Abschnitt untersucht er spezieller das Verhältnis des Staates zum Militär bzw. zum Krieg. Auch hier gilt der Satz „ohne Sicherheit ist keine Freiheit" (HS 1, 95), aber die neuzeitliche Staatsentwicklung der absolutistischen Epoche hat zu einer Entartung des Verhältnisses von Staat und Militär geführt. Stehende Heere sind von Übel. Der preußische Militärstaat wird zwar nicht explizit angegriffen, wohl aber implizit ad absurdum geführt. Denn die Steigerung des militärischen Charakters der Nation, die Unterdrückung der Selbsttätigkeit und die Förderung der Subordination bedeuten selbstverständlich einen Anschlag auf die Freiheit des Bürgers. Ein Militärstaat, der Menschen im Dienste des Krieges zu Maschinen macht, verletzt elementare Menschenrechte. Ein Staat darf seine Bürger nicht zu Kriegern ausbilden; er muß die Möglichkeit eines Krieges vielmehr so gut es geht einzuschränken suchen.

Der sechste Abschnitt hat als Thema die öffentliche Erziehung, also einen Staatszweck, der damals, als der Staat mehr und mehr die Erziehungsaufgaben übernahm, welche in früherer Zeit Familie und Kirche erfüllt hatten, weitgehend unstrittig war. Humboldt aber argumentierte fundamental gegen öffentliche Erziehung. Dies ist um so bemerkenswerter, als derselbe Mann 17 Jahre später in Preußen der Hauptverantwortliche für öffentliche Erziehung werden sollte. Sein Ansatz liegt wiederum in der Anthropologie: Jede angeordnete Erziehung durch den Staat zielt auf Vereinheitlichung, beschädigt also die Mannigfaltigkeit der Individuen, auf deren Entwicklung das Gemeinwohl letztlich angewiesen ist. Wenn Freiheit gewährt wird, so Humboldts Credo, entsteht jede Art von Erziehung und Unterricht aus Privatinitiative – mithin besser, als sie der Staat bieten könnte. Der Anschluß an die politische Theorie besteht darin, daß die öffentliche Erziehung nicht nötig ist zur Erfüllung des Staatszweckes der Sicherheit.

Der achte Abschnitt behandelt die Frage, wieweit der Staat auf die Sittlichkeit seiner Bürger Einfluß nehmen solle. Die Aufgabe des Staates in diesem Bereich wird wesentlich als Einschränkung der Sinnlichkeit seiner Bürger gesehen, weil aus dieser Übergriffe in die Rechte anderer Bürger erfolgen. Was ein Staat hier tun kann, bezieht sich aber nur auf die äußeren Handlungen (Sanktion durch Strafen), und auch in dieser Hinsicht entstehen noch nachteilige Nebenfolgen. Kurz: Ein Einwirken auf die Sitten seiner Bürger ist prinzipiell verwerflich. Die traditionellen Luxusgesetze, Kleiderordnungen, Erziehungsmaßnahmen und Religionsregelungen haben keine Berechtigung und sind abzuschaffen.

Der zehnte Abschnitt befaßt sich mit der Notwendigkeit der Polizeigesetze. Der Staat muß einschreiten, wenn Bürger in die Rechte anderer Bürger eingreifen, sonst aber nicht. Ein Großteil des herkömmlichen Staatshandelns ließe sich besser durch Verträge unter den Bürgern regeln als durch Verordnungen von oben. Das schafft auch Spielraum für kommunale Freiheit, weil die jeweiligen lokalen Probleme besser am Ort selbst geregelt werden.

Humboldts grundlegende Abkehr von der damals verbreiteten Vorstellung, der Staat müsse zum Wohlstand und zur Glückseligkeit seiner Untertanen durch immer weiter intensiviertes Verwaltungshandeln und durch immer eingreifendere Gesetzgebungstätigkeit beitragen, hat ihre Wurzeln letztlich in der Situation der Revolution: Was sich fast gleichzeitig in Frankreich abspielte, wurde von Humboldt auf seine philosophischen Voraussetzungen hin durchdacht. Die Revolution von 1789 hatte sich nämlich nicht gegen den ursprünglichen Absolutismus gerichtet, für den Ludwig XIV. stehen mochte, sondern gegen den ‚despotisme éclairé', den Staat im Zustand einer wohlwollenden Obrigkeit, deren Repräsentanten durch eingreifende Reformen und hohe Regelungsdichte eine allgemeine Glückseligkeit zu erzwingen suchten. Diese Art von Staat war nach Humboldts Analyse 1789 gescheitert, weil sie die Kräfte des Individuums unterdrückte, statt sich ihre Entfaltung zur Aufgabe zu machen. Humboldts Liberalismus ist also klar postrevolutionär, angestachelt vom Drängen der Freiheit, das sich 1789 in Frankreich gezeigt hatte, und von der philosophischen „Sehnsucht nach Freiheit", die aus der axiomatischen Fixierung des Denkens auf das Individuum hervorwuchs, wie sie der deutschen Tradition zumindest seit Leibniz entsprach.

Dieses Durchdenken der Grundlagen von Politik und Verwaltung von philosophischen Grundsätzen aus, wie es der an Kant geschulte Humboldt hier vorführt, wird nicht dadurch entwertet, daß die verstreut publizierten Aufsätze nicht als Werk zur Wirkung kamen. Es diente Humboldt wesentlich zu seiner eigenen Bildung und dazu, sich über die Grundsätze der Politik Klarheit zu verschaffen. Damit profilierte es jene Persönlichkeit, die auf Zeitgenossen so eindrucksvoll wirkte und ihn letztlich in einer entscheidenden politischen Situation 1809 den preußischen Reformern als den geeigneten Mann erscheinen ließ, aufgrund seiner Bildung und seiner Grundsätze zur Bewältigung der Krise Entscheidendes beizutragen.

Liberalismus in Perspektive

Humboldts Frühschrift über die Grenzen des Staates erscheint in gewisser Hinsicht extrem: So wenig Staat hatte noch nie ein Staatstheoretiker gefordert. Es scheint deshalb angebracht, die Perspektive etwas auszuziehen, um Humboldts Position in verschiedenen Kontexten zu konturieren.

Wichtig ist die biographische Situation: Der für die preußische Verwaltungslaufbahn vorgesehene junge Mann hatte sich für das Privatleben entschieden: nicht aus Bequemlichkeit, sondern aus der Vorstellung heraus, er müsse weiter an seiner Bildung arbeiten und sein Projekt einer vergleichenden Anthropologie verfolgen. So ergibt es sich, daß sein Hauptanliegen nicht die Legitimation des Staates war, sondern vielmehr die Mäßigung des Staates sein Thema wurde.

Gleichzeitig vertrat er auch theoretisch einen radikalen Individualismus: Sein Denken setzte nicht beim Staat an, sondern beim Individuum. Daher erklären sich zahlreiche Ausführungen innerhalb der Staatsschrift, die man hier nicht vermuten würde. Der Schutz der Entwicklungsmöglichkeiten eines Individuums: Das war sein Anliegen. In diesem Sinne handelt es sich gar nicht um eine in erster Linie politische Schrift, sondern um eine primär anthropologische. Es geht um den Menschen; es geht darum, daß und wie er sich entwickelt.

Dabei war Humboldt aber ein grundlegend historischer Denker. Er setzte immer beim Bestehenden an und versuchte dessen historische Fundierung und Entwicklung zu verstehen. Nicht die universale Vernunft war sein Bezugspunkt, sondern (primär) das Verständnis und (sekundär) die Abänderung des Bestehenden, also Reform.

Auf der anderen Seite schrieb er in einer Situation der Revolution in Frankreich, die ihn nicht dazu brachte, einfach das Bestehende zu verteidigen oder das Neue zu propagieren, sondern jenseits des Alltagsgeschehens zu einer gedanklichen, philosophischen Vertiefung zu gelangen. Während für viele Publizisten und Politiker damals die Frage der Regierungsform im Zentrum stand (Monarchie oder Republik?), erschien dies unter dem Blickwinkel Humboldts nicht zentral. Es kam vielmehr darauf an, wieviel Staat überhaupt gerechtfertigt war und wo man die Rechte des Individuums wahren mußte.

Während die damals fortschrittlichsten politischen Denker sich grundsätzlich auf das Naturrecht beriefen und auf einen (hypothetischen) Gesellschaftsvertrag, dachte Humboldt vom Bestehenden aus und prüfte dessen Legitimation. Daß der preußische paternalistische Obrigkeitsstaat des aufgeklärten Absolutismus bestand, war eine Tatsache; wie er sich nun unter Friedrich Wilhelm II. entwickelte, erschien Humboldt fatal: immer mehr Verbote und Zensur, Einschränkungen der Meinungsfreiheit und der Entwicklungsmöglichkeiten des Individuums. Das war sein Ausgangsproblem, welches nun im Kontext der Französischen Revolution von 1789 neu beleuchtet wurde.

Mit den Aufklärungstheoretikern stimmt Humboldt darin überein, daß er, wo es um mehr als nur das Individuum geht, von der Gesellschaft aus denkt, nicht vom Staat. Es gibt für ihn nicht nur die erwähnte „Sehnsucht nach Freiheit", sondern auch eine „Sehnsucht [,welche] die Menschen in eine Gesellschaft führt". Damit ist nicht zwangsläufig ein bestehender Staat mit einer bestimmten Regierungsform und Verfassung gemeint, sondern „die Verbindung der Nation unter sich" oder auch der „Nationalverein", wie Humboldt formuliert (HS 1, 212). Diese freie Verbindung von Individuen kann dann Institutionen und Verfahrensweisen generieren, welche aber wesentlich dazu dienen, die gewünschte Freiheit des einzelnen zu gewährleisten, also dem Staat nur den Sicherheitszweck zuschreiben.

Das bedeutet auch, daß das, was das Individuum braucht, in verschiedenen politischen Formen oder Verfassungen erreicht werden kann. Während im 19. Jahrhundert beinahe alles politische Denken von der Nation und vom Nationalstaat ausging, läßt Humboldts vom Individuum ausgehendes Denken verschiedene Möglichkeiten offen. Gewiß, ‚Nation' war ihm etwas ganz Selbstverständliches; aber die ‚Nation' mußte nicht deckungsgleich sein mit dem Staat. Insofern brachten erst die napoleonische Eroberung Deutschlands und die Befreiungskriege hier eine grundlegende Bereinigung. Nun stand der Gesichtspunkt ‚Nation' plötzlich obenan, und den Staatsmännern kam die zusätzliche Aufgabe zu, staatliche Rahmenbedingungen für eine deutsche Nation und eine europäische Ordnung der Nationen zu schaffen.

Daß sich Humboldt als preußischer Diplomat und Staatsmann daran beteiligte und auf den Boden der damaligen Realitäten stellte, hat manche Analytiker verwirrt: Humboldt habe in seinem Staatsdenken eine ‚konservative Wende' vollzogen. Bei genauerer Betrachtung werden wir feststellen, daß dies nicht der Fall ist, daß sich vielmehr der Staat nach 1806 so grundlegend gewandelt hatte, daß der alte, erzliberale Denkansatz nun auf völlig veränderte Voraussetzungen traf. Die Bedrohung des Individuums bestand nun nicht mehr (wie im aufgeklärten Absolutismus) im Übergreifen eines allmächtigen Staates in die Privatsphäre, sondern umgekehrt darin, daß der bestehende Staat militärisch vernichtet worden war und damit die Sicherheit als Bedingung der Freiheit verlorengegangen war. Der Staat mußte erst neu konstituiert werden, und dafür gab es neben den historischen Anknüpfungspunkten auch die grundsätzlichen Orientierungslinien der Humboldtschen Jugendschrift. Diese waren nie Beschreibung einer Wirklichkeit gewesen, sondern der Grundsatz, der „bei allen Staatseinrichtungen dem Gesetzgeber, als Ideal, vorschweben sollte" (HS 1, 211).

Bekanntlich hat sich der Nationalstaat im 19. und 20. Jahrhundert zur entscheidenden politischen Form entwickelt; im Zeitalter der Massen und der Demokratie, der Ideologien und der Weltkriege wurde der Staat sogar immer stärker. Insofern erscheint Humboldts Manifest des Liberalismus, einer radikal vom Individuum aus gedachten Theorie, heute noch utopischer als zur Zeit seiner Entstehung. Andererseits enthält es nach wie vor ein Potential als Korrektiv, auf das man sich normativ zurückbeziehen kann, wo es gilt, Maßstäbe für politisches Handeln zu finden.

1 Wilhelm von Humboldt, Marmorrelief von M. K. Klauer (1796).

2 Caroline von Humboldt, geb. von Dacheröden. Gemälde von Gottlob Schick.

3 Friedrich Schiller, die Brüder Humboldt und Johann Wolfgang von Goethe.
Zeichnung von Müller.

4 Wilhelm von Humboldt, Büste von Bertel Thorvaldsen (1808).

5   Wilhelm von Humboldt, Holzstich nach einer Zeichnung von
Eduard Stroehling (1814?).

6   Karoline von Humboldt, Gemälde von Friedrich Wilhelm von Schadow (1817).

7 Caroline von Humboldt (die älteste Tochter), als Siebzehnjährige. Gemälde von Gottlieb Schick (1809).

8 Adelheid und Gabriele von Humboldt, Zeichnung von Gottlieb Schick (1808).

9 Adelheid und Gabriele von Humboldt, Gemälde von Gottlieb Schick (1809).

10 Der Wiener Kongreß, zweiter von rechts, stehend: Wilhelm von Humboldt, Gemälde von J. B. Isabey.

11 Wilhelm von Humboldt, Karikatur. Graphitzeichnung von Fürst A. Radziwill (1814).

12 Caroline von Humboldt, Kreide- und Kohlezeichnung von Wilhelm Wach (1830).

13 Wilhelm von Humboldt, Zeichnung von Franz Krüger (1827).

14 Wilhelm von Humboldt, Kreidezeichnung von Luise Radziwill,
geb. Prinzessin von Preußen.

15 Wilhelm von Humboldt, Zeichnung von Johann Joseph Schmeller.

16 Alexander von Humboldt, Photographie (um 1850).

17 Wilhelm von Humboldt, Bronzestatuette von Drake.

18 Wilhelm von Humboldt an seinem Schreibtisch in Tegel, Ölgemälde eines unbekannten Künstlers (um 1830).

19 Wilhelm von Humboldt, Ölgemälde von Gottlieb Schick (1808/09).

20 Schloß Tegel, Zeichnung von Rohbock (um 1850).

21 Schloß Tegel, Blauer Salon.

22 Schloß Tegel, Antikensaal mit Durchblick zum Grünen Kabinett.

23 Brief Wilhelm von Humboldts an General von Boyen vom 7. Februar 1819.

24   Adelheid von Bülow, Grabstätte Familie von Humboldt mit Blick zum Schloß Tegel (auf der Säule: Spes von Bertel Thorvaldsen).

4 WAS DEN GANZEN MENSCHEN ZUSAMMENKNÜPFT

DIE IDEALE MENSCHLICHKEIT DER GRIECHEN

Wozu Griechisch lernen?
Von seinen Ausführungen zur politischen Theorie ging Humboldt in eine Richtung weiter, die zunächst ganz fremd, ganz heterogen erscheint: Er beschäftigte sich schwerpunktmäßig mit den alten Griechen. Diese Richtung verstehen wir erst dann, wenn wir uns erneut klarmachen, daß seine Befassung mit den Grenzen der Wirksamkeit des Staates nicht eigentlich ein juristisches oder staatstheoretisches Unternehmen war, sondern ein anthropologisches. Humboldt wollte durch Introspektion, durch Studium seiner Mitmenschen und durch Auswertung von Büchern herausbekommen, was ein Mensch sei. So führte ihn sein anschließender Weg zu den alten Griechen.

Humboldt hatte seit seinem 14. Lebensjahr Griechisch gelernt, und zwar gemeinsam mit seinem Bruder Alexander bei dem Theologen Josias Friedrich Christian Löffler, dem späteren Superintendenten von Gotha. Aber anders als bei Alexander, der sich mehr für die Natur und das Äußere interessierte, bewirkte der frühe Verlust des Vaters und das Aufwachsen in einer von ihm als fremd und lieblos empfundenen Umgebung bei Wilhelm eine immer ausschließlichere

Beschäftigung mit den Büchern. Und dabei übte nun offensichtlich alles Griechische eine besondere Faszination auf ihn aus. Mit 18 Jahren bereits verfaßte er eine Zusammenstellung eigener Übersetzungen aus griechischen Autoren unter dem Gesichtspunkt *Sokrates und Platon über die Gottheit, über die Vorsehung und Unsterblichkeit,* welche zwei Jahre später von Johann Friedrich Zöllner, einem Bekannten aus dem Kreis der Berliner Aufklärer, in einem *Lesebuch für alle Stände* ohne Namensnennung abgedruckt wurde (GS 1, 1–44).

Als Student in Göttingen trieb Humboldt seine Griechisch-Studien weiter und erhielt hier weitere entscheidende Anregungen durch Christian Gottlob Heyne, einen der wichtigsten Altertumsforscher des 18. Jahrhunderts, welcher seinen Zeitgenossen die Antike durch allgemein altertumswissenschaftliche Kulturstudien neu aufschloß und dabei auch Philosophie und Kunst der Griechen in das ihnen gebührende Licht rückte. Humboldt war für diese Tendenz offen: Bei Heyne konnte man lernen, was die Beschäftigung mit den Griechen zu einer allgemeinen Kenntnis des Menschen beizutragen vermochte.

Für Humboldt bedeutete die griechische Lektüre zunächst ein persönliches Bildungsmittel: Er hat wohl kaum einen Tag seines Lebens ohne Umgang mit den antiken Schriftstellern verbracht. Als der junge Ehemann und Familienvater sich in Burgörner und Auleben seine Zeit privat gestalten und frei einteilen konnte, las er zunehmend Griechisch und beschäftigte sich auch kontinuierlich mit Übersetzungen. Dies betrieb er aus Liebhaberei und Bildungsinteresse, nicht etwa im Hinblick auf eine wissenschaftliche Karriere oder gelehrte Publikationen.

In seiner Begeisterung für die Griechen trat er einem anderen Heyne-Schüler näher, dem um acht Jahre älteren Friedrich August Wolf, der damals bereits Professor für alte Sprachen in Halle war, nicht weit von Auleben entfernt. Man besuchte sich gegenseitig; der Jüngere lernte vom Älteren; der Privatmann Humboldt wahrte damit aber auch den Anschluß an die Wissenschaft.

Aufschlußreich für seine griechischen Studien in dieser Zeit ist ein Brief an seinen Freund Carl Gustaf von Brinkman vom 3. September

1792 aus Auleben: „Was meine Studien betrift, so bin ich, seit meinem Hiersein, allein mit Griechischen, und zwar mit Pindar, Aeschylus, und meiner Frau wegen, nebenher mit Homer beschäftigt. [Er erteilte nämlich seiner Frau Caroline auch Griechischunterricht und nahm mit ihr die Epen Homers durch.] Lange dürfte ich mich zu nichts anderem wenden. Ich gehe damit um, einmal mir in einem eignen Aufsaze die Gründe deutlich zu machen, warum das Studium der Alten, bloß als solcher, und ohne besonders lebhaftes Interesse für irgendein besondres Fach, das sie bearbeiten, einen Menschen allein würdig zu beschäftigen vermag. [...] Was mir bis jetzt darüber eingefallen ist, besteht bloß in ein Paar Gedanken: die Alten sind alle Schriftsteller bloß zweier Nationen, und wenn man es genau nimmt nur Einer, der Griechen, da die Römischen Schriftsteller, als solche, im Grunde Griechen heißen müssen. Indem man sie studirt, studirt man also eine Nation, nicht Bücher, sondern Menschen. Aehnlichen Nuzen müßte es gewähren, alle Französischen, oder Englischen Schriftsteller zusammen zu studiren, aber der Unterschied würde ebenso beträchtlich sein, als die Alten origineller waren, als die Neueren, und als sich in dem Schriftsteller bei ihnen mehr der Mensch, als der Schriftsteller zeigt. Dann kommt auch noch hinzu, daß diese Menschen an sich soviel, so weit weniger durch Kunst und Kultur geformt, und so viel mehr der Natur näher waren, als wir" (HS 5, S. 372 f.). – Diese Briefstelle ist wichtig, weil hier klar sein anthropologisches Interesse formuliert ist. Befassung mit den Griechen bedeutet nichts Historisches oder Antiquarisches, sondern dient grundsätzlich der Bildung des Menschen. – Dieser Gedanke, der vielleicht im ersten Moment befremden mag, erreichte durch Humboldt später eine außerordentliche Wirkung und Bedeutung, weil er in die Konzeption des preußischen Gymnasiums einging. Die Griechen hatten nach dieser Auffassung die höchsten Möglichkeiten des Menschlichen verwirklicht; an ihnen galt es sich zu orientieren, um im wahrsten Sinne Mensch zu werden.

Humboldt war also, 25jährig, als Privatmann auf den Gütern seiner Frau, mit Bildungsideen beschäftigt, die er auch anderen nahebringen wollte. Er trug sich mit dem Gedanken, eine Zeitschrift mit dem Titel *Hellas* zu gründen (die freilich nie zustande kam), und erläuterte seine Ideen in einem Brief an Friedrich August Wolf vom 1. Dezember 1792 wie folgt: „Als Philologe von Metier kann ich nicht studiren [...] Hingegen, dünkt mich, hat mich meine Individualität auf einen Gesichtspunkt des Studiums der Alten geführt, der minder gemein ist [... :] es giebt, außer allen einzelnen Studien und Ausbildungen des Menschen, noch eine ganz eigne, welche gleichsam den ganzen Menschen zusammenknüpft, ihn nicht nur fähiger, stärker, besser an dieser und jener Seite, sondern überhaupt zum größeren und edleren Menschen macht, wozu zugleich Stärke der intellektuellen, Güte der moralischen und Reizbarkeit und Empfänglichkeit der ästhetischen Fähigkeiten gehört. Diese Ausbildung nimmt nach und nach mehr ab, und war in sehr hohem Grade unter den Griechen. Sie nun kann, dünkt mich, nicht besser befördert werden, als durch das Studium großer und gerade in dieser Rücksicht bewundernswürdiger Menschen, oder um es mit Einem Worte zu sagen durch das Studium der Griechen. Denn ich glaube [...], daß kein andres Volk zugleich soviel Einfachheit und Natur mit soviel Kultur verband, und keins zugleich soviel ausharrende Energie und Reizbarkeit für jeden Eindruck besaß, ich glaube, sage ich, beweisen zu können, daß nicht bloß vor allen modernen Völkern, sondern auch vor den Römern die Griechen zu diesem Studium taugen" (HS 5, 373 f.).

Hier ist erneut ganz klar die Beschäftigung mit dem Griechischen als allgemeines Bildungsmittel ausgesprochen: kein Selbstzweck, sondern Instrument zur Entwicklung der Humanität. An dieser Stelle kann man Humboldts berühmte Formulierung von der „höchste[n] und proportionirlichste[n] Ausbildung aller menschlichen Kräfte zu einem Ganzen" erläutert finden: Die Griechen waren dem Ideal des „ganzen Menschen" insofern noch näher als die neuzeitlichen Menschen, als sie in dreierlei Hinsicht gleichmäßig entwickelt waren: intellektuell, moralisch und ästhetisch.

Dieser Grundgedanke zieht sich durch sein Schaffen; es wird klar, daß die Bemühung um griechische Literatur nicht punktuell bleiben kann, sondern immer wieder neu aufgenommen werden muß. Die Griechen als Menschheitsideal sind also ein Lebensthema Humboldts. Durch diese Idee hat er später als Staatsmann und Gestalter des preußischen Bildungswesens eine außerordentliche Wirkung erlangt.

Graecomanie in Deutschland vor 1800

Wie Humboldt auf die Griechen kam – dazu noch ein paar knappe Hinweise. Denn es war ja nicht so, daß damals jeder selbstverständlich in der Schule Griechisch gelernt hätte. Daß man in der Schule, wo die höhere Schulbildung begann, *Latein* lernte, war in ganz Europa durch die Jahrhunderte selbstverständlich gewesen. Latein war die Sprache der Gelehrten; Latein war die Sprache der Kirche; Latein war die Sprache der internationalen Verständigung im ganzen Abendland. Aber *Griechisch?* Diese Sprache hatte zwar Bedeutung als Sprache des Neuen Testamentes, doch bezog sich die vorreformatorische Kirche ja auf die *Vulgata,* also die Heilige Schrift in lateinischer Sprache, benötigte demnach kein Griechisch. Diese Sprache mußte erst durch die Humanisten im Zeitalter der Renaissance wiederentdeckt werden, wozu die griechischen Gelehrten als Kulturvermittler behilflich waren, die nach der Eroberung Konstantinopels durch die Osmanen in den Westen flohen. Für die Humanisten, die führenden Gelehrten Italiens um 1500, wurde es zum Programm, Griechisch zu lernen und griechische Philosophie zu studieren, vor allem Platon in der Originalsprache. Von hier an zieht sich ein mächtiger Strom platonischen Philosophierens durch die ganze Neuzeit. Die Humanisten hatten damit einen Gegenkanon entdeckt, eine heidnische Form, von der sie sich in hohem Maße angesprochen fühlten.

Humanisten wie Erasmus von Rotterdam oder Philipp Melanchthon wollten das Studium des Griechischen für ein vertieftes Eindringen in die Heilige Schrift nutzbar machen. Erasmus publizierte ein griechisches Neues Testament, das für Martin Luther zur Grundlage seiner Übersetzung ins Deutsche wurde. Seit der Reformation mußte jeder, der sich ernsthaft dem Studium der Theologie widmen wollte, Griechisch lernen. Diese Sprache wurde ebenfalls zur Schulsprache auf den gelehrten Schulen, den Lateinschulen. Während Hebräisch zum Verständnis des Alten Testamentes eher eine Spezialität für Kenner blieb, lernte nun jeder angehende Theologe Griechisch.

Mit dem Erwerb des Griechischen war aber immer auch eine gewisse Kenntnis heidnischer, vorchristlicher Schriftsteller verbunden, wenn man beispielsweise die Epen Homers in der Originalsprache las, woran kein Weg vorbeiführte. Durch das Griechische erschloß sich die abendländische Menschheit einen immensen neuen Kulturraum, eine Epoche *vor* dem Christentum.

Durch seinen Charakter als Hilfswissenschaft für das theologische Studium war das Griechischlernen aber auch gebunden und begrenzt. Das konnte dazu führen, daß Juristen oder Mediziner diese Sprache vernachlässigten, und für manche Fächer waren vielleicht die neueren Sprachen (Französisch, dann auch Englisch) wichtiger. Zumal immer mehr Literatur aus den fremden Sprachen nun in die Muttersprache übersetzt wurde und man schon mit dem Deutschen allein sich eine weiträumige Bildungswelt erschließen konnte, was insbesondere für Frauen von höchster Bedeutung war, da für diese ja keine formale Schulbildung vorgesehen war.

Nun ereignete es sich aber seit der Mitte des 18. Jahrhunderts, daß einige Pioniere erneut auf das Griechische hinwiesen und sogar eine besondere Begeisterung für die griechische Kultur entwickelten und propagierten. Der erste von diesen war Johann Joachim Winckelmann (1717–1768), der aus geringsten Verhältnissen zum päpstlichen Aufseher über die Altertümer in Rom aufstieg. Winckelmann studierte vor allem die Kunst der Griechen; er verwirklichte ‚sinnliche Wahrnehmung' anhand der Statuen, die er nicht nur ästhetisch zu würdigen verstand, sondern auch zunehmend historisch einzuordnen lehrte. Er sah die griechischen Plastiken als unübertreffliche Muster der Bildhauerkunst an und steckte mit seiner Schwärmerei für die Griechen Herder, Goethe und Schiller an, ja, eine ganze Generation von Männern, die sich für ein ideales Griechenland erwärmten. Diese weitgehend phantasiegezeugte Antike fand man auf *italienischem* Boden, vor allem in *Rom*, weil Athen und das wirkliche Griechenland damals noch kaum zugänglich waren und Reisen im Bereich islamischer Herrschaft als zu gefährlich angesehen wurden. Für Goethe und andere wurde die griechische Antike vor allem in ‚Großgriechenland' faßbar, in Süditalien, wo man zur griechischen Welt des Altertums einen direkten Zugang zu haben glaubte durch Natur und Kunst.

An dieser Stelle wäre Johann Gottfried Herder (1744–1803) zu nennen, der, von Winckelmann angeregt, an der griechischen Kultur vor allem die Freiheit pries. Aus der griechischen Antike hatte man nicht nur Tempel und Statuen, Philosophie, Epen, Schauspiele und lyrische Dichtung, sondern auch ein Ideal der Politik, die idealisierte Polis, für die man insbesondere Athen zu seiner Blütezeit unter Perikles heranzog. Die Beschäftigung mit den Griechen konnte vielerlei bedeuten, sie enthielt aber auch einen Keim *bürgerlichen* Denkens, der Beteiligung von Staatsbürgern an der Gestaltung ihres Gemeinwesens. Dies war zunächst ein fremder Gedanke in den absolutistischen Fürstenstaaten der Frühen Neuzeit. Er gehörte jedoch bald zum festen Bestand des Bildungsdenkens. Die Begeisterung für die Griechen im 19. Jahrhundert und ihren Befreiungskampf gegen die Türken ist nur verständlich aus der Verknüpfung des antiken Polis-Ideals mit der aktuellen politischen Lage im Zeitalter der Unabhängigkeitskämpfe.

Die Graecomanie wurde beflügelt von der Fachwissenschaft. Der Göttinger Bibliothekar und Professor Christian Gottlob Heyne (1729–1812) baute die Altertumswissenschaft aus und führte sie von der bloßen Textwissenschaft und Dichtungsliebe weg. Er betonte die künstlerische Überlieferung der Griechen und ihre ästhetische Ausbildung, vor allem aber war für ihn ein Studium des Griechischen verbunden mit ‚Archäologie', mit einer genauen Kenntnis aller Reste griechischer Kultur und einer historischen Einordnung und Systematisierung aller Bestandteile, die sich zur Erkenntnis der verschiedenen

Epochen der griechischen Geschichte runden sollten. Heyne war befreundet mit Herder; er war der Schwiegervater Georg Forsters und wurde zum Lehrer Humboldts und Wolfs.

Friedrich August Wolf (1759–1824) wirkte als Professor der klassischen Philologie in Halle und später, durch Humboldts Vermittlung, in Berlin. Als Philologe machte er Epoche, indem er die Autorschaft Homers auflöste und bewies, daß *Ilias* und *Odyssee* nicht Werke eines Autors im neuzeitlichen Sinne sein konnten, sondern aus heterogenen Bestandteilen zusammengesetzt sein mußten (,Rhapsoden-Theorie'). Über die Priorität dieser Einsicht stritt er sich mit Herder. Er rieb sich aber auch immer wieder kritisch an seinem Lehrer Heyne. Er trug wesentlich zur wissenschaftlichen Systematisierung der Altertumswissenschaft als Disziplin an Universitäten bei und publizierte 1807 eine grundlegende Schrift unter dem Titel: *Darstellung der Altertumswissenschaft nach Begriff, Umfang, Zweck und Wert.* In dieser Abhandlung griff er auf Gedanken und Sätze, ja ganze Passagen aus einer Schrift Wilhelm von Humboldts zurück, ohne diesen beim Namen zu nennen. Es handelt sich dabei um Auszüge aus einem Manuskript, das ihm Humboldt 1793 mit Bitte um Kritik zugesandt hatte (auch Dalberg, Schiller und Körner), das aber unpubliziert geblieben war. Im Zuge seines Eindringens in die griechische Literatur hatte Humboldt dieser Aufsatz bald nicht mehr genügt; er hatte ihn dann beiseite gelegt. Nach Jahrzehnten aber, 1818, nahm er ihn sich wieder vor und äußerte nun eine vollkommen positive Selbsteinschätzung: „Ich hätte ihn weiter, d. h. ausführlicher, denn er ist in sich vollendet, umarbeiten sollen. Er ist mit das Beste und Gedachteste, was ich je gemacht habe, und hat mir wirklich, was mit einer so alten Arbeit selten der Fall ist, Freude gemacht" (WCB 6, 181).

Über das Studium des Alterthums

In diesem Aufsatz führte Humboldt aus, die Beschäftigung mit den Resten der Antike lasse sich differenzieren in einen materialen und einen formalen Nutzen. Der materiale bezieht sich auf den Stoff, den Inhalt;

der formale Nutzen entstehe durch Blick auf die Gattung, die Epoche und das Werk selbst. Als entscheidender Gesichtspunkt beim Studium der Literatur und der Kunstwerke des Altertums wird genannt: „die *Kenntniss* der Alten selbst, oder der *Menschheit im Alterthum*" (HS 2, 1). Indem Humboldt diesen Gesichtspunkt gleich zu Beginn herausstreicht, macht er kenntlich, daß auch diese Richtung seiner Beschäftigung (wie die Befassung mit den Grenzen des Staates) wiederum auf *Anthropologie* zielte. Ein Studium der „*Menschheit im Alterthum*" stand für ihn ganz klar im Dienste der Kenntnis des Menschen.

Dieses Studium des Menschen verwirkliche sich primär im Rahmen einer Nation; es schließe die Zusammenhänge der einzelnen Lebensgebiete und die Ursachen und Folgen im zeitlichen Verlauf auf. Dabei gehe es um philosophische Menschenkenntnis, um „*Kenntniss der verschiedenen intellektuellen, empfindenden, und moralischen menschlichen Kräfte*" (HS 2, 2 f.), die sich auf den *handelnden, denkenden* und *genießenden* Menschen beziehe. Humboldt zielt durch eine möglichst vollzählige Erwähnung aller Aspekte auf die Erkenntnis des *ganzen* Menschen, auf die „Einheit"; er spricht erneut von der „höchsten, proportionirlichsten Ausbildung des Menschen" als dem edelsten Zweck (HS 2, 7).

Die (von Leibniz bezogene) Unterscheidung von ‚Ergon' und ‚Energeia' ist für Humboldts gesamtes Denken von grundlegender Bedeutung: Es kommt nicht nur darauf an, was man von den Griechen lernen kann, von ihren Gedanken und Werken, sondern entscheidend ist die Bemühung, mit der man dieses Studium betreibt, und deren Auswirkung auf die Übung aller Kräfte. „Der Auffassende muss sich immer dem auf gewisse Weise ähnlich machen, das er auffassen will. Daher entsteht also grössere Uebung, alle Kräfte gleichmässig anzuspannen, eine Uebung, die den Menschen so vorzüglich bildet": „so wird die höchste Menschlichkeit durch das tiefste Studium des Menschen gewirkt" (HS 2, 7).

Um an dieser Stelle kurz innezuhalten: Aufs Biographische bezogen heißt das, daß Humboldt seine Entscheidung legitimiert, sich aus dem Staatsdienst ins Privatleben zurückzuziehen, weil er davon überzeugt ist, durch sein Studium der alten Griechen seine ganze volle Menschlichkeit erst auszubilden. Von der Wirkungsgeschichte her gesehen hat er diese subjektive Überzeugung ins Allgemeine übertragen: *Jeder*, der sich mit den alten Griechen beschäftigt, wird durch diese „Uebung, alle Kräfte gleichmässig anzuspannen", zu einem besseren Menschen. Aus dieser Auffassung, die pädagogisch für alle fruchtbar gemacht werden sollte, ergab sich die entscheidende Begründung für Griechischunterricht am preußischen und deutschen Gymnasium.

Das kulturgeschichtliche Studium, räumt Humboldt ein, profitiere am meisten von einem komparatistischen Vorgehen. Wenn man sich aber auf *eine Nation* einschränken muß, gibt es keine lohnendere als die alten Griechen: nicht nur wegen der inneren Werte, die ihre Kultur vermittelt, sondern auch deshalb, weil in dieser einen Nation zugleich mehrere studiert werden können. Das ist so zu verstehen: Im Spiegel der Griechen fangen wir etwas von den älteren orientalischen Kulturen auf; und die Römer, die Erben der Griechen, bildeten eigentlich nur deren Kultur fort und adaptierten sie für ihre Zwecke. Wenn der Aufsatz den Titel trägt: *„Über das Studium des Altertums"*, so weckt das vielleicht weiter greifende Erwartungen; für Humboldt selbst aber ist der Zusatz völlig selbstverständlich und eigentlich überflüssig: *„und des griechischen insbesondere"*. Indem man sich mit den Griechen beschäftigt, erfaßt man schon die ganze Antike, weil allein sie ihre Individualität zu einem menschheitsrelevanten Nationalcharakter ausgebildet haben. Dieses Moment der *Individualität* ist für Humboldt von höchster Bedeutung. Er verfolgt es durch vier Gebiete: Sprache, Geschichte, Dichtung und Philosophie.

Als zweites Moment bezieht sich Humboldt auf die *Kulturstufe*; er ist nämlich der Meinung, der Grieche (beispielsweise zur Zeit Homers) stehe noch *„auf einer sehr niedrigen Stufe der Kultur"* (HS 2, 12). Diese (relative) Naturnähe ist aber besonders wichtig und fruchtbar für die Bildung des Menschen, weil in höher entwickelten Kulturen alle Verhältnisse zu komplex geworden sind; alles ist vielfach durch anderes bedingt, als daß man es völlig verstehen und entsprechend davon lernen könnte. Aber auch auf dieser frühen Stufe zeigten die Griechen schon eine besondere Empfänglichkeit für die Schönheiten der Natur und der Kunst. Insofern bedeutet Studium der Griechen auch immer ästhetische Bildung, nicht zuletzt aufgrund der Körperlichkeit und Sinnlichkeit der alten Griechen. Humboldt sieht also „*eine grosse Tendenz der Griechen, den Menschen in der möglichsten Vielseitigkeit und Einheit auszubilden*" (HS 2, 14). Er verhehlt nicht, daß die griechische Idealität die Sklaverei zur Voraussetzung hatte, daß also die Bürger Muße genießen konnten, weil ihnen die niedrigen Arbeiten abgenommen wurden. Damit hängt die politische Verfassung zusammen, die Polis-Struktur, die republikanische Regierungsform. An weiteren Gesichtspunkten nennt er die durchaus sinnliche Religion, den Nationalstolz und die Trennung Griechenlands in mehrere kleine Staaten.

Als drittes Moment erläutert Humboldt die relative *Homogenität* der griechischen Kultur, die er mit der Beweglichkeit der Phantasie und der Sonderstellung der Religion in Zusammenhang bringt, welche dem Geist keine Fesseln angelegt habe.

Ein viertes Moment liegt in der spezifisch *ästhetischen Kultur,* welche sehr früh schon hervortrat, aber auch auf einer späteren Stufe noch ihre Naivität bewahrte. Studium der Griechen bedeutet also Studium der Menschheit, und dies nicht nur in einem nationalen Sinne, sondern mehr noch in der Weise, daß in der relativ frühen und ursprünglichen Kultur der Griechen etwas von der geschichtlichen Entwicklung der Menschheit überhaupt faßbar wird. Es kommt hinzu, daß das Schönheitsgefühl bei den Griechen allgemein ausgeprägt war, in allen Schichten des Volkes, also nicht nur bei einer schmalen Elite.

Humboldt schließt mit dem Resümee, daß die angegebenen Zwecke der Anthropologie auf keinem anderen Wege erreichbar seien, daß also die griechische Kulturgeschichte nicht die einer beliebigen Nation sei, sondern unter dem Ziel der Beförderung der Humanität die einzig mögliche. Zwar erfordere dieses Studium des Altertums ausgedehnte Gelehrsamkeit, doch folgert er daraus nicht, daß Griechisch nur etwas für eine Elite sein könne, sondern schließt umgekehrt: Schon die bloße Beschäftigung damit, wenn sie auch bruchstückhaft bleibt, hat bildenden Charakter.

Am Rande sei noch auf einen Nebenaspekt verwiesen: Mit der Graecomanie entsteht ein ‚Gegenkanon‘, und zwar ein heidnischer. Von der Bedeutung des Griechischen für die Theologie, von welcher Erasmus und Melanchthon zutiefst überzeugt gewesen waren, ist bei Humboldt überhaupt nicht mehr die Rede. Seine Griechen sind heidnisch, sinnlich, körperbetont, schönheitstrunken. Damit bieten sie ein Gegenbild des Menschen, wie er sich in der Frühen Neuzeit in Europa ausgeformt hatte. Dieser war nämlich katholisch oder protestantisch, auf jeden Fall christlich, den Körper ablehnend und auf Überwindung des Materiellen ausgerichtet, tendenziell eher am greifbaren *Nutzen* interessiert als an zweckloser *Schönheit*. Humboldt verstrickte sich zwar nicht in Kritik und Polemik mit den herrschenden Kräften, aber implizit kann man diese Botschaft hier durchaus vernehmen: Wenn er schreibt, die Religion der Griechen *„übte schlechterdings keine Herrschaft über den Glauben und die Gesinnungen aus"* (HS 2, 18), so ist das eben auch ein Wort gegen Preußen unter Wöllners Einfluß. Wenn er hinzufügt: *„und ebensowenig legten die Ideen von Moralität dem Geiste Fesseln an"* (HS 2, 18), tastet er nach einer Form von freier Sexualität und reformierter Lebensführung, die zu seiner Zeit völlig utopisch, allenfalls subkutan zu ahnen war und in der Öffentlichkeit kaum thematisiert werden konnte (höchstens in bestimmten Gattungen der bildenden Kunst und der Literatur). Dieser ‚Gegenkanon‘, der aus der Befassung mit der griechischen Kultur geschöpft wurde, entfaltete sich dann im Laufe des 19. Jahrhunderts, am deutlichsten bei Friedrich Nietzsche.

Humboldt als Übersetzer

Humboldt war theoretisch zu der Erkenntnis gelangt, daß die Beschäftigung mit den alten Griechen grundsätzlich bildend und menschlich wertvoll sei; er hat dies auch praktisch in seinem Leben umgesetzt. Er übersetzte jahrzehntelang griechische Schriften ins Deutsche, auch noch als Diplomat und Staatsmann. Einiges davon wurde nie publiziert, manches vereinzelt in Zeitschriften, ein einziges größeres Werk dann 1816 als Buch, nämlich Aischylos' Tragödie *Agamemnon*.

Was übersetzte Humboldt aus dem Griechischen? Welches waren seine Prinzipien? Wie läßt sich der Erfolg bewerten?

Im Laufe der Frühen Neuzeit war natürlich schon vielerlei aus der griechischen Überlieferung von Gelehrten in ihre jeweilgen Muttersprachen übertragen worden, und auch im Deutschen bestand kein Mangel an Übersetzungen. Aber deren gesamtkulturelle Bedeutung war eher gering, weil jeder wirkliche Gelehrte an sich den Anspruch stellte, die klassischen Schriften eigenständig zu übersetzen, und weil Leser deutschsprachiger Schriften noch relativ wenig Interesse an den alten Griechen hatten. Dies änderte sich schlagartig mit den Homer-Übersetzungen von Johann Heinrich Voß. Dieser, ebenfalls ein Schüler von Christian Gottlob Heyne in Göttingen, hatte die *Odyssee* und die *Illias* in klassischen deutschen Hexameter-Übersetzungen vorgelegt (1781, 1793), die auch heute noch die verbreitetsten Fassungen dieser Werke sind. Das hängt mit seiner überragenden Leistung als Übersetzer zusammen, aber auch mit dem Entwicklungsstand der deutschen Sprache, der im späten 18. Jahrhundert erreicht worden war. Voß schrieb ein Deutsch, wie es Lessing, Gellert und Klopstock ausgebildet hatten, und er legte größten Wert auf metrisch adäquate Bearbeitung. Durch seine Homer-Übersetzungen wurde die griechische Kultur der Frühzeit wirksam in die deutsche Kultur vermittelt. Diese so verdeutschten Griechen wurden zum Allgemeingut der Gebildeten im Zeitalter Goethes und Schillers.

Humboldt selbst entwickelte einen eigenen Zugang zur griechischen Literatur durch Auswahl und Spezialisierung. Homer war für ihn ein Dichter, den man sein ganzes Leben lang und immer wieder lesen sollte: „Ehemals ging es den meisten Menschen so mit der Bibel", schrieb er seiner Frau (WCB 6, 208). Um den griechischen Geist in einem Drama voll und möglichst mustergültig zu erfassen, widmete er sich viele Jahre Aischylos sowie Pindar.

Die Konzentration auf Homer, Pindar und Aischylos hat Humboldt auch theoretisch zu rechtfertigen versucht, nämlich durch seinen bereits referierten Gedanken, daß die Beschäftigung mit der *Frühzeit* einer Kultur besonders aufschlußreich und bildend sei. In den Oden Pindars und in den Chören des Aischylos-Dramas sah er das ausgedrückt, was er als wesentlich an dieser Phase der griechischen Kultur erkannt hatte: die besondere griechische Individualität, die sich in der „Seelenstimmung der Griechen" zu erkennen gab: „festliche Würde", „Erhabenheit" und „Frömmigkeit".

Humboldt hatte mit Pindars Oden etwas von dem aufgefaßt, was damals als das Höchste lyrischer Dichtung galt. Goethe pries Pindar; Herder lieferte eine Prosaübersetzung. Für Hölderlin wurde dieser Autor zu einem entscheidenden Vorbild des Dichtens. Humboldts Pindar-Übertragungen erschienen verstreut zwischen 1792 und 1804. Er verfolgte dabei das grundlegende Prinzip, Übersetzungen hätten in ihrem Versmaß dem Original zu folgen.

Beim *Agamemnon* handelte es sich metrisch um jambische Trimeter, die Humboldt gemäß seiner Übersetzungstheorie möglichst adäquat nachzubilden suchte. Entscheidend dafür war seine Einsicht, daß die Sprache den Geist einer Nation ausdrücke. Der Rhythmus ist die Grundlage jeder anderen Schönheit; die deutsche Sprache hat gegenüber anderen Sprachen den Vorzug, den Rhythmus der griechischen nachbilden zu können. Daraus leitete er auch eine Verwandtschaft des deutschen mit dem griechischen Geiste ab.

Weisheit der Griechen: Der Ertrag für die Anthropologie

Man kann nicht darüber hinwegsehen, daß die Griechenschwärmerei der Graecomanen Komponenten enthielt, die uns Neueren grundlegend fremd geworden sind. Die Idealisierung einer bestimmten Phase in der Entwicklung einer historischen Kultur, die als vorbildlich und sogar als normativ begriffen wurde, irritiert.

Doch muß man sich klarmachen, daß hier kein Besitzstand verwaltet wurde; nichts Konservatives wird hier neu begründet, sondern ein Neuaufbau in revolutionärer Situation vorgezeichnet. Vor 1806 gab es eine gelehrte, antiquarische und künstlerische Orientierung an den Griechen, aber erst nach 1806 wurde der ‚Gegenkanon' tatsächlich wirksam. Damals waren mehrere Universitäten geschlossen worden, der Schulunterricht stockte in manchen Städten, und die Kriegswirren führten lokal und regional zu Aufruhr und Zerstörung. Man war also darauf angewiesen, sich neu zu überlegen: Was ist bleibend wichtig? Worauf kommt es an?

In dieser Situation hatten Humboldt und die Graecomanen ein Angebot zu machen, das damals innovativ war: Rückbezug auf die Griechen. Dafür benutzten sie als Brückenvorstellung die postulierte Nähe der griechischen und der deutschen Sprache, die Verwandtschaft des griechischen und des deutschen Geistes. Das Auseinanderfallen von ‚Kulturnation' und ‚Staatsnation' war analog: Deutschland war 1806 ebenso zersplittert wie Griechenland vor Alexander; Deutschland mußte der Übermacht eines Usurpators weichen wie die griechischen Poleis der überlegenen Macht des Makedonen. Und wie Griechenland eine Einheit des Hellenentums gekannt hatte, welche die politische Zersplitterung und Überformung überwölbte, so sollte auch die deutsche Kultur ihre einheitsstiftende Kraft entfalten. Dazu konnte der Rückbezug auf die Griechen dienen.

Es wäre aber zu kurz gegriffen, diese aktualisierende Komponente zu sehr zu betonen. Denn: Wäre es nur um politische Aktivierung, um nationalen Widerstand gegangen, wäre das Vorbild der *Römer* gewiß tauglicher gewesen. Humboldts *Griechen* aber waren gerade nicht Machtmenschen und Eroberer, sondern orientiert an Freiheit und Schönheit. Sie waren herrschaftsfremd, weil schönheitsverliebt.

Diese Ausprägung des griechischen Ideals enthielt auch bei Humboldt eine sinnliche Komponente, Betonung der Körperlichkeit und des Genusses. Noch mehr aber richtete sie sich auf das ‚Gemüt', wie man damals gerne sagte. Jenseits der Vernunft und des Willens gab es noch etwas (von Humboldt als dritte Art der Erziehung eingeführt), das viel mit Ahnen, Glauben und Sehnsucht zu tun hatte, mit dem Unerreichbaren, immer Uneinholbaren. Dafür konnten die Griechen gerade deshalb stehen, weil sich ihre Religion bloß auf Zeremonien bezog, nicht wirklich das Tiefste des Menschen erfaßte, und weil ihre Götter eigentlich Menschen waren. Die griechische Mythologie stellte für Humboldt also keine Ersatzreligion dar, sondern einen Fundus von Gestalten, welche spezifische menschliche Möglichkeiten ausprägten, kultivierten, übersteigerten. Sie wurden insofern eher als ‚Symbole' aufgefaßt, wie sie in der Form von Kunstwerken und Literatur, ebenfalls symbolisch, zeichenhaft in Erscheinung treten konnten. Ihnen eignete aber nie der Totalitätsanspruch der eigentlichen Religionen, der Universalreligionen. Immer blieben sie in die griechischen Verhältnisse, in einen spezifischen nationalen Zusammenhang verwoben; sie standen für eine Frühzeit menschlicher Kultur.

Humboldt zielte nicht eigentlich auf eine vollständige Erfassung der griechischen Kultur in ihrer historischen Entfaltung, sondern nur auf die Frühzeit bis zur ersten Blüte. Ein wesentlicher Reiz der Griechen bestand in seinen Augen darin, daß sie noch natürlicher waren als spätere Nationen, daß sie dadurch aber nicht etwa primitiver, sondern in gewissem Sinne voller menschlich gebildet waren. Damit griff er eine Denkform auf, die sich im 18. Jahrhundert schon deutlich ausgeprägt und etwa Herder dazu veranlaßt hatte, sich mit den frühesten Kulturstufen (dem Alten Orient, den Kelten, den Germanen) zu befassen. Darin steckt ein Stück Rousseauismus: Kultur, so unvermeidlich sie auch letztlich sein mag, ist der Natur unterlegen. Es gibt eine anzustrebende Natürlichkeit des Menschen; zuviel Gelehrsamkeit verbildet. Zuviel gesellschaftliche Kontakte (Höfe, Städte) schaden dem wahren Menschen. Humboldts Sehnsucht nach den Griechen in ihrer Frühzeit war auch Sehnsucht nach Natur, nach dem menschlich Wesentlichen, Unverbildeten.

Wenn wir also auch die Graecomanie in gewisser Hinsicht als ‚Ersatzreligion' ansehen können durch ihren Bezug auf einen ‚Gegenkanon', gilt es doch zu betonen, daß alles, was von den Griechen gelernt werden konnte, nicht dogmatisierbar war. Dementsprechend finden sich bei Humboldt kaum thematische Empfehlungen. Er sagt nicht, man solle bestimmte Autoren lesen; auch die hervorgehobenen Dichter bilden keinen abgeschlossenen Kanon. Humboldt tastet nach einem allgemein ‚Menschlichen', das sich aber auch bei den Griechen, als Menschen, die wirklich auf Erden gelebt haben, nicht finden läßt. Er empfiehlt eine Befassung mit dem Historischen, aber stets nur, um das Ideal dahinter zu erspüren. Sein Kulturverständnis und sein Geschichtsdenken sind grundiert von platonischen Denkformen. Die alten Griechen bildeten ein Ideal, doch sind wir gehalten, nicht dieses Ideal nachzuahmen, sondern es in unserem Leben neu zu konfigurieren. Die Liebe zur griechischen Kunst und Literatur kann uns helfen, jene Kräfte in uns zu wecken, welche uns ein eigenes, volles Menschsein ermöglichen. Das gewöhnliche Lob der griechischen Muster kann deshalb auch zur Oberflächlichkeit verführen, wo es nicht zur Entfaltung der eigenen Kräfte herangezogen, also wahrhaft durchdrungen und fruchtbar gemacht wird. „Der Auffassende muss sich immer dem auf gewisse Weise ähnlich machen, das er auffassen will" (HS 2, 7). Hinter jeder Wirklichkeit gilt es (nach Platon), eine ‚Idee' zu erkennen, das Wesentliche. Was Humboldt suchte, wonach er sich sehnte, war eigentlich nicht der Grieche, sondern der Mensch.

5 VERKNÜPFUNG UNSRES ICHS MIT DER WELT

FRÜHE SCHRIFTEN ZUR ANTHROPOLOGIE

Anthropologie und Menschheitsdenken im
18. Jahrhundert

Einer der im 18. Jahrhundert, dem Zeitalter der Aufklärung, am meisten zitierten Sätze war Alexander Popes „The proper study of Mankind is Man". Das hört sich tautologisch an, hat jedoch mancherlei Hintergründe. Es enthält eine Spitze gegen die Theologie, aber auch gegen die moderne Naturwissenschaft. Pope formulierte sein geflügeltes Wort auf der Basis des älteren, gestuften Bildes der Welt als Gebäude: oben Gott, unten die unbelebte Materie (gegliedert in Steine, Pflanzen und Tiere); in der Mitte aber der Mensch. *Ihm* sollte die eigentliche Bemühung gelten, *ihn* galt es zu erforschen.

Das hatte eine körperliche Seite, die hauptsächlich von der Medizin in Angriff genommen wurde, es hatte aber auch eine geistige, für die natürlich die Philosophie zuständig war. Nach der Mitte des 18. Jahrhunderts waren es mehr und mehr die ‚vernünftigen Ärzte' wie Johann August Unzer und Ernst Platner, welche daran arbeiteten, die physischen und psychischen Gegebenheiten des Menschenwesens aufeinander zu beziehen und auseinander abzuleiten. Eine Philosophie als Metaphysik, spekulativ verfahrend, wollten die Zeitgenossen nun nicht mehr anerkennen. Der junge Herder forderte bereits 1765 eine „Einziehung der Philosophie auf Anthropologie". Die Methode, die damals am ehesten Anklang fand, war die *empirische:* Man durfte nicht mehr postulieren, was der Mensch nach irgendwelchen theologischen oder philosophischen Axiomen *sein sollte,* sondern mußte anerkennen, was er *wirklich war.* Diese Wirklichkeit konnte man jedoch, wie man meinte, nur durch Erfahrung herausfinden, durch Beobachtung und (vielleicht) durch Experiment. Dies galt für alle Ebenen des Menschlichen, auch für die Seele. Es entstand eine ‚Erfahrungsseelenkunde', welche Fallgeschichten von psychisch Kranken sammelte, publizierte und analysierte (Karl Philipp Moritz). Alle Zeitgenossen waren sich damals darüber einig, daß das Studium des Menschen von höchster Bedeutung war und im Zentrum stehen sollte. Es war wichtig für jeden einzelnen, der es für seine Selbsterkenntnis benötigte, und es war bedeutsam für die ganze menschliche Gesellschaft, die nach diesen Erkenntnissen geordnet und reguliert werden mußte.

Das 18. Jahrhundert, das Zeitalter der Aufklärung, war durchdrungen von der Idee einer Einheit der Menschheit. Zwar gab es Theoretiker wie Immanuel Kant, Christoph Meiners oder Johann Friedrich Blumenbach, welche verschiedene ‚Menschenrassen' postulierten, aber sie stießen auf Widerspruch bei Forster, Herder und anderen, welche von der Einheit des Menschengeschlechtes aus dachten und eine Trennung nach Rassen verwerflich fanden. Und die Suche nach der Menschheit im ganzen stimulierte die Entdeckungsreisen, die Ethnologie und die Geographie. Ein Wissen über den Menschen, das sich nur an der *europäischen* Menschheit orientiert hätte, schien nun nicht mehr adäquat. Auch wer nicht eigentlich Wissenschaft betrieb, las nun, als aufgeweckter Zeitgenosse, *Reiseberichte,* in denen über das Leben der Menschen in fremden Ländern berichtet wurde.

Damit verbunden war ein *historisches* Interesse am Menschen: Geschichte konnte sich nun nicht mehr nur auf die eigene Tradition beziehen, auf das, was man seit dem Alten Testament und den antiken Hochkulturen in einen sinnvollen Zusammenhang gebracht hatte; durch die zunehmenden Kenntnisse über fremde Kulturen wurde auch ein Denken angeregt, das mit *Kulturstufen* operierte. Man stellte sich vor, in fernen Ländern Menschen auf einer Kulturstufe anzutreffen, welche der eigenen einer frühen Zeit entsprach. So waren gleichzeitig verschiedene Etappen der Menschheitsentwicklung beobachtbar; so konnte man die eigene Frühgeschichte erschließen.

Seitens der Philosophie gab es immer neue Angebote, das Menschenwesen zu verstehen und Konzepte über das essentiell Menschliche und das kulturell Veränderliche zu entwickeln. Kant hatte in Königsberg schon seit Jahrzehnten auch Vorlesungen über Anthropologie gehalten, die nun in seiner Spätzeit, 1798, als er sich längst mit seinen großen Kritiken einen Namen gemacht hatte, veröffentlicht wurden. Zu ebendieser Zeit war auch Humboldt damit beschäftigt, über Fragen der Anthropologie nachzudenken.

Vor allem Herder hatte eine umfassende Lehre vom Menschen entwickelt. Herders Hauptwerk *Ideen zu einer Philosophie der Geschichte der Menschheit* (1784–1791) stellte den Versuch einer Gesamtgeschichte der Menschheit dar, nachdem die rein heilsgeschichtliche Deutung der Universalgeschichte nicht mehr möglich war und Geschichte nun nicht mehr anders als empirisch angegangen werden konnte. Herders Abhandlung zeigte die organische Entfaltung der Menschheit im Prozeß der Kultur. Die traditionelle Universalgeschichte wurde abgelöst durch eine empirische Geschichte als Kulturgeschichte. Je mehr die *Heilige Schrift* als universale Wahrheitsquelle ins Kreuzfeuer der Kontroversen rückte, desto mehr mußten sich die Bemühungen darauf konzentrieren, eine neue konsensfähige Wahrheitsbasis zu etablieren. Dafür konnte es kein sichereres Bezugssystem geben als eben die Natur. Herders *Ideen* schlossen deshalb hier mit einer Anthropologie und Kulturgeschichte der Menschheit an. Der Mensch ist das Wesen, das der Bildung, der Überlieferung, der Erziehung bedarf. Nur so wird es eigentlich zum Menschen. Herder bestimmte den wesentlichen Unterschied des Menschen vom Tier durch die Sprache. Und mit der Schrift entstand erst eine dauerhafte

Überlieferung; der Mensch, das Wesen, das ohne Tradition nicht leben kann, beginnt an diesem Punkt seine eigene Geschichte – eben als Kulturgeschichte.

Dieses Werk lag bereits vor, als sich Humboldt den Problemen der Anthropologie näherte. Selbstverständlich war der Mensch ein geschichtliches Wesen – daran hatte er keinen Zweifel. Aber als Ansatzpunkt für seine eigene Reflexion schienen ihm andere Elemente wichtiger. Zunächst einmal der *Nationalcharakter,* über den sich schon viele Aufklärer Gedanken gemacht hatten, die Unterschiede des Menschlichen in französischer, englischer oder deutscher Ausprägung. Mit dem Nationalcharakterproblem hing die *Klimatheorie* zusammen: War die unterschiedliche Entfaltung des Menschen in den klimatisch günstigen Zonen und im weniger begünstigten, nördlich gelegenen Europa nicht grundlegend für das Verständnis der Menschheitsgeschichte? Herder hatte dazu die Lösung gefunden: „Das Klima zwinget nicht, sondern es neiget". Sodann der *Geschlechtscharakter:* War es nicht von fundamentaler Bedeutung, das Männliche und das Weibliche als solches zu erfassen und entsprechend zu differenzieren, wenn man etwas über das Menschenwesen herausfinden wollte? Schließlich die *Epochen:* Grundlegend verschieden waren ja schon Altertum und Neuzeit, Antike und Moderne; aber letztlich mußte man noch viel genauer hinschauen, um die Entfaltung des Menschlichen in verschiedenen Epochen der Geschichte unter ständig sich wandelnden Bedingungen und Zusammenhängen zu erkennen.

Theorie der Bildung des Menschen

Humboldts etwa 1794 entstandenes Fragment ist seine erste einschlägige Schrift zur Anthropologie. Im Mittelpunkt steht der Mensch. Er will die Kräfte seiner Natur stärken und seinem Wesen Wert und Dauer verleihen. Dieses Bestreben muß sich jedoch an einem Äußeren abarbeiten, an der Welt, am Stoff. Eigentlich geht es ihm um innere Verbesserung und Veredelung, aber diese kann er nur erreichen, indem er sich nach außen wendet und sich mit der Welt auseinandersetzt. Als „letzte Aufgabe unsres Daseyns" wird definiert: „dem Begriff der Menschheit in unsrer Person, sowohl während der Zeit unsres Lebens, als auch noch über dasselbe hinaus, durch die Spuren des lebendigen Wirkens, die wir zurücklassen, einen so grossen Inhalt, als möglich, zu verschaffen" (HS 1, 235). Damit ist ein Wechselwirkungsverhältnis postuliert: Auf der einen Seite gibt es das Individuum, auf der anderen die Welt; es geht darum, zu wirken und etwas zu bewirken, was für Mitwelt und Nachwelt von Bedeutung sein kann. Das heißt nicht zuletzt, daß ein Rückzug des Ichs aus der Welt oder eine Konzentration bloß auf sich selber diesen Zweck verfehlen würde. „Verknüpfung unsres Ichs mit der Welt" ist das „wahre Streben des menschlichen Geistes" (HS 1, 236).

Von hier geht Humboldt ins Große, in die Geschichte, indem er an dieser zu zeigen versucht, daß eine Nation oder ein Zeitalter der Menschheitsentwicklung genau dadurch in seinem Wert zu bestimmen ist, daß es seine individuelle Gestalt ausgeprägt und der Menschheit aufgeprägt hat, so daß sich daraus Folgen für die spätere Zeit ergeben haben, eine gewisse „Fortdauer".

Analog zur großen Geschichte muß auch der einzelne sein inneres Wesen ausprägen, dabei aber der Gefahr entgegenwirken, sich ganz von sich selbst zu entfremden. Abstrakt ließe sich dieser Bildungsprozeß beschreiben als Wechselwirkung zwischen Einheit und Allheit. Die Welt umfaßt die Summe der Mannigfaltigkeiten. Der individuelle Wille bricht sich an den Gesetzen der Natur und am Schicksal. Um dieses Wechselspiel von Empfänglichkeit und Selbsttätigkeit des einzelnen in Gang zu setzen, bedarf es eines Gegenstandes. Dieser Stoff kann aber nur die ganze Welt sein – genauer gesagt: dasjenige von der Welt, was für ein Individuum am jeweiligen Punkt erkennbar wird. Was einer tut und bewirkt, erfaßt er immer nur stückweise; es läßt sich jedoch zusammenführen unter dem Gesichtspunkt der „inneren Bildung", die man zwangsläufig damit verbindet. „Erhöhung seiner Kräfte" und „Veredlung seiner Persönlichkeit" (HS 1, 238) sind entscheidend. Zugleich bringt ihn diese Arbeit am einzelnen im Hinblick auf ein Ziel insofern weiter, als er die Wirkung seiner eigenen Anstrengung an sich selber verspürt. Was auch immer einer unternimmt: Indem er es möglichst vollkommen durchzuführen versucht, gewinnt er eine besondere Geistesstimmung als Resultat seiner Bemühung, seiner Arbeit an einem bestimmten Objekt.

Im Blick auf das Ganze heißt das, daß die Mannigfaltigkeit der menschlichen Tätigkeiten und Wirkungsweisen notwendig ist. Wie sich „die Welt in verschiedenen Individuen spiegelt" (HS 1, 239), wäre zu bedenken (wie Humboldt, mit Anklang an Leibniz' Monadologie, hier formuliert). In bezug auf die Entwicklung der ganzen Menschheit heißt das: Auffächerung in die jeweiligen Betrachtungsweisen, aber auch Bedenken der unterschiedlichen Nationalcharaktere und Zeitalter sowie Einbeziehen der diskontinuierlichen Wirkung, die von „genievollen Individuen" ausgeht, so daß am Ende das Ganze überschaubar wird, indem man nachvollzieht, wie „die Bildung des Menschen durch ein regelmässiges Fortschreiten Dauer gewinnt" (HS 1, 240).

Plan einer vergleichenden Anthropologie

Wie es eine vergleichende *Anatomie* gibt, sollte es auch eine vergleichende *Anthropologie* geben. Woher kann man etwas darüber wissen? Historiker, Biographen, Reisebeschreiber, Dichter, Schriftsteller und Philosophen liefern Daten. Das ganze Leben bietet uns Stoff zum „Studium des Menschen". Dabei wird der Mensch als solcher (als Gattungswesen) vorausgesetzt; entscheidend sind aber die „individuellen Verschiedenheiten" (HS 1, 337). Beide Aspekte, der praktische und der theoretische, müssen zusammenwirken. Dazu benötigt man aber nicht nur Beobachtung an einzelnen Menschen, sondern auch Typenbildung (beispielsweise ‚Nationalcharakter'). Die Menschheit im ganzen lebt aus der Mannigfaltigkeit. Das Ideal erscheint nur in der „Totalität der Individuen" (HS 1, 340). Diese Fülle der Individualitäten muß man studieren, nicht vernichten. Trotz der Versenkung in die Besonderheiten bedarf es einer Orientierung am Ideal, am Allgemeinen.

Die Aufgabe besteht darin, sich selbst und andere zu bilden. Für die Bildung sind aber nicht nur Erzieher, Religionslehrer und Gesetzgeber zuständig, sondern *alle* Menschen (als Mitmenschen). Dafür ist gegenseitige Achtung notwendig. Charakterbildung entsteht aus dem alltäglichen Umgang: in der Ehe, in der Freundschaft, in geselligen Zirkeln. Neben der Ausprägung der Individualitäten kommt es dabei auf die Erhaltung der Mannigfaltigkeit an. Für das Studium des Menschen vorauszusetzen sind ein eigener Charakter und die Kenntnis fremder Individualitäten. Individualisierende Menschenkenntnis dient dem Nutzen wie auch dem Vergnügen; sie stellt die „unterhaltendste Beschäftigung des menschlichen Geistes" dar (HS 1, 344).

Wer sich mit dem Studium des Menschen beschäftigt, ist in einer merkwürdigen Position: einerseits Beobachter, andererseits selbst Beobachtungsgegenstand. Er nimmt beständig neuen Stoff in sich auf, bringt diesen in Form, prägt dabei sich selbst aus und gibt das Ergebnis weiter. Indem er etwas an sich und anderen Menschen beobachtet, verändert er sich selbst. Er muß achtsam sein für das Charakteristische an anderen; er eignet sich das Homogene an, kann aber auch das Heterogene benutzen. Mag Bildung auch zunächst nach dem Prinzip der Ähnlichkeit vor sich gehen, wird doch auch der Kontrast allmählich immer wichtiger. Je mehr man sich in Beziehung zu anderen Menschen bringt, desto mehr bildet sich ein Charakter aus, und zwar durchaus auch nach dem Prinzip der Abgrenzung und Abstoßung, nicht nur in Nachahmung ähnlicher Züge. Das Studium der Charaktere in ihrer Individualität wirkt letztlich selber individualisierend.

So gelangt Humboldt schließlich zu dem Paradox, daß die vergleichende Anthropologie einen empirischen Stoff auf spekulative Weise untersuche und die „wirkliche Beschaffenheit des Menschen mit Hinsicht auf seine mögliche Entwicklung" behandle. Die Klassifikationen dienten nur zur Erkenntnis des Individuellen. Der Adel der menschlichen Natur liege gerade in ihrer „freien Individualität" (HS 1, 352 f.).

Menschenkenntnis und Selbsterkenntnis

Im Rahmen seines unveröffentlichten Ansatzes zu einer vergleichenden Anthropologie war Humboldt zu der Erkenntnis gelangt, daß eine Untersuchung der Geschlechtsunterschiede, eine vergleichende Anthropologie von Mann und Frau, das erste Desiderat wäre (HS 1, 363–375). Freilich: Konnte man diese Frage aufgrund seiner jeweiligen Erfahrung als einzelner Mensch, Mann oder Frau, überhaupt gültig beantworten? Humboldt studierte damals in Jena (zusammen mit Goethe) bei Justus Christian Loder vergleichende Anatomie. Über die körperlichen Unterschiede bestand keine offene Frage. Eine wirklich geschichtliche Behandlung, also Mann und Frau im Vergleich der Kulturen und im Wandel der Epochen, war für Humboldt auf dem damaligen Wissensstand nicht möglich. Es fragt sich auch, ob er sie gewollt hätte. Denn eine solche sammelnde *Geschichte des weiblichen Geschlechts* von Christoph Meiners (4 Bde., Hannover 1788) lag bereits vor und war Humboldt auch bekannt. Mußte er sich also von der Seite der Empirie auf die Seite der Spekulation neigen?

Gelehrte und Zeitgenossen, die Humboldt persönlich bekannt waren und die damals über solche Fragen nachdachten, waren beispielsweise Forster und Blumenbach. Letzterer hatte von medizinischer Seite her versucht, die Gesetze der Bildung des Lebendigen, der Fortpflanzung usw. forschend aufzuschließen. Humboldt setzte hier an und dachte von seinen Voraussetzungen her weiter. Daraus entstand der Aufsatz *Über den Geschlechtsunterschied und dessen Einfluss auf die organische Natur*, der 1795 ohne Namensnennung in den *Horen* gedruckt wurde, ferner auch die Abhandlung *Über die männliche und weibliche Form.*

Das Echo, das Humboldt auf seine Abhandlungen entgegenschlug, war ein überwiegend kritisches. In einem Brief an Schiller vom 4. September 1797 verteidigte er sich in einer Weise, die für die Einordnung seiner wissenschaftlichen Bemühungen und für das Verhältnis von Leben und Werk höchst aufschlußreich ist: „Zwar bin ich gewiß, daß es eine Manier für mich gibt und daß es die einzige ist, durch die ich je dahin gelangen könnte, in meiner Zeit auch für eine spätere zu zählen – aber ich verzweifle diese mir eigen machen zu können. Ich müßte mein Objekt nämlich nie anders als zugleich mit meinem Subjekt, aber doch so darstellen, daß es darin nicht verlorenginge – und darin sitzt eben der Knoten. In allem, was ich noch bisher geschrieben habe, habe ich das wirklich getan, aber so, daß selbst meine Freunde nur kaum alles sahen, und die andern weder lernten, was ich sagen wollte, noch was ich selbst bin. So z. B. gibt es niemanden, der eine größere naturhistorische Treue, eine trocknere Wahrheit suchen kann als ich bei Betrachtung und Schilderung des Menschen; hat das jemand bei meinen *Horen*-Aufsätzen gesehen, und hat er es auch nur sehen können? [...] Die Sache ist nur die, daß ich die Dinge nicht so hinschreiben konnte, wie sie sich in meinem Kopfe gestalteten, und es noch nicht über mich gewinnen konnte, sie *anders* darzustellen" (BSH 2, 120).

Hier ist es also erneut klar ausgesprochen: Humboldts Streben nach *Menschenkenntnis* war untrennbar verbunden mit seiner Bemühung um *Selbsterkenntnis*. Seine Reisen und Tagebücher zeugen davon, daß er andere Menschen kennenlernen wollte und gleichzeitig sich selbst. Von dieser doppelten Richtung seiner Erkenntnisinteressen her wurde es ihm schwer, objektive wissenschaftliche Darstellungen zu verfassen, die von seinem Subjekt absehen würden. So war er in seinem Ringen um Selbsterkenntnis einerseits noch nicht zu klaren Ergebnissen durchgedrungen, andererseits war das, was er über sich herausgefunden und seinem Tagebuch anvertraut hatte, nicht von der Art, daß er es der Öffentlichkeit hätte vorlegen wollen. Während einzelne seiner Zeitgenossen (wie Rousseau, Jung-Stilling oder Moritz) diesen Weg gegangen waren, durch rücksichtslose Beschreibung des Privaten in autobiographischer Form und radikale Selbstanalyse die Kenntnis des Menschen zu vertiefen, scheute Humboldt begreiflicherweise davor zurück. Dies hängt damit zusammen, daß er persönlich an Blockaden in bezug auf Themen laborierte, die man beim damaligen Stand des öffentlichen Sprechens kaum artikulieren konnte:

eben die Geschlechtlichkeit des Menschen, das Sexuelle, die Problematik von Mann und Frau bzw. des vernunftgeleiteten Menschen als eines Triebwesens. Trotzdem oder gerade deshalb verdient es höchste Anerkennung und Aufmerksamkeit, wie Humboldt (wenn auch anonym) grundlegende anthropologische Fragen angehen wollte, bei denen er sein persönlichstes, privatestes Interesse gar nicht öffentlich ansprechen konnte.

Über den Geschlechtsunterschied

Im ersten seiner Aufsätze über den Geschlechtscharakter wählte Humboldt einen möglichst allgemeinen Ansatz: Zur Menschheit gehört die Sicherstellung der Gattung, die durch Fortpflanzung erfolgt. Um diese zu gewährleisten, hat die Natur den Menschen in zwei unterschiedliche Geschlechter differenziert. Der Unterschied zwischen dem einen und dem anderen mußte nun noch mit dem „Drang eines Bedürfnisses zu gegenseitiger Einwirkung" versehen werden, um „eine so eigenthümliche Ungleichartigkeit verschiedener Kräfte, dass sie nur verbunden ein Ganzes ausmachen", herzustellen. „Denn auf der Wechselwirkung allein beruht das Geheimnis der Natur" (HS 1, 269).

An das Studium der physischen Natur des Geschlechtsunterschiedes müsse sich das Studium der moralischen Natur anschließen. Der Zusammenhang beider Naturen im Menschen ist offensichtlich: Eines ist ohne das andere nicht zu denken, und doch kann jedes zum Zwecke der Analyse gesondert angegangen werden.

Fortpflanzung geschieht durch Zeugung. Trotzdem ist die Natur nicht so organisiert, daß dies rein mechanisch vor sich gehen könne: „Daher ist Zeugung von Bildung verschieden, und darf nur Erweckung genannt werden; die nachfolgende Bildung des Erzeugten gehört ihm selbst, nicht dem Erzeugenden an. Man kennt, was der Zeugung vorhergeht, und sieht das Daseyn, das darauf erfolgt; wie beides verknüpft ist? umhüllt ein undurchdringlicher Schleier" (HS 1, 273 f.). Es gilt also, das Gleichgewicht zu erkennen, die gleiche Bedeutung beider Sphären, der erzeugenden und der empfangenden.

Durch die „Wechselwirkung der Selbstthätigkeit und Empfänglichkeit" wird es dem Zeugenden (geistig: dem Genie) möglich, „sich aus sich selbst herauszustellen, und sich selbst, abgesondert von allem Zufälligen, zum Objekt der Reflexion zu machen" (HS 1, 275). Was in der Körperwelt auf zwei verteilt ist, kann in der moralischen Welt eine Wechselwirkung sein, die im Subjekt/Objekt selber stattfindet.

Trotzdem lassen sich aus der Analyse der einen Sphäre Schlüsse für die andere ziehen. In jedem Falle werden zwei Ungleichartige erfordert, die im Physischen von der Natur grundsätzlich auf getrennte Wesen verteilt wurden. „Hier nun beginnt der Unterschied der Geschlechter. Die zeugende Kraft ist mehr zur Einwirkung, die empfangende mehr zur Rückwirkung gestimmt. Was von der ersteren belebt wird, nennen wir *männlich*, was die letztere beseelt, *weiblich*. Alles Männliche zeigt mehr Selbstthätigkeit, alles Weibliche mehr leidende Empfänglichkeit. Indess besteht dieser Unterschied nur in der Richtung, nicht in dem Vermögen. Denn wie die thätige Kraft eines Wesens, so auch seine leidende, und wieder umgekehrt" (HS 1, 277 f.). ‚Männlich' und ‚weiblich' werden also streng symmetrisch konstruiert; beide Hälften machen erst das Ganze aus, aber es sind auch wirklich Hälften, deren Umfang und Bedeutung gleich groß ist.

Diese symmetrische Grundanlage richtet sich nicht nur auf das Vermögen, sondern auch auf die Kräfte. Es ist die Sehnsucht, welche beide Teile zueinander treibt und beide Hälften wieder zusammenfügt. Dem Überfluß auf der einen Seite entspricht das Entbehren auf der anderen, und umgekehrt. Der Tendenz des Mannes nach außen kommt die Tendenz der Frau nach innen entgegen: „So befriedigt die eine Kraft die Sehnsucht der andren, und beide umschlingen einander zu einem harmonischen Ganzen" (HS 1, 279). Hervorbringen und Aufnehmen werden als gleich berechtigt und gleich wichtig dargestellt. „So sind nun zwischen beiden Geschlechtern die Anlagen vertheilt, welche es ihnen möglich machen, diess unermessliche Ganze zu bilden. Nur dadurch gelang es der Natur, widersprechende Eigenschaften zu verbinden, und das Endliche dem Unendlichen zu nähern" (HS 1, 294).

Die Abhandlung wird gekrönt durch den Begriff ‚Leben', der dann noch überboten wird durch ‚Liebe': „Daseyn, von Energie beseelt, ist *Leben,* und das höchste Leben das letzte Ziel, in dem sich das Streben aller verschiedenen Kräfte der Natur vereint. Die Verschiedenheit beider Geschlechter befördert die Erreichung dieses Ziels" (HS 1, 294). Alle scheinen nur ihrem Trieb zu folgen; indem sie das tun, tragen sie bei zu einer höheren Harmonie. Das bewirkt die Liebe.

In den Prinzipien der Natur sieht Humboldt eine prästabilierte Harmonie, die aber auf die Zweizahl, auf Konkurrenz und Diversifikation setzt. Damit ergibt sich auch ein Anknüpfungspunkt an die politische Theorie des Liberalismus, die ja ebenfalls vom freien Spiel der Kräfte, von der Förderung der Konkurrenz und von der ‚unsichtbaren Hand' ausgeht, welche letztlich eine positive Synthese als Harmonie hervorbringt.

Auffallend ist dabei, daß hier von Humboldt trotz der Rahmenbedingungen einer patriarchalischen Gesellschaft, welche von einer Gleichheit der Frau weit entfernt war – wenn auch gleichzeitig Olympe de Gouges im Frankreich der Revolution die Rechte der Frauen einforderte –, eine ideale Komplementarität von Mann und Frau, von zeugendem und empfangendem Prinzip postuliert wurde. Denn der bloße Fortpflanzungszweck wäre, von männlichem Denken ausgehend, auch durch Zeugung schon erreichbar gewesen. Humboldt aber, der bei verschiedenen Gelegenheiten seine eigenen weiblichen Neigungen bemerkt hatte, fand es wichtig, beide komplementären Hälften als in jeder Hinsicht gleichwertig zu konstruieren. Er verwies dabei nicht eigens auf den platonischen Mythos vom ‚Kugelmenschen', der in eine männliche und eine weibliche Hälfte zerteilt wurde, doch hat dieser sicher im Hintergrund gestanden.

Über die männliche und weibliche Form

Einen weiteren Versuch, sein Denken über Mann und Frau in kulturell möglicher und seinen Zeitgenossen verständlicher Weise auszudrücken, unternahm Humboldt mit seinem Aufsatz *Über die männliche und weibliche Form,* ebenfalls 1795 in den *Horen* abgedruckt. Es geht erneut um den ganzen Menschen, um das „Bild des *Menschen* in seiner allgemeinen Natur", das aber nur in partikularer Gestalt faßbar wird, als Mann oder Frau. Wie im vorigen Text wird von einer grundsätzlichen Ergänzung und Gleichwertigkeit beider Geschlechter ausgegangen. Dementsprechend werden auch zwei unterschiedliche Arten von menschlicher Schönheit postuliert: beim Mann Vorherrschaft des Verstandes und dementsprechend mehr bestimmte Züge, bei der Frau durch die Vorherrschaft des Gefühls mehr „freie Fülle des Stoffes" und „liebliche Anmut der Züge". Die männliche Schönheit benennt Humboldt mit dem lateinischen Begriff ‚*formositas*', die weibliche mit ‚*venustas*' (HS 1, 296). Bei der näheren Ausführung dieser polaren und komplementären Schönheitsideale wird deutlich, daß die Elemente auch dazu dienen können, ein Vorwiegen partikularer Eigenschaften in einem bestimmten Menschen zu charakterisieren, daß sich beide also nicht als reine Gegensätze gegenüberstehen, sondern durchaus Annäherungen an das jeweils andere Geschlecht bezeichnen können.

Dem Autor ist bewußt, daß jeder Blick auf einen einzelnen Menschen hier nur zur Auflösung des Bildes führen kann. Jede Abstraktion jedoch, die unvermeidlich ist, wirkt ihrerseits ebenfalls unbefriedigend, weil sie eine intellektuelle Operation vollführt, wo gerade sinnliche Anschauung gefordert wäre. Um dieses an sich unlösbare Problem darstellbar zu machen, beschreibt Humboldt männliche und weibliche Formen nicht nur mit schmückenden Adjektiven, welche der Phantasie nachhelfen sollen, sondern bezieht sich auch konkret auf kulturelle Erscheinungen, nämlich die griechischen Götter. Genauer gesagt: die *Statuen* griechischer Göttinnen und Götter, die von den großen Bildhauern wie Praxiteles in der Blütezeit der griechischen Kunst geschaffen wurden. Damit erreicht er ein Doppeltes:

Er gewinnt ein Substrat der Empirie, wo man ihm sonst ein privates Spiel subjektiver Phantasie vorwerfen würde, und er kann seine Leser (soweit sie gebildet sind und eine Vorstellung von den griechischen Göttern und ihrer plastischen Darstellung haben, was bei den Lesern der *Horen* vorausgesetzt wurde) auf kulturelle Gestaltungen verweisen, welche die in Worten ausgemalten Formgestalten anschaulich werden lassen. Die griechischen Künstler schufen Ideale, die zugleich volle Individuen waren.

Wenn Humboldt also über die weibliche Form spricht, beschreibt er in Wirklichkeit *Statuen* von Göttinnen: Venus, Minerva, Diana, Juno. Diese Methode eröffnet ihm außerdem die Möglichkeit, verschiedene Gestaltungen des Weiblichen abwägend zu charakterisieren. Damit entkommt er dem Vorwurf, nur einen Idealtypus der Frau einem Idealtypus des Mannes entgegengestellt zu haben. Andererseits enthält diese Vorgehensweise natürlich auch die Gefahr, ‚das Weibliche' und ‚das Männliche' in einer Pluralität von Gestalten aufzulösen. Indem Humboldt neben Herkules und Apoll auch Bacchus als Verkörperung des Männlichen darstellt, gelingt es ihm, ein gewisses Spektrum des Geschlechtscharakters zu erfassen und zugleich seine diversen Hilfsbegriffe anhand anschaulicher Gestaltungen zu diskutieren. Männliche Schönheit ist für Humboldt zum Beispiel charakterisiert durch „Kraft und Freiheit", weibliche Schönheit durch „reizende Fülle", „Anmut" und „Grazie" (HS 1, 304 f.).

In diesem Aufsatz geht Humboldt zwar vom Körper aus, diskutiert aber in der Folge außer der physischen Ebene auch die moralische. Er untersucht die Auswirkungen bestimmter Charaktereigenschaften auf körperliche Erscheinungen und deutet schöne Körper auch hinsichtlich der in ihnen wirkenden seelischen Kräfte. Dabei kommt es jeweils darauf an, nicht individuelle Phänomene zu Symbolen zu erheben, sondern die Bedeutung von gewissen Bestimmungsfaktoren für das jeweilige Geschlecht aufzuschließen und für die Deutung des Geschlechtscharakters von Mann und Frau anzuwenden. Vorausgesetzt werden auch hier wieder die vollständige Gleichwertigkeit der männlichen und weiblichen Form und die ideale Ergänzung beider Hälften zu einem Ganzen. „In der Gestalt des Mannes offenbart sich durchaus eine strengere, in der Gestalt des Weibes eine liberalere Herrschaft des Geistes; dort spricht der Wille lauter, hier die Natur" (HS 1, 314). Diese Zuordnung ist wiederum nur idealtypisch zu verstehen, weil ja auch jede Frau von Verstand und Willen beherrscht ist und jeder Mann der Natur unterliegt. Es ist also jedes beliebige Mischungsverhältnis denkbar und individuell auch vorhanden. Hier bezieht sich Humboldt auf Schillers Briefe *Über die ästhetische Erziehung des Menschen* und das dort näher erläuterte Ideal menschlicher Schönheit.

Es gibt zwar eine allgemeine menschliche Schönheit, da sie jedoch nur in männlicher oder weiblicher Gestalt angeschaut werden kann, drückt sich darin zugleich etwas Unbefriedigtes aus, eine Sehnsucht nach einem Anderen. Damit ein Mann schön erscheint, muß er einerseits etwas von diesem allgemeinen Ideal der Menschheit verkörpern, dies andererseits in männlicher Modifikation verwirklichen (ebenso die Frau, *mutatis mutandis*). Die wahre Schönheit eines Mannes oder einer Frau kann deshalb kein bloßer Ausdruck von Natur sein, sondern muß durchaus veredelt in Erscheinung treten, nämlich als Wirkung der inneren Kräfte auf die Formung des äußeren Stoffes. Ein unkultivierter Mann erschiene nur hart und gewalttätig, eine unkultivierte Frau nur weich und schlaff. Bildung bedeutet: Bearbeitung des Stoffes der Natur nach den inneren Kräften, als Mann oder Frau.

Humboldt spielt diese Grundbegriffe immer weiter durch: inwiefern Schönheit durch Bewegung entstehen kann, ob ein männlicher Bildhauer, der Frauengestalten schafft, sich auf das Studium weiblicher Schönheit allein beschränken könne, und dergleichen Fragen mehr. Immer geht es um eine ideale Konzeption, in welche Beobachtungen aus der Wirklichkeit nur nebenbei einfließen. Immer wird eine Harmonie vorausgesetzt, die als ideale letztlich auch nicht durch konkrete Erscheinungen gestört werden kann. Jedes Denken ist von polaren Begriffskonstellationen platonischen Ursprungs her angesetzt: ob nun als ‚Form' versus ‚Stoff', ‚Kraft' versus ‚Fülle' oder in welcher Verwandlung auch immer.

Dabei fällt auf, daß die Fragestellung „Was ist der Mensch?" immer zugleich als ästhetische behandelt wird: „Worin besteht menschliche Schönheit?" Bei solchen Fragen erleben wir Humboldt im Gespräch mit Goethe und vor allem Schiller. Die Möglichkeit der klassischen Forderung nach der Autonomie der Kunst ergab sich eigentlich erst durch diese Fundierung der Ästhetik in der Anthropologie.

Humboldts anthropologische Ansätze und ihre Tragweite

Damit erkennen wir klarer, was Humboldt in diesem Bereich zu leisten vermochte, wo seine Grenzen liegen und was an weiteren Entwicklungsmöglichkeiten denkbar war. Zunächst fällt die hohe Bedeutung des Menschheitsideals der *Griechen* für Humboldt auch in diesem Feld ins Auge. Seine Ausführungen *Über die männliche und weibliche Form* sind undenkbar ohne die Statuen der Göttinnen und Götter, von denen wesentliche Merkmale als Konstanten des weiblichen und männlichen Geschlechtscharakters abstrahiert wurden. Die ideale Menschlichkeit der Griechen bot ihm gewissermaßen ‚reine' Geschlechtscharaktere in dem Sinne, daß sie nicht durch historische Entwicklungsbedingungen neuerer Zeiten in ihrer Allgemeingültigkeit beschränkt wurden. Gewiß, Humboldt war selbstkritisch genug, um sich darüber Rechenschaft zu geben, daß beispielsweise Männerstatuen der Griechen sich athletischem Training der Modelle verdankten. Aber jede Auswirkung moderner Lebensführung wäre ihm noch zufälliger erschienen. Die Orientierung am Ideal der Griechen ist charakteristisch: Was Humboldt zu leisten vermochte, entfaltete sich auf diesem Feld; er fand aber auch seine Grenze durch diese selbstgewählte Beschränkung.

Wir sehen an seinem Essay *Über den Geschlechtsunterschied*, daß er andere Anläufe nehmen konnte, um ein anthropologisches Grundproblem zu erfassen. Aber auch hier stehen am Endpunkt mit dem ‚Leben' und der ‚Liebe' Bestimmungen, welche er in der Welt der Griechen bereits geahnt und vorformuliert fand. Wie der Aufsatz *Über die männliche und weibliche Form* vom platonischen Modell des androgynen Kugelmenschen ausgeht, liegt auch dem Essay *Über den Geschlechtsunterschied* ein grundlegend platonisches Denkschema zugrunde. Entscheidend ist die ‚Idee'; jede mögliche Verwirklichung kann nur eine unvollkommene Modifikation des Ideals darstellen. Und die Grundidee der polaren Ergänzung, der Gleichwertigkeit der Hälften, der höheren Menschlichkeit jenseits der geschlechtscharakterbestimmten Verwirklichung in Mann und Frau bleibt unwandelbar.

Sexualität stellte für Wilhelm von Humboldt ein Lebensproblem dar, dem er hier in den zu seiner Zeit möglichen kulturellen Formen nachspürte. Doch beschränkte sich sein Beitrag zur Anthropologie nicht auf Untersuchungen über Mann und Frau. In seinen allgemeinen Entwürfen wird deutlich, daß er weitere Klassifikationen gewissermaßen als Suchraster vor sich hertrug, um sie nach Möglichkeit empirisch auszufüllen, wo sich ihm Erfahrungsdaten boten.

Das gilt insbesondere für die traditionelle Kategorie ‚*Nationalcharakter*'. Bei seinen Aufenthalten vor allem in Frankreich und Spanien, und insbesondere im Baskenland, schärfte er seinen Blick für nationale Konkretisierungen des allgemeinen Menschencharakters. Inwiefern die zu einer bestimmten Zeit erscheinende Menschheit in ihrem *Epochencharakter* zum zentralen Thema werden konnte, erfahren wir in seiner Skizze *Das achtzehnte Jahrhundert*.

Insgesamt bleibt festzuhalten, daß alles, was Humboldt auf dem Gebiet der Anthropologie geleistet hat, so bemerkenswert es sein mag, eine Grenze fand in der Größe seines Wollens, die ihn fast immer bei Entwürfen stehenbleiben ließ. Und er war auch an abschließender Produktion gehindert durch seine ausgesprochene Selbstkritik, die durch die Kritik anderer nur noch befeuert wurde.

Dahinter verbarg sich ein methodisches Problem, dessen er sich selbst sehr wohl bewußt war, als er in seinem *Plan einer vergleichenden Anthropologie* feststellen mußte, daß er „einen empirischen Stoff auf spekulative Weise untersuche, einen historischen Gegenstand philosophisch", und trotzdem diese „wirkliche Beschaffenheit des Menschen mit Hinsicht auf seine mögliche Entwicklung" behandle (HS 1, 352 f.). Ein reinerer Empiriker wie sein Bruder Alexander hatte hier (bei aller ebenfalls idealen Orientierung) weniger methodische Probleme, weil Entscheidendes immer schon durch Sammeln, Beobachten und Analysieren für die Naturerkenntnis zu leisten war. Wilhelm dagegen mühte sich ab mit der platonischen Objektivierung eines Subjektiven, dessen Subjektivität er klar erkannt hatte, dessen literarische Darstellung ihm jedoch nicht gelingen wollte, solange er das Individuelle fernzuhalten suchte.

6 EINE VÖLLIGE REVOLUTION AUF DEM GEBIET DER ÄSTHETIK

IM KREISE GOETHES UND SCHILLERS

Familienleben, ländliche Muße, wissenschaftliche Kontakte
Aus der Rückschau schrieb Humboldt an Friedrich Gottlieb Welcker am 3. Dezember 1803 über seine Ehe mit Caroline, geb. von Dacheröden: „Es ist wirklich ein unglaubliches Glück, solch ein Wesen gefunden zu haben, und in vielen Sonderbarkeiten, die uns zusammengeführt, liegt wirklich mehr als zufälliges Glück, wahres Schicksal. Eine Heirat hat selten auf einen Mann einen günstigen Einfluß. Mich aber, kann ich wohl sagen, hat die meinige gerettet. Ich habe eine ordentlich unselige Fähigkeit, mich jeder Lage anzupassen, und stand, als ich mich versprach, eben auf dem Punkt, ganz und gar rettungslos in äußere Verhältnisse unter uninteressanten Menschen zu versinken, als mich meine Verbindung und der sich darauf notwendig gründende Plan, selbständig und für mich zu leben, plötzlich wie aus einem Schlummer herausriß. Indes wäre dies noch wenig. Allein der Umgang mit gewissen Naturen, und keine darf man dabei so nennen, als die meiner Frau, hat durch sich selbst etwas unmittelbar und in jedem Moment Bildendes" (BR, 315). Die Rettung bezog sich auf jenen Berliner Kreis junger Männer, dessen berühmtester sein Freund Friedrich Gentz war. Man

ging dem Vergnügen nach, frequentierte Bordelle und fand sich nach durchzechten Nächten zuweilen im selben Bett wieder. Das waren die „äußeren Verhältnisse", aus denen sich der junge Gerichtsreferendar gerettet hatte, als er auf das Gut seines Schwiegervaters zog, wo er, soeben 24jährig, die Ehe mit Caroline von Dacheröden schloß. Nachdem Humboldt die Einsicht gefaßt hatte, er sei höchst beeinflußbar durch seine Umgebung und in Berlin in schlechten Umgang geraten, zog er die Konsequenz, indem er sich unter den Einfluß vorbildlicherer Persönlichkeiten begab. In erster Linie ist damit die um ein Jahr ältere und höchst gebildete Gattin gemeint, in zweiter auch Carl Theodor von Dalberg. Die Einsamkeit und das Leben auf dem Lande, das er wieder und wieder pries, hatten also auch die Bedeutung der Rettung aus einem Umgang, den er als nicht förderlich erkannt hatte.

Bald nach seiner Ankunft in Burgörner schrieb er an Friedrich Heinrich Jacobi: „Ihr Wunsch, mein Bester, ist jetzt erfüllt, ich bin entfernt von allem, was nur irgend Geschäfte heißt, und lebe völlig unabhängig und frei. Meine Anstellung bei der Justiz war es allein, die mir Arbeit machte. Ich habe daher nur sie aufgegeben, und bin bei dem Département der auswärtigen Angelegenheiten geblieben, um mir nicht allen Rükweg zu einer andren Laufbahn zu verschließen. Freilich möchte aber diese Tür wohl zu denen gehören, die nie gebraucht werden". Und weiter: „Das Landgut, auf dem ich lebe, liegt in einer schönen Gegend, und in der Nähe von Halle. So bin ich auch nicht von aller Litteratur abgeschnitten, und entbehre also bei meinem ländlichen Aufenthalt eben nicht viele Vortheile der Stadt". Dem Philosophen-Freund gegenüber betonte er natürlich sein philosophisches Studieren in Muße; aber auch das Privatleben kommt nicht zu kurz: „Ich sage Ihnen also nur daß meine Frau und ich uns innig lieben, unsre Neigungen, sogar zum Teil unsre Beschäftigungen sehr miteinander übereinstimmen, und daß wir unendlich glüklich und froh mit einander leben" (22. August 1791; WHB 2, 21 f.).

Nach einem Jahr wurde die älteste Tochter geboren, welche den Namen ihrer Mutter erhielt: Caroline. Man genoß das junge häusliche Glück in vollen Zügen. Nach einigen Monaten in Burgörner begab sich die ganze Familie nach Erfurt. Damals hielt man es in vielen adligen Familien so, daß man im Winter in die Stadt zog, wo es sich bequemer und weniger einsam leben ließ. Die kalte Jahreszeit war zumeist die Zeit der Gesellschaften und gegenseitigen Einladungen, der Gastmähler, Bälle und Feste.

Das Landleben in Burgörner und Auleben, dem anderen Gut der Dacherödens, in der Goldenen Aue zwischen Sondershausen und Nordhausen gelegen, mit gelegentlichen Aufenthalten in der Stadt Erfurt, konnte ihn auf Dauer nicht ausfüllen, nicht befriedigen. Sosehr ihm Einsamkeit und gelehrte Muße am Herzen lagen und sosehr der junge Familienvater erst einmal sein Vaterglück genießen mochte, sosehr fehlten ihm doch auch Anregungen und Gesprächspartner. Gewiß, die Korrespondenz entschädigte ihn dafür etwas. Da gab es Briefkontakte mit früheren Bekannten und Freunden wie Forster, Jacobi, Brinkman und Gentz; vor allem aber bemühte er sich um neue Inspirationen und Persönlichkeiten. Friedrich August Wolf, der Hallenser Altphilologe, wurde ihm auch deshalb wichtig, weil man sich leicht gegenseitig besuchen konnte. Doch die Korrespondenz mit wenigen ausgewählten Freunden genügte ihm schon bald nicht mehr. Im September 1793 unternahm er mit Frau und Kind eine Reise nach Dresden, wo er unter anderem den Schiller-Freund Christian Gottfried Körner kennenlernte, der als Appellationsrat im sächsischen Justizdienst angestellt war, aber nebenbei Kunst, Literatur und Philosophie kultivierte. Die Freundschaft und der Briefwechsel mit Körner währten in der Folge fast 40 Jahre lang, bis zum Tode Körners.

Diese Freundschaft hatte außerdem zur Folge, daß Humboldt immer mehr mit *Schiller* ins Gespräch kam. Die Politik (sosehr sie sich gerade in den Jahren nach der Französischen Revolution ins Bewußtsein drängen mochte) rückte in den Hintergrund, und das Studium der Alten wurde überlagert von Fragen der Ästhetik und Dichtkunst.

Bei Schiller in Jena

„Es ist eigen, wie wir seit dem Jahr 1794 und 1795, wo wir in Jena zusammen philosophierten und uns durch eine Geistesreibung elektrisierten, auseinander verschlagen worden sind. Jene Zeiten werden mir ewig unvergeßlich sein", schrieb Friedrich Schiller an Humboldt im Rückblick am 17. Februar 1803 (BSH 2, 231). – Wie war diese Freundschaft zustande gekommen?

Beide hatten sich schon an Weihnachten 1789 in Weimar bei den Lengefelds getroffen, von wo man zusammen nach Jena gefahren war. Im Juni 1792 weilte Schiller bei Dalberg in Erfurt, wo man sich erneut zusammenfand. Im März 1793 schickte Humboldt seine Abhandlung *Über das Studium des Alterthums, und des griechischen insbesondere* an Schiller, der sie mit kritischen Anmerkungen versah. Sie enthielt Anregungen, die für Schiller in seiner Schrift *Über naive und sentimentalische Dichtung* (1795) bedeutsam wurden. Schillers Interesse an Humboldt als einem Kenner der Alten ging soweit, daß er ihm vorschlug, doch nach Jena zu ziehen. Dies realisierte Humboldt tatsächlich (Februar 1794). In diese Freundschaft waren auch ihre Frauen und die kleinen Kinder einbezogen (Humboldts Sohn Wilhelm wurde 1794 in Jena geboren, Schillers Karl 1793 und Ernst 1796). Diese Gemeinschaft erhielt sich bis April 1797. Dazwischen, von Juli 1795 bis November 1796, entfernte sich die Familie Humboldt für einen längeren Aufenthalt bei seiner schwerkranken Mutter in Tegel und eine Reise durch Norddeutschland. In dieser Zeit wurde die Freundschaft mit Schiller brieflich aufrechterhalten.

Was versprach sich Humboldt von dieser Beziehung? Der um acht Jahre ältere Schiller war zu dieser Zeit bereits ein berühmter Schriftsteller, Dramatiker und Geschichtsprofessor. Humboldt traf sich, obwohl jünger, mit ihm auf einer Ebene – und zwar deshalb, weil er bereits in jungen Jahren weit in die Geisteswelt eingedrungen war und insofern in mancher Hinsicht über solidere Kenntnisse verfügte als Schiller, dem eine so gezielte Förderung und ein so kontinuierlicher Bildungsgang nicht zuteil geworden waren. Eine wichtige gemeinsame Basis bildete außerdem das Studium der Kritiken Kants, welches beide in den Jahren zuvor privat betrieben hatten und das sie zum Weiterdenken anregte. Drittens schließlich trafen sie sich in ihrer Liebe zu den Griechen, wobei Humboldt der Gelehrte mit den Sprachkenntnissen war, während Schiller eher schwärmerisch-einfühlend an der Epoche der griechischen Freiheit hing. Was Schiller damals in Humboldt sah, ist in einem seiner Briefe an Körner vom 18. Mai 1794 mit warmen Worten ausgesprochen: „Humboldt ist mir eine unendlich angenehme und zugleich nützliche Bekanntschaft; denn im Gespräch mit ihm entwickeln sich alle meine Ideen schneller und glücklicher. Es ist eine Totalität in seinem Wesen, die man äußerst selten sieht und die ich außer ihm nur in Dir gefunden habe" (LW, 133).

Humboldt zeigte in jungen Jahren einen großen Drang, andere Menschen kennenzulernen und sich selbst im Umgang mit ihnen zu bilden. Er suchte solche Einflüsse planmäßig auf. Abgesehen von seinen eigentlichen Lehrern waren es vor allem Dalberg, Forster und Jacobi, welche für ihn solche persönlichkeitsbildenden Kontakte bedeuteten, während andere, wie beispielsweise Lavater, ihn abgestoßen hatten. Humboldt arbeitete an seiner Selbstbildung, aber auch an seiner Selbstfindung: Aus dem für ihn vorgesehenen preußischen Staatsdienst freiwillig ausgeschieden, war er sich über seine Berufung noch nicht klargeworden. Im freundschaftlichen Umgang mit einem Dichter hoffte er nicht zuletzt, sich auf ästhetischem Feld weiterzubilden und über seine Fähigkeiten als Schriftsteller Klarheit zu gewinnen.

Er hatte ja den Zusammenhang der physischen Natur des Menschen mit seiner intellektuellen als persönliches und philosophisches Problem erkannt. So war ihm das Ästhetische wichtig geworden, also das „sinnlich Schöne". Grundsätzliche Erwägungen dazu konnte man zwar bei Kant finden, doch war sich Humboldt mit Schiller einig, daß Kant der künstlerischen Praxis zu fern stand, um dieses Thema schon erschöpft zu haben. Humboldt meinte nun, in Jena und Weimar auf einer heißen Spur zu sein. Fand hier nicht gerade eine *Revolution der*

Ästhetik statt? An seinen Freund Carl Gustaf von Brinkman schrieb er in seinem ersten Jenaer Jahr, am 3. November 1794: „Ueberhaupt steht dem Gebiet der Aesthetik eine völlige Revolution bevor, u. ich freue mich, daß Schiller daran so thätig ist. Ein Kopf, wie der seinige, wenn man diese über alle intellectuelle Vermögen gleich vertheilte Kraft erwägt, ist soviel ich weiß, noch nie aufgestanden, u. wenn er nur noch einige Jahre fortarbeiten kann, gründet er sich gewiß ein wissenschaftliches Reich, mit welchem kein andres sich vergleichen kann" (WHB 2, 280 f.). Und dieses produktive Genie nahm ihn mit offenen Armen auf: Humboldt erwies sich als vollwertiger, für Schiller anregender Gesprächspartner.

Seine Nützlichkeit bestand in soliden Kenntnissen über alle möglichen Wissenschaften und in der Literatur. Schiller hatte zwar Griechisch gelernt, aber dürftig; Humboldt war ein gelehrter Gräzist, dem man die entscheidenden Fragen stellen konnte, wenn man sich im Kontakt mit den griechischen Klassikern entwickeln wollte. Ferner besaß Humboldt, als Übersetzer der Griechen, auch in bezug auf Dichtkunst und Metrik viel Erfahrung und wurde so ein wertvoller Ratgeber für Schiller wie auch für Goethe. Auf Schillers Lehrgedichte von 1795 und auf seine Balladen von 1797 hatte der gelehrte Freund unverkennbaren Einfluß.

Humboldt glänzte aber auch (und diese Fähigkeit war vielleicht die wichtigste) als geduldiger und produktiver Zuhörer wie auch Kritiker. Schiller und bald auch Goethe vertrauten ihre aktuellsten Produktionen Humboldt in mündlicher Vorlesung wie auch im Manuskript an: Dieser Hörer und Kritiker war erfüllt von Ehrfurcht für die produktiven Genies, er befand sich aber auch gleichzeitig auf einem hohen Stand der Bildung, so daß es sich immer lohnte, seine Bedenken und Einwände zu hören und seine Verbesserungsvorschläge zu erwägen. Auch mochte man sich von einem so gelehrten und gebildeten Manne sicher gerne loben lassen. Und nützlich war Humboldt für Schiller und Goethe auch deshalb, weil er an ihren Zeitschriftenunternehmungen teilnehmen konnte und für die *Horen* und andere

Sammelwerke *(Musenalmanach)* selber Manuskripte lieferte, diejenigen anderer beurteilte und verbesserte.

Mit Goethe war Humboldt zwar schon länger bekannt, doch intensivierte sich ihre Beziehung erst im Kontakt mit Schiller in Jena. Seit Juli 1794 luden Humboldts Goethe regelmäßig, wenn er nach Jena kam, zum Mittagessen ein. Humboldt blickte zu dem 18 Jahre Älteren auf; er schätzte ihn nicht nur, er verehrte ihn. Aber auch für Goethe war Humboldt ein wertvoller Gesprächspartner, nützlicher Mitarbeiter, gelehrter Altertumskenner, wichtiger Kritiker und Berater.

Der freundschaftliche Umgang mit Schiller und Goethe sowie die praktische Arbeit als Schriftsteller und Redakteur ließen allerdings in Humboldt selber allmählich die Einsicht reifen, daß er kein produktiver Dichter sei und daß sein stilistisches Vermögen nicht zu einem Erfolg als Schriftsteller ausreiche. An Körner schrieb er am 10. Dezember 1794: „Darum habe ich mir mehrmals die Frage aufgeworfen, ob das *Schreiben* eigentlich zu meiner Bestimmung gerechnet werden könne? und wenn die Entscheidung nach der Hofnung eines irgend vorzüglichen Gelingens des Erfolgs gefällt werden soll, so verneine ich geradezu. Dagegen wird indeß ein Gelingen in einigem Grade immer möglich seyn, und *mir* ist es schlechterdings nothwendig, etwas zu haben, das mich zwingt, mich nicht bloß mit der Wahrheit der Materie meiner Ideen zu begnügen, sondern auch nach vollkommner Deutlichkeit und Bestimmtheit ihrer Form zu streben" (WHB 2, 287). Und Schiller fand gar bald heraus, daß Humboldt zum Schriftsteller kein Talent habe. Er schrieb seinerseits an den gemeinsamen Freund Körner am 7. November 1794: „Humboldt hat mich Deinen Brief an ihn lesen lassen, der mich sehr freute, weil Du ihm über seinen Stil sehr viel Wahres sagst. Ich fürchte wirklich, er hat zum Schriftsteller kein wirkliches Talent, und er wird diesen Mangel durch Kunst nicht viel verbessern" (LW, 136).

Umgekehrt bestärkte Humboldt seinen Freund Schiller, der ja auch noch Geschichtsprofessor und Prosaschriftsteller war, darin, er sei eigentlich ein Dichter und müsse vor allem diese Seite seiner

Produktivität kultivieren: „Bleiben Sie aber ja bei dem Entschluß, in den nächsten Monaten bloß zu dichten. Es gibt doch nichts so Bezauberndes als die Werke des dichterischen Genies. Nur sie scheinen eigentliche *Produktionen,* nur sie Werke, die, für sich bestehend, auf die Nachwelt gelangen können. Alles Philosophische scheint man sich eher als auf eine mechanische Weise (durch Entwicklung, Trennung, Verbindung) entstanden denken zu können, es gleicht mehr einer bloßen Übung, einer Vorbereitung des Kopfes, es ist mit einem Wort, nicht so in sich vollendet, nicht so ein eigenes Individuum wie ein Kunstwerk" (BSH 1, 100).

Die Jahre in Jena mit Schiller waren also nicht nur produktivem Schaffen, einem lebhaften Gedankenaustausch und freundschaftlicher Geselligkeit gewidmet; sie trugen durchaus auch zu Humboldts Projekt der Menschenkenntnis und Selbstfindung bei. Im Kontakt mit Schiller formulierte er seine damals gewonnenen Einsichten, sein persönliches Streben nach einer Lebensleistung: „Der Mensch scheint doch einmal dazu dazusein, alles, was ihn umgibt, in sein Eigentum, in das Eigentum seines Verstandes zu verwandeln, und das Leben ist kurz, ich möchte, wenn ich gehn muß, so wenig als möglich hinterlassen, das ich nicht mit mir in Berührung gesetzt hätte" (BSH 1, 163). Es ist Humboldts ‚Ganzheits-Axiom', das wir schon kennengelernt haben, nun aber klassisch zugespitzt und um einige Illusionen ärmer. Dazu hat ihm der enge Kontakt mit Schiller und Goethe verholfen.

An Selbsterkenntnis fehlte es Humboldt nicht; er diagnostizierte an sich einen Mangel an Genie, den man auch durch äußere Anregungen und Willenskraft nicht ausgleichen könne (vgl. BSH 2, 79 f.). Von seinem Freund Schiller mußte er sich sagen lassen: „Sie sind mir eine solche *Natur,* die ich allen sogenannten Begriffsmenschen, Wissern und Spekulatoren – und wieder eine solche *Kultur,* die ich allen genialischen Naturkindern entgegensetzen muß. Ihre individuelle Vollkommenheit liegt daher sicherlich nicht auf dem Wege der Produktion, sondern des *Urteils* und des *Genusses;* weil aber *Genuß* und *Urteil* in *dem* Sinne und in *dem* Maße, dessen beide bei Ihnen fähig sind, schlechterdings nicht ausgebildet werden können ohne die Energie und Rüstigkeit, zu der man nur durch den eigenen Versuch und durch die Arbeit des Produzierens gelangt, so werden Sie, um sich zu einem vollkommen genießenden Wesen auszubilden, das eigene Produzieren doch nie aufgeben dürfen" (BSH 2, 84).

Was blieb ihm also anderes übrig, als die Werke Goethes und Schillers zu genießen, zu studieren, sich daran zu bilden? Als sich Humboldt im September 1797 von Jena löste und mit Frau und Kindern abreiste, war ihm Verschiedenes klargeworden: daß er in dieser Phase seines Lebens den größten Genies der deutschen Literatur nahegekommen war, deren Werke es sich lebenslang zu genießen und zu studieren lohnte; daß er ihnen auf gleicher intellektueller Ebene begegnen konnte, aber ihnen an Produktivität nicht gleichkam und deshalb einen anderen Weg suchen mußte; und daß er erneut auf Reisen gehen wollte, um eine praktische und empirische Welterfahrung zu gewinnen, die sie nicht hatten, und diese auf seine Weise, als Wissenschaftler, in einer vergleichenden Anthropologie zu verarbeiten.

Theorie des Epos

Aus seiner Begegnung mit Schiller und Goethe in Jena und Weimar eine Summe zu ziehen gelang Humboldt nicht sofort, sondern erst in seiner Zeit in Paris. Er zielte dabei auf eine allgemeine Ästhetik. Bereits als Jugendlicher war Humboldt mit Fragen der Ästhetik kompetent befaßt worden; Johann Jakob Engel erteilte ihm Privatvorlesungen; ebendieser Engel hatte damals, 1774, ein Buch veröffentlicht mit dem Titel *Über Handlung, Gespräch und Erzählung*. In Engel war ihm die klassifizierende Aufklärungsästhetik begegnet, welche in dem von Christian Wolff gesteckten Rahmen über sinnliche Erfahrung nachsann und deren Bedeutung und Kategorien zu erfassen suchte. Sodann war Humboldt bei seinem Kant-Studium einer Theorie des Sinnlich-Schönen begegnet, die er weiterdenken wollte. Er hatte eigene Erfahrung als Übersetzer und Dichter vorzuweisen, vor allem aber als Kritiker und Berater der Weimarer Klassiker. Die Jahre in Jena hatte er wesentlich darauf verwandt, sich über die Möglichkeiten der Dichtkunst klarzuwerden – wovon seine Briefwechsel mit Schiller und Körner Zeugnis ablegen. In diesen Jahren war er auch zu der Vorstellung gelangt, seine persönlichen Fähigkeiten seien die der Kritik, nicht die der Produktion. In einzelnen Rezensionen und Aufsätzen hatte er diese Kritik bewiesen, nicht aber in einem größeren Werk. Dies unternahm er dann in Paris. Wie der Titel *Aesthetische Versuche. Erster Theil* ausweist, zielte er auf etwas Größeres, das er aber dann nicht auszuführen vermochte; es blieb bei der Schrift *Ueber Göthes Herrmann und Dorothea*, die 1799 als Buch gedruckt wurde.

Seine Absicht bestand darin, Grundlegendes über Ästhetik, wie es sich ihm damals darstellte, an einem Musterbeispiel der aktuellen Literatur zu erläutern (Goethes Epos war erst zwei Jahre zuvor, 1797, erschienen; Humboldt hatte an der Entstehung Anteil genommen). Doch ging Humboldts Interesse über die Literatur hinaus, was aus seinen gleichzeitigen Studien zur Physiognomik, Bildhauerei, Malerei und Musik deutlich wird. In der Literatur schränkte er sich auf die Gattung des Epos oder der ‚Epopee' ein. Also nicht lyrische Dichtung oder dramatische, sondern erzählende, und zwar in gebundener Rede.

Der Text, der mit etwa 200 Seiten weit umfangreicher ist als Goethes Versepos selbst, versucht also, konzeptionell mit zwei divergierenden Richtungen klarzukommen: Einerseits geht es um Ästhetik im allgemeinen und Literatur im besonderen; andererseits will er eine fundierte Kritik von Goethes *Hermann und Dorothea* liefern, das man als Musterbeispiel eines modernen Epos ansehen konnte, also einer nun wieder aufgegriffenen Gattung, für welche Homer einst die klassischen Vorbilder geliefert hatte. Bei Humboldts ästhetischen Versuchen ging es immer auch um die Frage, wie eine Moderne im Rückblick auf die klassische Antike zu denken sei und ob der moderne Künstler hoffen könne, die Erfahrungen seiner eigenen Zeit in den überlieferten Formen gültig zu erfassen.

Vollendung eines literarischen Werkes wird demgemäß eingangs in doppelter Hinsicht definiert: Sowohl „sichtbaren Ausdruck seiner Gattung" als auch „das lebendige Gepräge seines Urhebers" müsse es an sich tragen (HS 2, 125). Das bedeutet, daß Humboldt vom Schöpfer eines solchen Werkes *Individualität* einfordert, aber auch die Erfüllung einer gegebenen *Form*. Man erkennt den klassischen Zugriff und die Ablehnung romantischer Formdurchbrechungen. Als allgemeines Ziel seines ästhetischen Versuches formuliert er das Bestreben, „in das Wesen der dichterischen Einbildungskraft einzudringen" (HS 2, 126). Damit wird auch diese Schrift in den Kontext seiner Bemühungen um eine vergleichende Anthropologie eingeordnet: Es gehe um *„die Charakteristik des menschlichen Gemüths in seinen möglichen Anlagen und in den wirklichen Verschiedenheiten, welche die Erfahrung aufzeigt",* also letztlich um *„die Bildung des Menschen"* oder um eine „philosophische Theorie der Menschenbildung" (HS 2, 128 f.).

Über die Zwischenstellung seiner Kritik zwischen Philosophie und Kunst ist sich Humboldt sehr wohl im klaren: Ein wahrer Philosoph findet es intellektuell unbefriedigend, sich auf Einzelheiten literarischer Kunstwerke einzulassen, und ein wahrer Künstler hält eine solche Theorie für überflüssig, weil für sein praktisches Schaffen nutzlos. Doch meint er, gerade auf diesem Felde Wichtiges leisten zu können.

„Die schlichte Einfachheit des geschilderten Gegenstandes und die Grösse und Tiefe der dadurch hervorgebrachten Wirkung, diese beiden Stücke sind es, welche in *Göthes Herrmann und Dorothea* die Bewunderung des Lesers am stärksten und unwillkührlichsten an sich reissen" (HS 2, 133 f.). Humboldt verallgemeinert diesen Ausgangssatz sofort zu der begrifflichen Entfaltung: *Wahr* und *individuell* müsse das Kunstwerk sein, und zugleich *rein* und *idealisch*. Der Gegensatz betrifft das Verhältnis von Natur und utopischer Über-Wirklichkeit als dialektische Grundform seiner Argumentation. Humboldt intendiert von allem Anfang an eine *idealistische* Ästhetik. Zwar muß Literatur naturnah und wirklichkeitsgesättigt sein, doch genügt das nicht, weil sie zugleich auf ein Ideal ausgerichtet sein soll.

Als allgemeine Aufgabe der Kunst statuiert Humboldt: „*Das Wirkliche in ein Bild zu verwandeln*" (HS 2, 137). Ästhetik als Wissenschaft vom Sinnlich-Schönen hätte also zu klären, wie es geschehen kann, daß ein Dichter die Natur zu einem Stoff für die Phantasie umschaffen kann. ‚Einbildungskraft' oder ‚Phantasie', das ist für Humboldt eine zentrale anthropologische Kategorie. Denn: „Wir sind entweder mit dem Sammeln, Ordnen und Anwenden blosser Erfahrungskenntnisse oder mit der Aufsuchung von Begriffen, die von aller Erfahrung unabhängig sind, beschäftigt; oder wir leben mitten in der beschränkten und endlichen Wirklichkeit, aber so, als wäre sie für uns unbeschränkt und unendlich" (HS 2, 138). – Die Notwendigkeit des Leben-Müssens unter Beschränkungen wird uns nur erträglich, wenn wir sie transzendieren.

Kurz darauf findet sich auch Humboldts ‚Ganzheits-Axiom' in verwandelter Gestalt: Der Künstler strebt danach, „den Stoff seiner Erfahrungen dem Umfange der Welt gleich zu machen; diese ungeheure Masse einzelner und abgerissener Erscheinungen in eine ungetrennte Einheit und ein organisirtes Ganzes zu verwandeln" (HS 2, 140). Die Natur oder Wirklichkeit spricht zu den *Sinnen;* die Kunst zur *Phantasie.* Der Künstler strebt also nach einem Idealischen.

Die Aufklärungsproblematik der Kunst als „Nachahmung der Natur" stellt sich auf dieser Stufe so dar: Kunst ist nun „*die Darstellung der Natur durch die Einbildungskraft*". Humboldt kommt auch zu der modern klingenden Formulierung: Kunst sei „die Versetzung [der Natur] in ein fremdartiges Medium" (HS 2, 145). Während auf der Seite des Künstlers die produktive Kraft, das Schaffen im Raum der Phantasie, hervorgehoben wird, wird auf der Seite des Kunstrezipienten als Hauptwirkung das Passive, die Stimmung in den Vordergrund gestellt. Das hängt mit dem klassischen Ideal zusammen, mit dem Streben nach Totalität. Kunst habe „das ganze Leben der Phantasie vorzuführen" (HS 2, 146); darin seien die Alten unübertroffen. Daraus ergibt sich jedoch auch ein Maßstab zur Beurteilung moderner Kunst.

Im Kontext der übrigen Künste, die Humboldt als Anthropologe im Blick hat, wird ihm die Dichtkunst als „redende Kunst" deutlich: „Die Poesie ist die *Kunst* durch *Sprache*" (HS 2, 173). Indem nun aber das Wesen des Menschen gerade in der Sprache liegt – dieser für den späteren Humboldt zentrale Gedanke taucht hier bereits auf –, ist Poesie oder Dichtkunst oder Literatur eben nicht nur eine unter mehreren Künsten, sondern die entscheidende: „Die Sprache ist das Organ des *Menschen,* die Kunst ist am natürlichsten ein Spiegel der *Welt* um ihn her, weil die Einbildungskraft im Gefolge der Sinne am leichtesten äussre Gestalten zurückführt. Dadurch ist die Dichtkunst unmittelbar und in einem weit höheren Sinne, als jede andre Kunst für zwei ganz verschiedne Gegenstände gemacht: für die äusseren und inneren Formen, für die Welt und den Menschen; und dadurch kann sie in einer zwiefachen, sehr verschiednen Gestalt erscheinen, je nachdem sie sich mehr auf die eine oder die andere Seite hinneigt" (HS 2, 173 f.). Das bedeutet aber auch, daß in diesem Medium der Sprache die Phantasie, die sonst gewöhnlich den Sinnen folgt, eine Tendenz zur Vernunft annimmt. Doch während der *lyrische, didaktische* und *tragische* Dichter zur Philosophie tendiert, ist der *epische* an einem entgegengesetzten Ideal orientiert: Er „fordert Gestalten, Leben und Bewegung, führt den Menschen in die Welt hinaus und fängt, um zuletzt so gut, als jene sein Gemüth in seinen innersten Tiefen zu erschüttern, bei seinen Sinnen und den Gegenständen, die ihn umgeben, an" (HS 2, 175). – Womit Humboldt bereits Wesentliches über seine Vorstellung einer ‚Epopee' ausgesagt hat.

Auf die Abschnitte zur allgemeinen Ästhetik folgen diejenigen, welche spezieller den Text von Goethes *Hermann und Dorothea* aufschließen sollen. Es versteht sich, daß dabei zunächst die Charaktere analysiert werden und die Mittel der Beschreibung, mit denen sie der Dichter einführt. Es geht, wie gesagt, im Epos um „Gestalten, Leben und Bewegung", also muß auch die historische Situation erwähnt werden, das Geschehen dargelegt, die Handlung genauer entfaltet. All diesen Einzelinterpretationen und Anmerkungen zur dichterischen

Kunst Goethes wollen wir hier nicht folgen. Es ist ohnehin problematisch für den Kritiker, einen Autor zu analysieren, dem er als Freund und Mitarbeiter zur Seite gestanden hat. Unvermeidlicherweise streifen seine Ausführungen immer wieder das Panegyrische: Weil Goethe hier, so Humboldt, ein Höchstes erreicht hat, das Optimum dessen, was ein moderner Künstler, wenn er die Epopee als Form aufgreifen will, leisten kann, kann man eigentlich nur Positives aussagen. Humboldt preist vor allem die „schlichte Einfalt und natürliche Wahrheit" (HS 2, 210) von *Hermann und Dorothea*. Er kommt zu der These: „Die Verbindung reiner Objectivität mit einfacher Wahrheit macht diess Gedicht den Werken der Alten ähnlich" (HS 2, 214), was für einen Klassizisten das höchstmögliche Lob darstellt.

Dieses Urteil spornt den Kritiker aber auch zu verschiedenen Untersuchungen an über die Frage, warum ein modernes Epos sich eben doch von einem antiken unterscheiden muß. Sein Hauptargument ist dabei die Differenzierung der Moderne, der größere Reichtum an Individuen und die damit zusammenhängende Verfeinerung. Hier greift er die Argumentation auf, die Schiller in seiner Abhandlung *Über naive und sentimentalische Dichtung* vorgeführt hatte. Die Eigentümlichkeit von Goethes Epos wird schließlich in folgender Synthese begrifflich gefaßt: „Verbindung dieses wahrhaft modernen Gehalts mit jener ächt antiken Form" (HS 2, 236).

Humboldt schickte das Manuskript dieses Werkes an Schiller, der es mit Goethe zusammen vom 21. bis zum 27. Mai 1798 in Jena las und besprach. Goethe war geschmeichelt, während Schiller zwar die Originalität und den Wert der Schrift anerkannte, sich jedoch über Sprache und Stil sehr kritisch äußerte und auch Vorbehalte gegen die Anwendung der theoretischen Ansätze auf ein spezielles Werk formulierte. Humboldt schrieb daraufhin eine neue Einleitung, in der er die Einwände Schillers aufnahm. Es handelt sich hier um die erste selbständige Schrift von Bedeutung, die über ein Goethesches Werk erschienen ist; Humboldts Charakteristik Goethes hat das Goethe-Bild deutlich geprägt.

Gewinn und Verlust im Umgang mit den Klassikern

Im Jahre 1797 stand Humboldt schließlich auf dem Punkt, daß er Jena und Weimar, Schiller und Goethe verlassen wollte und sich nach Italien wandte. Daß sich dies so nicht verwirklichen ließ, lag an den Zeitumständen, dem Krieg in Italien, der schließlich dazu führte, daß sich die ganze Familie Humboldt mit großem Troß, einschließlich des Bruders Alexander mit seinem Lebensgefährten sowie dem damaligen Verehrer Caroline von Humboldts, Wilhelm von Burgsdorff, nach Wien wandte und von dort aus schließlich nach Paris, wo eine neue Epoche des Lebens begann.

In der Zeit in Jena hatte sich sein Dasein als Privatier und Familienoberhaupt insofern verändert, als er nun im Zentrum der deutschen Literaturentwicklung stand und zum Schaffen Goethes und vor allem Schillers einiges beitragen konnte. Sein Hauptarbeitsgebiet war in dieser Zeit die Ästhetik, und zwar insbesondere die Poetik. Für Humboldt standen diese Beschäftigungen in engstem Zusammenhang mit seinen Studien zur vergleichenden Anthropologie und zu den alten Griechen. Im Kreise von Goethe und Schiller entfernte er sich vom politischen Denken und von Ambitionen bezüglich einer Tätigkeit im preußischen Staat.

Gleichzeitig wurde er sich darüber klar, daß sein Beitrag nicht eigentlich ein poetischer, produktiver sein konnte, sondern allenfalls ein kritischer. Sein Aufenthalt in Jena trug also zur Klärung seiner Lebensperspektiven bei, indem ihm dabei immer deutlicher wurde, was er *nicht* zu leisten vermochte. Wie Goethe in Italien zu der Überzeugung gekommen war, daß er sich nicht zum bildenden Künstler eigne, gelangte Humboldt zu der Einsicht, daß er kein Dichter sei und überhaupt kein produktives Genie von der Art, wie er es in Goethe und Schiller bewunderte.

Dieser Rückzug mündete nicht in Resignation, sondern in die Vorstellung, daß die Produkte der Genies für sein Leben wesentlich im Genuß zugänglich seien und daß er sich an ihnen bilden solle. Sein eigener Weg aber sollte ihn auf die Gebiete führen, die für jene kaum zu betreten waren: Sprachwissenschaft und Sprachphilosophie, Diplomatie und Politik. Dorthin nahm er etwas mit von dem, was ihm an Anregungen zur Ausbildung menschlicher Ganzheit in Jena zuteil geworden war. Und er setzte die Ergebnisse um in eine Reform der Schule und der Universität.

7 NATIONALCHARAKTER, PHYSIOGNOMIE, JAHRHUNDERTPROJEKT

VERGLEICHENDE ANTHROPOLOGIE IN DER PARISER ZEIT

Nationalcharakter: deutsch und französisch
Am 14. November 1796 war Humboldts Mutter in Tegel gestorben. Wilhelm kümmerte sich um den Nachlaß. Er und sein Bruder Alexander erbten nun ein bedeutendes Vermögen. Beide hatten die Vorstellung, ab sofort frei zu sein, in die Welt hinaus zu können und sich nicht weiter um Geld sorgen zu müssen. Es sollte der Startschuß sein für ein Reiseleben, das nur dadurch in eine ungünstige Zeit fiel, daß Europa zunehmend in die französischen Revolutionskriege verwickelt wurde. Alexander plante eine Weltreise; Wilhelm dachte zunächst an Italien, doch wurde gerade dieses Land damals von Truppen verschiedener Mächte unsicher gemacht.

Wilhelm von Humboldt nahm unverzüglich sein älteres Projekt wieder auf: *vergleichende Anthropologie,* hauptsächlich Studien zum Nationalcharakter. In Wien trat ihm sogleich eine andere Ausprägung des Deutschen entgegen, die ihn faszinierte in ihrem Changieren zwischen Eigenem und Fremdem: Noch fühlt er sich diesen Menschen zugehörig als Deutscher; schon empfindet er sich als anders, fremd, nämlich norddeutsch. Dabei wird deutlich, daß er bereits auf einen durch Kultur und insbesondere Literatur vorgeformten Begriff des deutschen Nationalcharakters rekurriert, den er mit einem „Gleichgewicht der Kräfte" verbindet, wobei freilich mitschwingt, daß auch die österreichische Ausprägung des Deutschen auf ihn einen Reiz ausübt: „mehr Humor, mehr Fröhlichkeit, mehr Leichtigkeit und Gewandtheit". Die in Süddeutschland festgestellte Eigenart, „eine bessere und energischere, wenigstens elastischere Natur", wird als eine nicht ausgeformte historische Entwicklungsmöglichkeit der Deutschen überhaupt erkannt. In einem weiteren Argumentationszug wird dem „Mangel an irgend etwas einzelnem Hervorstechenden oder Auffallenden", also der norddeutschen Variante des deutschen Nationalcharakters, die Schiedsrichterrolle zugeteilt, die Rolle des Beobachters, die es erst ermöglichte, daß die Deutschen „gleichsam die Brücke zwischen der antiken und modernen Welt" werden konnten, die „Verbindung der Eigentümlichkeiten der Alten und Neueren" (LW, 224 f.). – Hier haben wir wieder den Brücken-Gedanken: In ihrer Liebe zu den alten Griechen können sich die Deutschen zu höheren Menschen bilden, weil die alten Griechen die höchsten Menschen waren. Die Würde des deutschen Nationalcharakters beruht in dieser Vision nicht auf spezifischen Eigenschaften oder Stärken und Schwächen, sondern auf dem niedrigen Profil, das Bildungsmöglichkeiten offenläßt.

Im Sprung von Wien nach Paris erreichte man die wirkliche Fremde. Als die Familie am 18. November 1797 dort eintraf, nahm man die Franzosen, sosehr man deren Revolution zunächst begrüßt hatte, deutlich als fremd wahr. An Schiller schrieb Humboldt am 7. Dezember 1797: „In der Tat rechne ich es zu den Vorzügen meines hiesigen Aufenthalts, daß mir die deutsche Natur in ihrem Adel und ihre Vortrefflichkeit erst hier recht klar wird" (BSH 2, 141). Und an Jacobi am 26. Oktober 1798: „ich bin […] mitten in Frankreich nur ein noch viel eingefleischterer Deutscher als vorher geworden …" (LW, 268). Damit machte Humboldt eine Erfahrung, die vor ihm schon anderen Menschen im Ausland begegnet war: Identität bildet sich erst durch Gegenidentität.

Er nahm sich in Paris erneut vor, seine Methode des wissenschaftlichen Zugriffes auf eine vergleichende Anthropologie zu entwickeln, wobei die Erkenntnis des Nationalcharakters eine zentrale Rolle spielte. An Friedrich Gentz schrieb er am 29. November 1797, er eigne sich zum „Würdigen und Beurteilen nach sehr allgemeinen und eigentlich nach den letzten Zwecken"; er sei stark im „Auffassen des Charakteristischen" und in „unparteiische[r] Beobachtung". „Den französischen Nationalcharakter in seiner ganzen Ausdehnung und in seinen letzten Umwandlungen [...] zu studieren, ist eine weitläufige und in dem Sinne, in dem ich es nehme, auch schwierige Aufgabe, mir löst sie zugleich mehr als dies einzelne Objekt auf. Ich lerne daran beobachten und Beobachtungen aufzeichnen, und wenn es mir gelingt, dies recht zu lernen, so kann es nicht fehlen, daß ich es nicht wieder sollte lehren können" (LW, 234 f.). Humboldt will seinem Freund den Grund für seinen Paris-Aufenthalt erklären und skizziert sogleich ein Forschungsprojekt. Dabei ist aber wiederum das Beobachten des Äußeren ein Element seiner Selbsterkenntnis. Er entwirft sich als gelehrten Reisenden, der sich nun nach Paris, ins Zentrum des Weltgeschehens, begeben hat, um seine vergleichende Anthropologie voranzubringen. Er deutet an, daß er seit einigen Jahren, im Vergleich mit der ersten Parisreise, ein anderer geworden sei, daß er nun darauf aus sei, seine Daseinsberechtigung durch Leistung zu erweisen: „Damals fiel es mir nicht ein, daß man etwas tun, etwas leisten müsse, es galt die große Lehre, daß der Mensch nur durch das zählt, was er ist, nicht durch das, was er tut, und das war genug. Jetzt ist es anders; jetzt fühle ich, daß es nur schon zu hohe Zeit ist, etwas hervorzubringen, einen Beweis zu hinterlassen, daß man verdiente, dagewesen zu sein" (LW, 236). Er ruft sich also selber auf zur Konzentration auf etwas Vorzeigbares, auf eine Leistung. Paris bot ihm zwar Stoff in Hülle und Fülle, zugleich aber auch Zerstreuung.

Leben in Paris 1797–1801

Während Humboldt bei seinem ersten Aufenthalt in Paris die Einsamkeit des Lebens in der Großstadt verspürt hatte, bedeutete nun das Leben in einem Haushalt mit Frau und Kindern ein anderes Leben. 1797 wurde der Sohn Theodor geboren, 1800 Adelheid. Das Humboldtsche Haus wurde in Paris zum Mittelpunkt der dort lebenden Deutschen sowie auch einiger Franzosen.

Humboldt setzte sich der Hauptstadt der Revolution aus und genoß sie in vollen Zügen. Er besuchte die Sitzungen der Nationalversammlung und auch die Nationalfeste. Er nahm immer wieder an den Akademiesitzungen der Gelehrten verschiedener Klassen teil, die damals als ‚Nationalinstitut‘ firmierten. Er frequentierte die Museen, in denen sich die Kunstschätze häuften, die aus ganz Europa zusammengeschleppt wurden, vor allem aber aus Italien. Er war häufig im Theater und studierte im Rahmen seines Anthropologie-Projekts vor allem die Dramenkunst der revolutionären Franzosen mit François-Joseph Talma als dem berühmtesten aller Schauspieler. Er schrieb darüber auch Briefe an Goethe, die in dessen Zeitschrift *Propyläen* veröffentlicht wurden: *Über die gegenwärtige französische tragische Bühne* (1799) (GS 2, 377–400).

Im übrigen bemühte er sich, berühmte Persönlichkeiten aus verschiedenen Lebensbereichen kennenzulernen. Den aus der Revolution bekannten Abbé Sieyès lernte er genauer kennen. Bonaparte traf er verschiedentlich und nutzte die Gelegenheit, seine Physiognomie zu studieren. Er besuchte Jacques-Louis David, den Maler der Revolution und Intendanten vieler Revolutionsfeierlichkeiten. Er beschäftigte sich ausführlich mit den Werken des Philosophen Marie Jean Antoine Nicolas Caritat, Marquis de Condorcet, zumal er auch im Salon seiner Witwe Sophie Zutritt hatte, die ihm manche Aufhellungen über den Gang der Revolution und das Werk ihres verstorbenen Mannes geben konnte und die auch selber publizierte. Er lernte Madame de Staël kennen, die Tochter des letzten vorrevolutionären Finanzministers Necker, welche damals die Pariser Gesellschaft faszinierte, und studierte ihre Werke über Philosophie, Literatur und Gesellschaft. Er suchte den Kontakt zu Madame de Vandeul, der Tochter Diderots; er unterhielt sich mit ihr über Literatur und den toten Vater wie auch mit Thérèse Levasseur, der Witwe Rousseaus, über Philosophie und den exzentrischen Verstorbenen. Voraussetzung für alle diese und zahllose weitere Kontakte, die er in seinem Pariser Tagebuch beschrieb, waren natürlich beste Kenntnisse der französischen Sprache, die Humboldt von klein auf besaß (durch seine Mutter, aber auch durch einen in seiner Kindheit schon als Sprachlehrer angestellten Franzosen). Paris bedeutete für Humboldt in diesen Jahren, weit mehr als bei seinem ersten Besuch, eine Bühne, auf der er sich geläufig bewegte; hier knüpfte er vielerlei Kontakte an; hier sammelte er Erfahrungen im Umgang mit Menschen aus allen Ständen; hier studierte er den Nationalcharakter der Franzosen und machte sich Gedanken über die Wirkungen der Revolution.

Im Hause Humboldts verkehrten allerlei Gäste, und zwar außer den Franzosen vor allem auch die eigenen Landsleute und Bekannte aus früheren Lebenszusammenhängen. Carl Gustaf von Brinkman beispielsweise, der Jugendfreund, der als schwedischer Diplomat fungierte; der dänische Schriftsteller und Dichter Jens Baggesen; der Bildhauer Christian Friedrich Tieck; der Maler Gottlieb Schick, zeitweise auch Rahel Levin aus Berlin. Eine kuriose Figur, die Humboldt mit einer gewissen Faszination verfolgte (später zeitweise der Geliebte seiner Frau), war der schlesische Magnat Gustav Graf von Schlabrendorf, der sich als Exzentriker in der ‚Hauptstadt der Welt' bewegte und als ‚Diogenes von Paris' gebärdete, einen zeitunüblichen langen Bart wachsen ließ und Humboldt seine Theorien über diese Zierde der Männlichkeit darlegte. Schließlich gab es auch noch einen gelehrten Hauslehrer seiner wachsenden Kinderschar, Gottfried Schweighäuser, einen später angesehenen Altphilologen, mit dem sich Humboldt über die alten Griechen und seine Übersetzungen der griechischen Dichter und Tragiker austauschen konnte.

Die Jahre seines Pariser Aufenthaltes, unterbrochen durch zwei Reisen nach Spanien und ins Baskenland, wurden für Humboldt zu einer wichtigen Reifezeit. Ganz abgesehen von seinen wissenschaftlichen Projekten, die größtenteils Fragment blieben, gewann er hier wichtige Erfahrungen und Kontakte für seine spätere Karriere als Diplomat und Politiker.

Physiognomik – ein Forschungsprogramm?

Im Paris der Revolutionszeit fanden sich Kunstschätze aus ganz Europa. Darüber hinaus waren religiöse Kunstwerke aus ihrem Kontext in Kirchen und Klöstern herausgerissen und an zentralen Stellen zusammengebracht worden. Humboldt besichtigte und beschrieb die Kunstwerke in einem solchen Depot, dem Kloster der unbeschuhten Augustiner (Petits Pères). Er benutzte vor allem die chronologische Anordnung: Sie erlaubte seinem wissenschaftlichen Zugriff Einsichten, die nicht möglich gewesen wären, wenn er nur vereinzelte Kunstdenkmäler in verschiedenen Kirchen und Klöstern vorgefunden hätte.

Humboldt verfaßte drei publikationsreife Briefe, die er Goethe für dessen Zeitschrift *Propyläen* anbot, der jedoch nicht zugriff. Er beschrieb Kunstwerke, hauptsächlich die Grabplastiken der französischen Könige in chronologischer Reihe, und versuchte dabei durch Vergleiche mit Kupferstichen eine Ansicht darüber zu entwickeln, inwieweit es sich hier um künstlerische Gestaltungen ihrer Zeit oder späterer Epochen handelt und inwieweit man aus den Skulpturen Erkenntnisse über physiognomische Veränderungen in historischer Reihe ableiten konnte.

Daß sein eigentliches Interesse nicht im Kunsthistorischen, sondern im Anthropologischen lag, wird auch daraus erkennbar, daß er sich, bevor er an die Beschreibung der Werke ging, über die Möglichkeiten und Grenzen der Physiognomik klarzuwerden versuchte. „Die Physiognomik ist nur dadurch so verdächtig geworden, dass man sie zu einem Mittel herabgewürdigt hat, das Innere des Menschen in seinem Aeussern zu lesen, und dadurch der eigentlichen, Zeit und Gelegenheit kostenden Prüfung zuvorzukommen" (HS 1, 520) – kurz, Humboldt kritisiert die Lavatersche Richtung als unwissenschaftlich. Statt dessen intendiert er eine Physiognomik als reine Naturwissenschaft. Die Beziehungen zwischen Ausdruck und Charakter, zwischen Pathognomik und Physiognomik sind nun einmal unwiderstehlich und offensichtlich: „Allein immer, muss man gestehen, wird die Kenntniss des Charakters öfter dazu dienen die Gesichtsbildung, als diese jenen verständlich zu machen, und der wahre Zweck der Physiognomik sollte also kein andrer, als die Kenntniss der menschlichen Physiognomien, unabhängig von allem innern Charakterstudium, seyn. Die Gesichtszüge und die ganze äussere Bildung des Menschen sind einmal ebensogut ein Theil der Natur, als seine innere Einrichtung; es sind Formen, in welchen, Spiele des Zufalls abgerechnet, offenbar eine gewisse Regelmässigkeit obwaltet" (HS 1, 522). Sein Bestreben geht auf Typen in ihrer historischen Entwicklung, und er glaubt, anhand der französischen Königsreihe so etwas wie eine historische Entwicklung der Physiognomien in der Neuzeit ableiten zu können.

Freilich: Das Zweifelhafte dieses Unternehmens war ihm selber überdeutlich; so war es ihm wohl schließlich gar nicht unlieb, daß die Briefe nicht zur Publikation angefordert wurden. Es handelt sich also um einen weiteren fragmentarischen Ansatz seines anthropologischen Forschungsunternehmens, einen Versuch, den er selber als letztlich gescheitert erkannte.

Das Jahrhundertprojekt

An Schiller schrieb Humboldt am 2. Februar 1796 einen ausführlichen Brief über seine wissenschaftlichen Pläne, vor allem über das ‚Jahrhundertprojekt', nämlich eine charakterisierende Darstellung der Menschheit im zu Ende gehenden 18. Jahrhundert. In diesem Zusammenhang geht es darum, eine Kategorisierung zu finden, mit welcher die Menschheit als Ganzes faßbar wird. Erste Idee: Gliederung nach *Nationen*. Zweite Idee: Gliederung nach *Epochen*. Aber in diesem Jahrhundertprojekt steckt noch mehr. Es setzt nämlich bereits *historisches*

Denken voraus, also eine Denkform, die sich gerade in dieser Epoche erst herausgebildet hatte. Und es kommt hinzu, daß man ein ausgesprochenes Bewußtsein vom Epochencharakter des 18. Jahrhunderts entwickeln, also am Ende dieser Phase auch einen Einschnitt des historischen Geschehens erkennen mußte. Die Französische Revolution erschien ihm nun als Wegscheide der Menschheit. Dabei mußte sich der Kant-Leser Humboldt auch Gedanken über die Methode einer solchen Untersuchung machen, und er kommt zu der für ihn charakteristischen Aussage: „1. a priori das Ideal der Menschheit, 2. a posteriori das Bild des wirklichen Menschen" (BSH 2, 23). Er postuliert also zwei verschiedene Methoden, eine Zangenbewegung gewissermaßen, um das ihm Vorschwebende in den Griff zu bekommen: einerseits spekulativ, orientiert an einem vorgegebenen Ideal; andererseits historisch, empirisch, aus der Beobachtung des wirklichen Menschen. Wir haben diesen Ansatz auch in anderen anthropologischen Schriften schon feststellen können. Aber: Beides läßt sich zwar trennen, aber kaum wieder zusammenführen. Diese innere Problematik des doppelten methodischen Zugriffes hat sicher auch dazu beigetragen, daß die meisten Schriften Humboldts fragmentarisch geblieben sind.

Immerhin läßt sich feststellen, daß er über Jahre hinweg an seinem ‚Jahrhundertprojekt' festgehalten hat. Vor allem in seiner Pariser Zeit beschäftigte es ihn mit einer gewissen Dringlichkeit. An Goethe schrieb Humboldt aus Paris Anfang April 1798 über seine wissenschaftlichen Pläne: „Wir haben gewöhnlich so viel von interessanten Gegenständen gesprochen, daß ich, glaube ich, nie gegen meine beiden großen Pläne, eine Schilderung unsres Jahrhunderts und die Gründung einer eigentlichen neuen Wissenschaft: einer vergleichenden Anthropologie, erwähnt habe. Aber auf alle Fälle kann es Ihnen nicht entgangen sein, daß ich überall hauptsächlich auf die Kenntnis des Menschen im einzelnen, und zwar auf eine solche ausgehe, die empirisch genug ist, um vollkommen wahr zu sein, und philosophisch genug, um für mehr als den jedesmaligen Augenblick zu gelten" (GH, 49 f.). Das in der Folgezeit entstandene Werk blieb unvollendet und wurde erst 1904 aus dem Nachlaß veröffentlicht. Es macht in einer modernen Ausgabe 130 Seiten aus, umfaßt also soviel wie ein eigenes kleines Buch. Es trägt den Titel *Das achtzehnte Jahrhundert*.

Wie bei Humboldt üblich, nimmt er einen sehr langen Anlauf, bis er auf sein Thema selbst kommt. Man könnte auch sagen: Er legt ein sehr sorgfältiges, möglichst tragfähiges Fundament für die eigentlichen Untersuchungen. Es geht um das Verhältnis von Individuum und Gesellschaft, um die Rolle des einzelnen im Ganzen der Menschheit. Um nun den Geist einer Epoche zu erfassen, braucht es zweierlei: einen „beobachtende[n] Verstand" und eine „dichtende Einbildungskraft" – und beide müssen „in harmonischem Bunde stehen" (HS 1, 377). Humboldt spricht auch von ‚Nachdenken' vs. ‚Beobachtung' und von ‚Verstand' vs. ‚Phantasie'. Dies sind seine beiden methodischen Zugangsweisen zu einem nur schwer greifbaren Ganzen. Die ‚Menschheit', meint Humboldt, kann nur philosophisch, nur spekulativ verstanden werden. Es geht darum, den „Charakter in seiner Totalität" zu erfassen (HS 1, 380), und das geht nur im ganzen, nicht in der Aufzählung aller Teile. Damit wird die Aufgabe des Anthropologen aber eine philosophische, nicht mehr bloß historische.

Die historische Kategorie ‚Epoche' muß man sich mit anderen Kategorien verbunden denken. Humboldt nennt zum Beispiel ‚Classe', was hier jede Abteilung oder Gruppierung von Menschen meint. Die Antike wird vereinheitlichend unter der Dominanz der alten Griechen als Basis der Geschichte gesehen; die Neuzeit differenziert nach Nationen, die sich auf dieser Grundlage unterschiedlich entwickeln und damit verschiedene Spielarten des Menschengeschlechtes ausprägen. Humboldt sucht ein umfassendes Ganzes – in der Idee.

Es gibt, meint er, so etwas wie einen kategorischen Imperativ, daß sich der einzelne mit dem Ganzen in Beziehung setzen müsse, was natürlich nur dadurch geschehen kann, daß er seinen Horizont öffnet für dieses Ganze, das es zu erkennen gilt. Man muß also die Epochen studieren, und jeder einzelne hat die Aufgabe, „den Platz aufzusuchen, auf welchem er in seinem Zeitalter steht" (HS 1, 393).

Das 18. Jahrhundert bietet sich nicht nur deshalb zur Untersuchung an, weil es das neueste und besonders gehaltreich ist, sondern auch deshalb, weil es eine bestimmte Position im Verhältnis zu den übrigen Jahrhunderten einnimmt. Der kumulierte Einfluß so vieler vorangehender Jahrhunderte macht das neueste zu einem besonders reichen und ergiebigen. Die optimale Dauer der vorangegangenen Geschichte lädt ein zur Suche nach Regelmäßigkeiten, nach wiederkehrenden Mustern von Geschehenszusammenhängen. Und am Ende des 18. Jahrhunderts fühlt sich die Menschheit in einem Zustand des Überganges, in dem sich offenkundig Neues vorbereitet, damit aber auch das Alte aufs neue einer Befragung würdig wird. Die Ereignisse der letzten Jahrzehnte machen deutlich, daß sich die Geschichte gewissermaßen beschleunigt.

Wo es darum geht, inhaltlich zu beschreiben, was diese Epoche am Ende des 18. Jahrhunderts kennzeichnet, findet Humboldt den Hauptantagonismus in einer Ablösung der „Herrschaft der Form" durch die „Freiheit der Natur" (HS 1, 399). Dieser Gesichtspunkt läßt sich in der Tat auf verschiedene Lebensbereiche übertragen und umfassend anwenden.

Die Schlüsselposition des 18. Jahrhunderts ergibt sich aus seiner Stellung am Ende dreier Großepochen: Antike – Mittelalter – Neuzeit. Dieses Dreierschema, das erstmals im späten 17. Jahrhundert angewandt wurde, wird nun von Humboldt mit innerem Gehalt gefüllt. Selbstverständlich sind für die Antike im wesentlichen die alten Griechen entscheidend, die wiederum mit Freiheit assoziiert werden, aber auch mit „vollendete[r] Form" (HS 1, 403). Als zweite Großepoche wird das Mittelalter profiliert, das der Antike gegenübergestellt wird wie ein Körper dem Geist. Es wirke durch die „Macht der Verfassungen", womit offenkundig die politisch-sozialen Zustände gemeint sind, vielleicht auch die kirchlichen. Die Neuzeit entstand in dieser Betrachtungsweise aus dem „äussern Zustand" und der „innere[n] Bildung" (HS 1, 404 f.), einem Beitrag der Germanen und einem Beitrag der Griechen. – Als Problem zeigt sich sogleich, daß man aus der

Fülle aller überlieferten Tatsachen und Ereignisse die Spreu sondern muß; es kommt darauf an, die wirkenden Ursachen zu isolieren und sie von den unbedeutenden zu unterscheiden.

Ausgehend vom Prinzip der Erkenntnis, daß nur Ähnliches durch Ähnliches erkannt werden könne, erörtert Humboldt die Schwierigkeit der Verbindung von historischer und philosophischer Erkenntnisform: Geschichtsdarstellung kann leicht daran scheitern, daß sie „in den Händen ängstlicher und pedantischer Sammler zu einem unfruchtbaren Verzeichniss von Jahrzahlen und Namen herabsinkt" oder umgekehrt durch philosophische oder ästhetische Überformung „Treue und Genauigkeit verliert" (HS 1, 410). Es ist überhaupt ein widersprüchliches Unterfangen, als einzelner ein Kollektivum wie die Geschichte erfassen zu wollen. Doch: „Was der einzelne für sich nicht vermag, das kann durch die Vereinigung aller gesellschaftlich bewirkt werden". „Mannigfaltigkeit der Charaktere ist daher die erste Foderung, welche an die Menschheit ergeht, wenn wir sie uns als ein Ganzes zu höherer Vollkommenheit fortschreitend denken" (HS 1, 417). Diese Mannigfaltigkeit, die Wetteifer hervorruft, hat sich besonders in Europa entwickelt, wie erneut anhand der Nationalcharaktere der Neuzeit belegt wird: „In keinem andern Welttheil und zu keiner andern Zeit haben so viele und verschiedene Stämme und Nationen in so naher Berührung miteinander gestanden". Die Gegensätze werden am Franzosen und am Engländer entwickelt. Wahre Bildung besteht nun darin, die „Contraste der verschiedenen Individualitäten" fruchtbar zu machen und dadurch eine „vielseitige Cultur" hervorzubringen (HS 1, 418 f.).

Damit läßt sich aber auch die Aufgabe des Geschichtsschreibers deutlicher bestimmen. Dieser solle die Eigenheiten zuerst einzeln erforschen und dann in Gedanken miteinander verknüpfen. In diesem Sinne konzipiert Humboldt einen Zugriff, den man ‚philosophische Geschichtsschreibung' nennen könnte; jedenfalls tritt bei einem solchen Konzept für ihn die Fachhistorie im engeren Sinne eher zurück.

Die Darstellung der eigenen Epoche bedarf in besonderem Maße des Bezuges zum eigenen Leben. Im „Charakter des Zeitalters" möchte und muß „jedes Individuum den seinigen" wiederfinden, weil es ja aufgrund seiner Selbsterkenntnis auf seine eigene Zeit zurückwirken will und muß (HS 1, 431). „Damit aber die verlangte Charakteristik den Geist in diese glückliche und thätige Stimmung versetze, muss sie ausser der Natur ihres Gegenstandes auch noch seiner eignen im genauesten Verstande ähnlich gemacht seyn, und ihren Stoff zu einer solchen philosophischen und ästhetischen Einheit verarbeiten, dass er dadurch zugleich belehrt und begeistert wird" (HS 1, 432).

Sodann behandelt Humboldt ausführlich Probleme der Schilderung eines Charakters – allerdings eines einzelmenschlichen. Damit verschiebt er also das Thema von der Geschichtsschreibung, von der Charakteristik des 18. Jahrhunderts, auf die Biographie, die Charakteristik einer Persönlichkeit. Insofern führt ihn diese Frage von seinem Jahrhundertprojekt weg und hindert ihn zusätzlich daran, es überhaupt in Angriff zu nehmen.

Fazit: Kategorien der Anthropologie

In seiner Pariser Zeit verfolgte Humboldt sein großes Unternehmen einer vergleichenden Anthropologie, ohne zu irgendeinem publizierten Ergebnis durchzustoßen. Es finden sich Vorüberlegungen in Fülle, Prolegomena, Materialien – aber letztlich nur Ansätze, die aus innerer Notwendigkeit Fragment bleiben mußten, weil sie sich als nicht tragfähig erwiesen. Freilich: Im einzelnen wurde hier viel Wertvolles notiert, und manches davon sollte sich auch für spätere Werke als bedeutsam herausstellen.

Am deutlichsten ist bei den Ansätzen zu einer vergleichenden Anthropologie, daß Humboldt verschiedene Kategorisierungen heuristisch überprüfte: Würde es sich als tragfähig erweisen, die Menschen nach *Nationalcharakteren* zu untersuchen? Nach *Geschlechtscharakteren*? Nach *Epochen*? Von ihrer *Physis* her? Indem er gewisse Wege als nicht begehbar oder nicht ergiebig erkannte, schränkten sich die Möglichkeiten für künftige Arbeiten ein.

Früh schon distanzierte sich Humboldt von der Lavaterschen Richtung, von der Physis, vor allem vom Gesicht, der *Physiognomie*, eines Menschen auf seinen Charakter zu schließen. In der Schrift über die Grabplastiken hatte er versucht, die Gesichtsbildungen der Kunstwerke in ihrer historischen Entwicklung zu deuten. In der Abhandlung *Das achtzehnte Jahrhundert* gibt es noch einmal eine Auseinandersetzung mit der Physiognomik, welche diese aber stark relativiert. Diesen Weg ist Humboldt später kaum noch gegangen.

Eine Kategorie, die Humboldt immer festhielt und die ihn bis ins Alter faszinierte, war ‚Geschlecht'. Sein Essay *Über den Geschlechtsunterschied* hatte in Weimar wenig Anklang gefunden, auch seine Spekulationen *Über die männliche und weibliche Form* anhand von Statuen schienen eher absonderlich. Aber wie sehr ihn das Problem der Sexualität immer wieder anzog, kann man nicht nur seinem *Plan einer vergleichenden Anthropologie* entnehmen, sondern auch den Abschnitten über weibliches Erkennen am Ende der Schrift *Das achtzehnte Jahrhundert* (HS 1, 491–493). Dieser Zugang schien ihm unverzichtbar, wenn auch mit seinen Mitteln nicht abschließend zu lösen.

Blieb das *Nationalcharakterparadigma*. Damit übernahm er eine Kategorie, die im 18. Jahrhundert vor ihm schon vielfach Diskussion erfahren hatte, die auch philosophisch und anthropologisch längst problematisiert worden war. Hier schließt sich Humboldt nicht der Richtung der Kritik an, sondern bleibt wesentlich affirmativ. Während er seinem Versuch zu einem Ansatz einer Epochencharakteristik keine produktive Wendung zu geben vermochte, rückte sein Nationalcharakterkonzept in der Pariser Zeit stärker in den Vordergrund. Es faszinierte ihn, ebenso wie der Unterschied ‚männlich'/‚weiblich', sein ganzes Leben lang. Dies hängt freilich nicht nur mit theoretischen Erwägungen zusammen, sondern mehr noch mit lebensweltlichen: Der Zeitgenosse der Französischen Revolution und der von ihr angestoßenen politischen und sozialen Bewegungen erlebte nicht nur, wie Nationalismus entstand und um sich griff; er entwickelte selber zunehmend ein patriotisches Selbstbewußtsein als Deutscher, das ihn beispielsweise am Ende der Schrift *Das achtzehnte Jahrhundert* zu einem Lob der deutschen Kultur veranlaßte, verstanden als Synthese und Überwindung der vorangehenden Gallomanie und Anglomanie: „bis auf und durch diese endlich die bessere und partheilosere Kultur durchzubrechen begann, der wir uns jetzt erfreuen" (HS 1, 500). Dieser Funke entzündete sich im Laufe der Freiheitskriege dann wenige Jahre später zu einem hellen Feuer.

8 BEGEGNUNG MIT FREMDEN KULTUREN

SPANIEN, DIE BASKEN UND DER IMPULS ZUM STUDIUM DER SPRACHEN

Reiseziel Spanien

‚Warum ausgerechnet Spanien?' mögen sich Goethe und Schiller gefragt haben, als sie von Humboldts Plänen hörten. Denn Spanien galt im 18. Jahrhundert als ein zurückgebliebenes Land auf einer relativ geringen Stufe der Bildung. Gewiß, Spanien hatte seine große Zeit gehabt, als im Reich Karls V. die Sonne nicht unterging, als Amerika entdeckt und teilweise kolonisiert wurde, als Gold und Silber in reicher Fülle über den Atlantik kamen und Spanien auch in Europa zeitweilig eine Großmacht war. Seit langem aber, vor allem seit der Abspaltung der Niederlande und dem Westfälischen Frieden, war das Land nicht nur aus dem Konzert der Mächte ausgeschieden, sondern hatte auch jedes kulturelle Prestige verloren.

Das hing mit der Aufklärung zusammen, welche von Frankreich und England aus Mitteleuropa und immer weitere Länder an der Peripherie erfaßte, aber an den Pyrenäen haltzumachen schien. Den französischen Aufklärern galt Spanien als ein klerikaler, von Mönchen beherrschter Staat, in dem kein freier Gedanke möglich war und in dem Bücher und Menschen verbrannt wurden. Sie zettelten sogar eine Diskussion darüber an, ob die Iberische Halbinsel nicht eigentlich zu Afrika gehöre! Spanien war ein Land, von dem man sich in gebildeten Kreisen im 18. Jahrhundert distanzierte. Reisen auf die Iberische Halbinsel wurden nur selten unternommen, zumal die Infrastruktur der Straßen, Postkutschenrouten und Herbergen europäischen Maßstäben nicht standhielt.

Dorthin zog es Wilhelm von Humboldt nun also mit Frau und Kindern? Um seinen Entschluß zu verstehen, muß man einen Blick auf seinen Bruder Alexander werfen. Dieser nämlich plante seit dem Antritt seines Erbes Reisen ins Große: In Paris verhandelte er lange über eine Weltreise, die aber schließlich aus Mangel an Mitteln scheiterte; dann über eine Reise nach Nordafrika, die sich zerschlug, als dort Krieg herrschte. Schließlich richtete sich sein Blick nach Südamerika, hauptsächlich zu naturkundlichen Zwecken, und dies wurde so sorgfältig angegangen, daß man zunächst Zutritt zum spanischen Königshof suchte, um dann, mit türöffnenden Schreiben an die Verwalter in den spanischen Kolonien, die überseeischen Territorien zu besuchen. Von Paris aus brach Alexander von Humboldt auf, um über Madrid und La Coruña Kuba anzusteuern.

Wilhelm seinerseits, der, bei ähnlicher Grundhaltung und auf ähnlichen Voraussetzungen aufbauend, sein eigenes Leben als Gegenentwurf zu dem seines Bruders gestaltete, wandte sich mehr und mehr nach innen, je mehr sich sein Bruder nach außen orientierte. Während dieser die Naturwissenschaften voranbrachte, kultivierte er selbst seinen Geist, die *studia humanitatis,* die vergleichende Anthropologie. Einig waren sich die beiden Humboldt-Brüder freilich darin, daß durch bloße Introspektion und philosophische Spekulation nichts Wesentliches zu gewinnen sei; auch Wilhelm suchte Empirie und Welt. Für Beobachtungen an anderen Menschen war Paris ein hervorragender Ort – aber Paris, das war die offensichtliche Bühne für jedermann. Humboldt aber war von klein auf davon überzeugt, er müsse ein *Individuum* werden und könne nur durch Kultivierung seiner Persönlichkeit zu einem für das Ganze bedeutenden Menschen reifen. Also: Reisen an die Peripherie; Verbreiterung der Menschenkenntnis, aber im Rahmen eines überschaubaren Projekts.

In einem Brief an Schiller vom 26. April 1799 begründete er seine Reisepläne wie folgt: „Ich habe mich seit den letzten Wochen vorzüglich mit Vorarbeiten zu meiner Reise beschäftigt. Ich hoffe, die Pyrenäen, das ganze südliche Spanien und vom nördlichen Madrid und Biskaya, Lissabon und auf der Rückreise das mittägliche Frankreich zu sehen. Auf diesem ganzen Wege sind viele interessante Punkte, und vor allem habe ich diese Gelegenheit benutzt, die Sprache und Literatur dieser Länder zu studieren. Da ich nun schon des Spanischen recht gut mächtig bin, Portugiesisch zulerne und auch das Altprovenzalische nicht versäume, das eigentlich die Muttersprache des neueren Italienischen, Französischen und Spanischen ist, so kann ich nunmehr diesen ganzen Stamm der südwestlichen Sprachen Europas übersehen und von ihnen aus Vergleichungen auch zwischen der Literatur und dem Nationalcharakter dieser Völker anstellen. Italien werde ich freilich nicht sehen, und davon wird mir der anschauliche Begriff, ohne den in dieser Art der Menschen- und Nationenkenntnis nur wenig zu machen ist, fehlen. Allein da es mir doch im ganzen genommen am meisten auf die Eigentümlichkeit und den Gegensatz der französischen, deutschen und englischen Bildung ankommt, so hoffe ich, die französische noch besser durch die Vergleichung mit dem mittäglichen Frankreich und Spanien kennenzulernen und besser einzusehen, woher sie eigentlich ihre Eigentümlichkeit gewonnen hat" (BSH 2, 178 f.). – Das klingt wie das Forschungsprojekt eines Sprachwissenschaftlers! Man beachte aber das Wort ‚Nationalcharakter'. Irgendwann in dieser Zeit muß sich Humboldts Interesse auf die *Sprachlichkeit* des Menschen fixiert haben. In der menschlichen Sprache sah er nun das Entscheidende. Sein Projekt einer *vergleichenden Anthropologie* verschob sich vom Jahre 1799 an zunehmend auf das Projekt einer *vergleichenden Sprachwissenschaft*, von der er sich Einsichten in den jeweiligen ‚Nationalcharakter' erhoffte und mithin einen wesentlichen Baustein für eine allgemeine Anthropologie.

Interessanterweise läßt sich feststellen, daß für Humboldt auch in dieser Frage wiederum Erkenntnis und Selbsterkenntnis aufs engste miteinander verflochten waren. Bei aller Begeisterung für die Weltstadt Paris und aller Freude am Leben dort war ihm nämlich zunehmend deutlich geworden, daß er eigentlich in seiner individuellen Richtung behindert wurde, wo er nicht *Deutsch* sprechen konnte. In einem Brief an Goethe vom 18. März 1799 führte er aus, daß ihm alles, was ihn „außerhalb Deutschlands umgeben" könne, „doch immer heterogen" bleiben müsse: „Wer sich mit Philosophie und Kunst beschäftigt, gehört seinem Vaterlande eigentümlicher als ein anderer an, dies habe ich auch noch hier an Alexander und mir erfahren. Ich war vielleicht ebenso gern, vielleicht noch lieber in Paris als er, allein er war unendlich weniger fremd hier. Mitteilung und Erwiderung fanden für ihn kaum nur ein Hindernis. Philosophie und Kunst sind mehr der eigenen Sprache bedürftig, welche die Empfindung und die Gesinnung sich selbst gebildet haben und durch die sie wieder gebildet worden sind" (GH, 62). – Das heißt also: Indem er sich im Medium seiner deutschen Muttersprache in Frankreich nicht adäquat entfalten konnte, wurde ihm die Bedeutung der Muttersprache für die Persönlichkeitsentwicklung überhaupt erst recht bewußt. Damit rückte aber auch die Welt der *Sprache* als anthropologisch zentral in den Fokus für ihn. Wie er später, 1820, in seiner Schrift *Über das vergleichende Sprachstudium* schlagend formulieren sollte: „Der Mensch ist nur Mensch durch Sprache" (HS 3, 11). Wenn dieser Satz aber zutraf, war es um so wichtiger, möglichst viele Sprachen zu studieren, um der Erkenntnis der Sprachlichkeit des Menschen eine um so breitere Basis zu geben. Kurz: Sein fragmentarisch gebliebenes Anthropologie-Projekt wurde abgebogen; es mündete in ein intensives Studium der menschlichen Sprachen, das ihn von nun an und bis zu seinem Tode nicht mehr loslassen sollte. Mit seiner Spanienreise machte Humboldt den Anfang dazu.

Freilich verknüpften sich in seinem Kopf weiterhin Ideen zum Nationalcharakter und auch zu bestimmten Epochen der Kulturgeschichte in eigentümlicher Weise. Beispielsweise glaubte er, durch eine Reise aus dem Zentrum der Aufklärungskultur, Paris, an die Peripherie, nach Spanien, gewissermaßen eine Zeitreise unternehmen zu können, nämlich in eine frühere Epoche der Menschheit, in die Frühe Neuzeit, in der Spanien an der Spitze der Entwicklung gestanden hatte. Und in diesem Zusammenhang war sein Augenmerk auf eine Besonderheit gerichtet, welche das Studium des Spanischen und der romanischen Sprachen überhaupt transzendierte und mithin für eine vergleichende Sprachwissenschaft noch weit interessanter machte als alles Bekannte: die *baskische Sprache*. „Ein kleiner, aber merkwürdiger Punkt ist noch Biskaya. Es ist wenigstens das einzige europäische Land, das eine eigentliche Ursprache, älter als alle übrigen neueren und mit keiner anderen auch nur entfernte Ähnlichkeit besitzt, erhalten hat. Besonders ist die Grammatik dieser Sprache im höchsten Grade merkwürdig und führt zu interessanten Betrachtungen über die Bildung der Sprachen überhaupt" (BSH 2, 181).

Sosehr das nach der Rechtfertigung eines Forschungsprojektes klingt, bricht bei Wilhelm von Humboldt, genauso wie bei seinem Bruder Alexander, doch immer wieder auch die pure Reiselust durch. Im zitierten Brief an den reiseunlustigen Schiller heißt es deshalb auch: „Alles dies, werden Sie sagen, ließe sich auch zu Hause studieren und meditieren, und so könnten Sie nur ruhig schon jetzt zurückkehren. – Manchmal kommt es mir selbst so vor. Allein Sie glauben doch nicht, was der lebendige Anblick gibt. Bei meiner Ansicht der Dinge kann ich kaum behaupten, eigentlich viel auf der Reise zu erfahren oder zu lernen, was mir nicht auch bloße Bücher geben könnten; aber das Licht, das über den Gegenstand die wirkliche Gegenwart verbreitet, die Stimmung, die sie selbst dem Beobachter gibt, diese machen doch einen unendlichen Unterschied. Nicht nur einzelne Nuancen gehen bei den bloßen toten Buchstaben verloren, sondern vorzüglich der Zusammenhang des einzelnen, die Einheit des Ganzen. Um eine Nation in ihren Schriftstellern, in ihren Sitten, in ihren Werken genau zu verstehen, muß man, glaube ich, eine Zeitlang mit ihr umgegangen sein, und auf das genaueste Verstehen kommt doch am Ende bei ihrer Kenntnis allein alles an" (BSH 2 ,181 f.).

Nachdem dies alles gesagt ist, folgt dann noch einmal eine Begründung für eine Reise nach Spanien, und zwar im Vergleich mit anderen Möglichkeiten: „Spanien ist indes doch jetzt nur eine zufällige und halb gezwungene Wahl. Italien ist mir verschlossen, und nach England habe ich nicht Lust zu gehen. Es bleibt mir immer auch von Berlin aus nahe, da Spanien hingegen, wenn ich es jetzt versäume, unfehlbar für immer zurückbleibt. Außerdem zieht mich das Abenteuerliche des Landes, die Fremdartigkeit der Sitten, die Unbekanntheit der Literatur und des jetzigen Zustandes der Kultur, nicht wenig endlich, besonders bei einem solchen entsetzlichen Frühlinge, die Wärme des Klimas an. Wir hoffen, den Winter in Valencia zuzubringen; da haben wir fast noch eine südlichere Breite als in Neapel und entreißen unserm nordischen Leben wenigstens einen Winter" (BSH 2, 182).

„Wir": Humboldt unternahm diese Reise nämlich nicht allein, sondern mit Gattin und Kindern (gar mit einer schwangeren Frau). Für die drei Kinder gab es Diener und Zofen sowie einen mitreisenden Hofmeister, der zugleich Zeichner und Kupferstecher war, Georg Christian Gropius. Der Aufenthalt dauerte vom 18. September 1799 bis zum 18. April 1800: Madrid, El Escorial, Toledo, Córdoba, Sevilla, Cádiz, Granada, Murcia, Valencia, Barcelona. Wenige Wochen nach der Rückkehr wurde das vierte Kind geboren, Adelheid.

Die Erfahrung Spaniens war nicht nur als solche für Humboldt und seine geistige Entwicklung wichtig; sie schlug sich auch in einer vielschichtigen Quellenüberlieferung nieder. Mehrere hundert Seiten umfassende Tagebücher sollten Humboldt als Materialsammlung für eine Reisebeschreibung dienen. Wer weiß, welche Bedeutung sie im Falle einer Publikation gewonnen hätte! Gerade in diesen Jahren rückte das Land, bedingt durch die weltgeschichtlichen Ereignisse, die napoleonische Expansion und den spanischen Befreiungskrieg, aber auch durch geistesgeschichtliche Verschiebungen, immer mehr ins Zentrum der Aufmerksamkeit des romantischen Europa. Humboldt weckte in Weimar ein reges Interesse an Spanien bei Goethe und seinem Kreis. Seit der Romantik war Spanien in Mode.

Humboldt war ein Pionier auf diesem Gebiet, brachte sein Wissen und seine Erfahrung aber in der Öffentlichkeit nicht zur Geltung. Briefe und Tagebücher blieben unveröffentlicht; nur einzelne Stücke wurden in Zeitschriften gedruckt (über den Montserrat bei Barcelona und über das Theater in Sagunt).

Der spanische Nationalcharakter

David Friedländer ist der Empfänger eines langen Briefes aus Spanien, in dem Humboldt seine Reiseergebnisse zusammenfaßte. Friedländer (1750–1834) war ein gelehrter Kaufmann. Er verfaßte Schriften über die Lage der Juden in Preußen und engagierte sich für deren Emanzipation. Er gründete eine an der Aufklärung orientierte jüdische Freischule in Berlin. Befreundet war er mit Marcus und Henriette Herz, Johann Jakob Engel und Gottlob Johann Christian Kunth. Friedländer wurde später der erste jüdische Stadtrat von Berlin. Humboldts Brief an ihn, vom 16. Dezember 1799 aus Madrid datiert, enthält eine Summe nach zweieinhalb Monaten seines Spanienaufenthaltes. „Ungeachtet meines kurzen Aufenthaltes in Spanien […] habe ich die Spanier sehr liebgewonnen. Man könnte sie vielleicht die Deutschen des Südens nennen; wenigstens ist mir die Mischung mittäglicher Lebhaftigkeit mit nordischer Bedachtsamkeit, Offenheit und selbst Gründlichkeit im Studieren und Arbeiten als das am meisten Auffallende in ihrem Charakter erschienen. Freilich aber habe ich bis jetzt auch nur die Kastilianer gesehen, und auf sie muß diese Charakteristik natürlich mehr passen als auf den heftigen Andalusier und den verschlagenen Valencianer. […] Wenn ich indes zwischen Deutschen und Spaniern eine Ähnlichkeit finde, so denke ich nicht gerade an das nördliche, schon höher kultivierte Deutschland, sondern mehr an das mittlere, besonders Franken und Schwaben. Das Altertümliche im äußeren Ansehen der Städte, in der Tracht, den Sitten, das man dort, vorzüglich in einigen Reichsstädten, antrifft, das ist ganz und gar noch in Spanien zu Hause" (LW, 300 f.).

Um seine positive Einschätzung Spaniens und der Spanier zur Geltung zu bringen, zieht sie Humboldt ganz nahe zu sich heran („die

Deutschen des Südens"), gleichwohl verweist er sie auch wieder auf ihren Platz („nicht gerade […] das nördliche, schon höher kultivierte Deutschland"). Der allgemeine Gedanke löst in ihm eine Flut von Assoziationen zur Differenzierung aus, insbesondere unterscheidet er an dieser Stelle die Charaktere der Kastilianer, Aragonesen, Valencianer, Andalusier und Basken so deutlich voneinander, daß man sich geradezu fragen muß, ob es dann noch einen Sinn haben kann, von einem ‚spanischen Nationalcharakter' zu sprechen.

Noch deutlicher balanciert er zwischen seinem individuellen Urteil und dem allgemeinen Vorurteil, dessen Bekanntheit vorausgesetzt wird, wo er seine vorher schon angedeutete Vorstellung von einer früheren Kulturstufe Europas, die man in Spanien noch um 1800 beobachten könne, ins Spiel bringt: „Überhaupt aber kenne ich kaum eine bessere Vorbereitung zum Studium des Mittelalters als eine Reise durch Spanien. In der Tat glaubt man, mit dem Eintritt in Kastilien um 200 Jahre zurückgesetzt zu sein. Ich sage dies nicht sowohl zum Tadel Spaniens, nicht als wäre hier noch alles Dunkelheit und Barbarei (das ist vielmehr gar nicht der Fall), ich denke dabei vielmehr an andere, eher schätzungswürdige Seiten jener entfernten Jahrhunderte, an eine gewisse Naivität und Freimütigkeit, an eine Schlichtheit und Einfachheit des Charakters, wie sie bei uns nicht mehr oder schöner und edler gefunden wird" (LW, 301). Einerseits erscheinen die Spanier historisch zurückgeblieben, andererseits wird gerade dieser ursprünglichere Zustand mit positiver Wertung versehen. Dabei ist Rousseaus und Herders Vorstellung leitend, daß die kultivierten Völker Europas eine Überformung durch die französische Hofkultur haben hinnehmen müssen. ‚Mittelalter' meint also hier nicht eine präzise Epoche der Geschichte, sondern den Zustand *vor* dieser Französisierung Europas. Dieser ältere Kulturzustand bedeutet auch eine geringere soziale Ungleichheit, weil sich die Stände nicht durch höhere Kultur voneinander abheben. Das erkennt man an den Sitten und Trachten, nicht zuletzt aber auch an den Sprechweisen und Titulaturen.

Humboldt behauptet, gerade die höheren Stände gemieden und sich sein Urteil über die Spanier nach der ‚Mittelklasse' gebildet zu haben. Seine Einschätzung der zunehmenden Aufklärung in Spanien und der positiven Bildungsbemühungen vieler Individuen verblendet ihn jedoch nicht gegen die repressive Wirkung der Strukturen. Die Inquisition verbrenne zwar keine Ketzer mehr, aber sie behindere immer noch massiv Kommunikation und Aufklärung. Nähere Angaben zur Leistung von Literaten und Gelehrten münden in eine allgemeine Schilderung des spanischen Nationalcharakters: „Die spanische Nation hat gewiß außerordentliche Anlagen. Einen äußerst geraden und gesunden Verstand – Sie glauben nicht, wie bestimmt und klar auch der gemeine Spanier sich ausdrückt und wie gut er seine Sprache kennt und wie rein er sie spricht; [...] außerdem eine natürliche Anlage zum Witz, die jedem Fremden auffallend sein muß, weil man sich die Spanier gewöhnlich so gravitätisch und ernst denkt. Was aber Spanien, auch wenn man vollkommene Freiheit gäbe, immer sehr schaden würde, ist seine geographische Lage, durch die es, vom übrigen Europa getrennt, nur mit Frankreich verbunden ist. Der Nachteil des einseitigen Einflusses der französischen Literatur ist überall offenbar. Zwischen Franzosen und Spaniern kann keine aufrichtige, auf Gefühl von Gleichheit gegründete Gemeinschaft sein. Die Franzosen müssen die Spanier, die sich nicht selbst französisiert haben, verachten und tun es redlich ..." (LW, 304) Um gegen diese Einseitigkeit anzugehen, empfiehlt Humboldt den Spaniern eine Befassung mit englischer und deutscher Literatur.

Am Ende des Briefes steht noch ein Bekenntnis zum Deutschsein, das wir so in früheren Schriften nicht gefunden haben, das sich aber nun, seit dem zweiten Parisaufenthalt und der Spanienreise, immer öfter und immer deutlicher zeigt: „Es ist gewiß ein recht wahres und offenherziges Geständnis, wenn ich Ihnen sage, daß ich in Frankreich und hier nur gern gewesen bin, weil ich das Interesse eines beobachtenden Fremden nie verloren habe. Gern werde ich schwerlich je außer Deutschland sein, ich bin einmal echt deutsch, und es gibt wenig Amalgamation zwischen mir und einem Ausländer. Aber ich glaube mit Grund sagen zu können, daß ich meine Reise für meine individuelle Bildung genutzt habe, und wenn ich, wie nun mein Plan ist, jetzt mich in Berlin und Tegel etabliere, so hoffe ich, mich desto nützlicher beschäftigen zu können" (LW, 305).

Der Montserrat bei Barcelona

Aus dem an Goethe geschickten Text *Der Montserrat bei Barcelona* kann man entnehmen, was Humboldt als Reisebeschreiber hätte leisten können. „Mir von fremdartiger Eigenthümlichkeit einen anschaulichen Begriff zu verschaffen, war, was ich vorzüglich bei meinen Reisen beabsichtigte. Um das Ausland wissenschaftlich zu kennen, ist es nur selten nötig, es selbst zu besuchen; Bücher und Briefwechsel sind dazu weit sicherere Hülfsmittel, als eignes Einholen immer unvollständiger und selten zuverlässiger Nachrichten. Aber um eine fremde Nation eigentlich zu begreifen, um den Schlüssel zur Erklärung ihrer Eigenthümlichkeit in jeder Gattung zu erhalten, ja selbst nur um viele ihrer Schriftsteller vollkommen zu verstehen, ist es schlechterdings nothwendig, sie mit eignen Augen gesehen zu haben" (HS 5, 59). In der ausführlichen Einleitung nimmt er auch den Autopsie-Topos der aufgeklärten Reisenden auf. Hinzu kommt die Legitimation der Reisetätigkeit als Verständnishilfe für Literatur; Humboldt versäumt es nicht, hier auf das in Deutschland damals berühmteste Werk der spanischen Literatur, *Don Quixote,* hinzuweisen. Lebendige, phantasieanregende Darstellung: Das ist es, was er anpreist und intendiert.

Auch in dieser Einleitung, die ja zur Publikation bestimmt war, findet man eine Version von Humboldts ‚Individualitäts-Axiom': Es gehe für einen Reisenden darum, sich „ein vollkommen individuelles Bild zu verschaffen, sein Daseyn und seine Natur aus den Dingen, die ihn umgeben, und auf ihn einwirken, zu begreifen, und diesen anschaulichen Begriff wiederum andern gleich vollständig und lebendig zu überliefern" (HS 5, 60). Sein Ideal unterscheidet sich von dem eines bloßen Informationssammlers, wie ihn sein akademischer Lehrer

August Ludwig Schlözer in Göttingen heranzubilden versucht hatte. Reisen bedeute immer eine Unterbrechung im gewöhnlichen aktiven Leben; man solle auf Reisen „bloss herumstreifen, Menschen sehen und sprechen, leben und geniessen, jeden Eindruck ganz empfangen, und den empfangnen bewahren" (HS 5, 61). Die spanische Reise stellt also einen Beitrag zum Projekt einer vergleichenden Anthropologie dar, und doch ist sie auch mehr als das, und die Methode unterscheidet sich in mehrfacher Hinsicht. „Wir umfassen mit unsrer unmittelbaren Erfahrung nur eine so kleine Spanne des Raums und der Zeit, und doch können wir es uns nicht verläugnen, dass wir nur dann das Leben vollkommen geniessen und benutzen, wenn wir uns bemühen, den Menschen in seiner grössten Mannigfaltigkeit, und in dieser lebendig und wahr zu sehen" (HS 5, 61). Das bedeutet insbesondere, daß über das bloße Genießen des Gegenwärtigen hinaus durch Vertiefung in die Geschichte des Landes gewissermaßen eine zusätzliche Dimension für das Verständnis, aber auch für den Genuß gewonnen werden soll. Reisen auf Humboldtsche Art dient dem Menschen dazu, „sich selbst zu bilden". Die „Sehnsucht, mit sich und der Natur allein zu leben", habe ihn auf den Montserrat geführt. Es ist also etwas Allgemeineres als die Anknüpfung an ein vielleicht in Europa geläufiges Spanienbild: „Fürs erste wünsche ich Sie in eine Gegend zu führen […], wo die Natur und ihre Bewohner in wunderbarer Harmonie mit einander stehen, und wo selbst der Fremde, sich auf einige Augenblicke abgesondert wähnend von der Welt und von den Menschen, mit sonderbaren Gefühlen auf die Dörfer und Städte hinabblickt, die in einer unabsehlichen Strecke zu seinen Füssen liegen – in die Einsiedlerwohnungen des Montserrats bei Barcelona" (HS 5, 62 f.).

Humboldt beginnt seine Beschreibung mit der geographischen Lage und den topographischen und geologischen Besonderheiten. Er schildert die Annäherung des Reisenden an den herausgehobenen Berg und geht auf die Überlieferung zur Gründung des Klosters ein, wobei er die Legende ausführlich untersucht. Die eigentlich eindrücklichen Passagen betreffen jedoch die Beschreibung der Eremiten, die vereinzelt in Zellen, die sie sich in den Berg gebaut haben, leben. Auffallenderweise hebt er immer wieder die Reinlichkeit und Zierlichkeit ihrer Wohnungen hervor. Was ihn fasziniert, ist nicht allein die Besonderheit einer Lebensform, die von den Idealen des gebildeten Europäers weit entfernt ist, sondern mehr noch die „Verbindung von Anmuth und Wildheit" und die „feierliche Stille" (HS 5, 80). In eindringlichem Widerspiel von Menschenschilderung und Naturerscheinungen am Berg, insbesondere Nebel und Wolkenbildungen, entsteht ein stimmungsvolles Gemälde. Die geheime Frage im Hintergrund ist die anthropologische: Was sind das für Menschen, die so ein Leben auf sich nehmen? Deshalb beschreibt er verschiedene von ihnen nach ihrer Physiognomie und spricht sie auf ihr Vorleben an. Dabei wird die dem Protestanten durchaus fremde Form von Religiosität mit Rosenkranzbeten und Stundenläuten einfühlend beschrieben, doch geht er nicht den Weg, den die meisten Protestanten der Aufklärungszeit gegangen wären, nämlich eine solche Religionspraxis als abergläubisch zu denunzieren. Er stellt vielmehr eigens eine kleine Untersuchung an über die Frage, ob „religiöse Schwärmerei" die eigentliche Ursache für die Lebensform des Eremiten sei, und verneint sie: „Alle, die ich sah, und die mir andre, Reisende und Einheimische, schilderten, sind stille und ruhige, dem Ansehen und vermuthlich auch der Wahrheit nach fromme Menschen, aber, einen oder ein Paar vielleicht ausgenommen, ohne einige Spur von Ueberspannung oder Schwärmerei" (HS 5, 86 f.). Sein Versuch, diese für ihn fremde und in europäisch-aufgeklärter Perspektive fremdartige Lebensform zu begreifen, inspiriert ihn zur Einfühlung in die Psychologie des Eremitentums: Er möchte verstehen, wie jemand aus freiem Entschluß in der Einsamkeit leben kann, wie eine Persönlichkeit strukturiert sein muß, um diese Lebensform attraktiv zu finden. „Der Einsiedler lebt, wie der Wilde, beständig in der Natur, er beschreibt nur einen kleinen Kreis um seine Zelle; aber dieser kleine Kreis ist seine Welt, und in ihr bleibt kein Punkt ihm verborgen, oder unbenutzt. Wie der Wilde, hat er oft mit der Macht der Elemente zu kämpfen, wie er, klimmt er mit Behendigkeit und Kühnheit an fast senkrechten Felswänden hin; nur ist er glücklich genug, in einer Lage zu seyn, in der nicht leicht ein feindseliges Gefühl den Frieden seiner Brust stören kann". „Es muß ein wunderbares Gefühl seyn, auf das Vorrecht des Menschen, nicht, wie die näher an den Boden geknüpften Thiere, nur innerhalb gewisser enger Gränzen zu bleiben, sondern nach Neigung und Lust herumzuschweifen, Verzicht zu thun, alle seine Kräfte und seine Wünsche in eine Spanne Land einzuschliessen, und eine halbe fruchtbare Provinz, weitumschauende Berggipfel und das gränzenlose Meer im Gesichte, allem andern zu entsagen, als ihr und dem Himmel" (HS 5, 87 f.).

Seine psychologischen Ansätze, die ihn an Rousseaus Einsamkeitsfreude und Naturschwärmerei anknüpfen lassen, verbindet Humboldt sodann mit dem Nationalcharakterdenken und mit der Vorstellung verschiedener Kulturstufen innerhalb Europas. In auffallender Weise versucht er, den vielgeschmähten Spaniern gerecht zu werden und einen individuellen Beitrag zu einem neuen Spanienbild zu leisten.

Das Erlebnis der spanischen Kunst

Eine der wesentlichen Beschäftigungen des Humboldtschen Paares bestand in der Besichtigung und Beschreibung der spanischen Kunstsammlungen, von denen in Deutschland nur wenig bekannt war. Auch interessierte sich noch kaum jemand dafür, da Spanien ja außerhalb des Entwicklungszusammenhanges der europäischen Kunst zu stehen schien. Caroline von Humboldt nun hatte es unternommen, im Auftrage Goethes, unterstützt von Gropius, Beschreibungen spanischer Kunstwerke anzufertigen. Diese wurden von Goethe später nur in wenigen Bruchstücken zum Druck gegeben; die große Menge ist verschollen.

Was daran interessant ist, ist zunächst einmal, welche Werke überhaupt wahrgenommen wurden. Goethe publizierte später (1809) die Beschreibungen der Werke Raffaels in spanischen Sammlungen und setzte damit einen ihm entsprechenden Akzent: Die italienische

Renaissance, das war das eigentliche Ideal. Nun läßt sich aber feststellen, daß das zwar auch der Humboldtsche Ansatz war, daß sich dies jedoch nicht als Begrenzung der Wahrnehmung auswirkte. Gewiß, die eigentliche spanische Kunst, die sich von der italienischen abweichend ausgeprägt hatte, wurde erst im späteren 19. Jahrhundert durch Carl Justi wirklich erforscht und gewürdigt. Aber Humboldts anthropologisches Interesse ließ ihn doch immerhin auch die spanische Schule, Velázquez, Ribera, Murillo usw. betrachten: Maler, die von einem spezifischen Realismus geleitet waren.

Die Öffnung des deutschen Kunsthorizonts nach Spanien hin, die mit den Aufzeichnungen von Caroline und Wilhelm von Humboldt schon möglich gewesen wäre, wurde verzögert durch die Publikationsgeschichte der Reisebeschreibung und durch die Kunstpolitik Goethes, der bei allem Lob für Carolines Beschreibungen sehr wohl bemerkt hatte, daß eine Würdigung der spanischen Kunst nicht seinen Idealismus fördern würde, sondern vielmehr die Interessen der Romantiker.

Zur Entwicklung des Spanienbildes

Während das negative Bild von Spanien in Europa, wie es vor allem unter Hinweis auf die Greuel bei der Eroberung Mittel- und Südamerikas und die Hegemonialpolitik in Europa genährt worden war, allmählich verblaßte, bestand die Perspektive der französischen Aufklärer auf ein klerikales, unaufgeklärtes, zurückgebliebenes Land jenseits der Grenzen Europas weiterhin fort – freilich nur noch als einer von zwei Rezeptionssträngen. Der andere, der sich seit der zweiten Hälfte des 18. Jahrhunderts immer deutlicher geltend machte, wurde belebt von vehementen Verteidigern Spaniens gegen die herrschenden Vorurteile, wie beispielsweise dem in England lebenden Italiener Giuseppe Baretti, dessen Beschreibungen seiner Spanienreisen in der 1770 in englischer Sprache publizierten Version europaweit Beachtung fanden. Sie speisten sich teilweise aus allgemein aufklärerischer Kritik am Vorurteil, aber auch aus einem originären Bestreben, der spanischen Kultur in ihrer Eigenart gerecht zu werden. Dabei verwies er beispielsweise auf die Literatur, etwa die Romanzen, was in Deutschland vor allem bei Herder auf fruchtbaren Boden fallen sollte. Für diesen wurden die Spanier wichtig im Rahmen seiner Volksliedkonzeption; er bemühte sich, an spanische Romanzen heranzukommen, die Sprache zu erlernen und die Dichtung kongenial zu übersetzen. Denn in der Literatur drückte sich für Herder der Charakter eines Volkes aus. In Spanien vermutete er mit den Basken ein europäisches Urvolk, das durch spätere Kulturentwicklungen an den Rand gedrängt worden war, das aber durch sein Alter und seine Eigenart ein Fenster aufstieß in eine unbekannte Vorzeit. Und außerdem war es für Herder evident, daß sich auf spanischem Boden eine Kultursynthese zwischen der arabischen und der europäischen, der islamischen und der christlichen Welt ereignet hatte, die dem Land einen ganz eigenen Charakter verlieh. Durch die Kreuzzüge habe sich ein spezifischer Rittergeist entwickelt, dessen edle Züge in der Romanzen-Dichtung aufbewahrt und durch die Troubadoure weit im südlichen Europa verbreitet worden seien. Herder spürte dieser maurischen Kultursynthese, die auch die Wissenschaften betraf, vor allem in der Literatur nach und fand etwa in den Romanzen arabische Anregungen.

Humboldt rezipierte Herder, nahm jedoch auch noch weitere Einflüsse auf. So machte er beispielsweise in Paris die Bekanntschaft von Jean-François de Bourgoing, dem einflußreichen Autor eines jener Spanienwerke, welche das negative Bild der Franzosen korrigieren wollten. In seinem Buch, das 1788 unter dem Titel *Nouveau voyage en Espagne* erschien, legte er dar, daß Spanien längst auf dem Weg nach Europa sei, daß es Reformen vorgenommen und sich für Aufklärung und Modernisierung geöffnet habe. Bourgoing war als französischer Gesandter in Madrid gewesen und konnte sich auf eine Landeserfahrung von acht Jahren berufen. Seine Perspektive gab er an den künftigen Diplomaten Humboldt weiter.

Bei Humboldt kommen also verschiedene Stränge einer Aufgeschlossenheit für ein positives Spanienbild zusammen. Herders Idee eines spezifischen Ausdruckes des Nationalcharakters in bestimmten literarischen Gattungen verschob sich bei Humboldt auf den Ausdruck des Nationalcharakters in der Sprache. Während die arabischen Einflüsse zwar bemerkt wurden (beispielsweise beschrieb Humboldt in seinen Tagebüchern Bauwerke wie die Alhambra), war es nicht dieses kulturell fremde Spanien, das ihn in erster Linie ansprach, sondern ein anders fremdes Spanien: die Randkultur der Basken als Fenster in eine Vorzeit Europas.

August Wilhelm Schlegel war es, der die Herder-Linie weiterverfolgte und Spanien als das ‚Vaterland des Romantischen' kultivierte. Er pries den Heldenmut, das Religionsgefühl, die Empfindung für Ehre und Liebe, die er in der alten spanischen Dichtung fand. Er machte Epoche durch seine Übersetzung von fünf Calderón-Dramen ins Deutsche (1803–1809) und hielt in Berlin wie auch in Wien öffentliche Vorlesungen *Über dramatische Kunst und Literatur,* bei denen Shakespeare und Calderón die Hauptfiguren waren. Diese Vorlesungen, die bald auf deutsch, französisch und auch italienisch publiziert wurden, hatten großen Einfluß auf die kommende Generation. In der Romantik herrschte ein durchwegs positives Spanienbild. Das Katholische war nun kein Hindernis mehr, sondern vielmehr *en vogue*. Und Spanien hatte durch seinen Aufstand gegen die Besetzung des Landes unter Napoleon den Startschuß gegeben für den Befreiungskrieg auch in Deutschland.

Dies geschah wenige Jahre nach Humboldts Reise. Weder Herder noch irgendeiner der Romantiker weilte jemals in Spanien. Humboldt dagegen hatte sich die Anschauung erworben, machte sie aber kaum geltend, weil die Publikationsprojekte steckenblieben und nur Bruchstücke wie *Der Montserrat* damals in die Öffentlichkeit gelangten. Andererseits blieb Humboldts Spanienbild, so positiv es auch grundiert war, von den Schwärmereien der Romantiker weit entfernt. Das Katholische an Spanien war zwar interessant, sprach ihn aber keineswegs an. Humboldt war immer noch auf der Suche nach den ‚Griechen' – und ihnen entsprachen, zu dieser Auffassung hat er sich klar bekannt, viel eher die freiheitsliebenden Basken.

Die Begegnung mit dem Baskischen

Die Basken faszinierten Humboldt durch ihre Sprache und ihren Nationalcharakter. Nach der Rückkehr von der Spanienreise, in Paris, beschäftigte er sich mit der Ausarbeitung seiner Notizen. Außerdem studierte er die baskischen Handschriften, die er in den Pariser Bibliotheken finden konnte, wenn es auch nur wenige waren. Er legte sich als Hilfsmittel ein baskisch-spanisches Wörterbuch an. So geriet er immer tiefer in seine baskischen Sprachstudien hinein. Als er hörte, daß ein Hamburger Kaufmann, Georg Wilhelm Bokelmann, eine Reise dorthin plante, faßte er kurzentschlossen den Plan, mit diesem zusammen noch einmal eine spezielle Reise ins Baskenland, diesseits und jenseits der Pyrenäen, auf französischer und spanischer Seite, zu unternehmen. Und diesmal reiste er ohne seine Familie, die in Paris zurückblieb. Er verließ sie am 19. April 1801 und kehrte zwei Monate später, am 14. Juni, zurück.

Wir wissen aus Briefen an seine Frau Caroline, aber auch aus seinem Tagebuch, wie Humboldt diese Monate zugebracht hat: in einer Mischung aus intensiven Sprach- und Bücherstudien und volkskundlichen Feldforschungen. Er lernt baskische Bauern kennen und versucht mit ihnen zu sprechen; er läßt sich ihre Arbeit, ihre Ackergeräte und ihre Ernährungsweise erklären. Er nimmt an den Tänzen der Landbevölkerung teil und horcht den Pfarrer über alles Wissenswerte aus. Er besucht Schulen und muß feststellen, wie man den Kindern ihre baskische Muttersprache austreibt, indem man sie bestraft, wenn sie nicht kastilisch sprechen. Durch den Pfarrer in Durango lernt er eine Reihe von Bürgern kennen, die für ihr Land und ihre Sprache Enthusiasmus zeigen und ihn damit anstecken. Es war erst diese Kombination, die den großen Sprachforscher Humboldt hervorgebracht hat: die Herausforderung durch eine Sprache, die in Deutschland niemand kannte und die offenbar durch ihre vorindogermanischen Wurzeln so anders als alle bekannten Sprachen gebaut war, daß sich eine Beschäftigung mit ihrer Grammatik in besonderer Weise lohnte, wenn man dem Verhältnis von Denken und Sprache nachgehen wollte. Während an diesem Punkt, der Begegnung mit dem Baskischen, zunächst noch die Studien zum Nationalcharakter und zur Sprache Hand in Hand gingen, löste sich Humboldt in späteren Jahren immer mehr aus dem überkommenen Nationalcharakterparadigma. Sein Projekt einer vergleichenden *Anthropologie* verschob sich auf ein Projekt vergleichender *Sprachwissenschaft*, das ihn bis zu seinem Tode, dreieinhalb Jahrzehnte lang, nicht mehr losließ.

Was 1920 aus dem Nachlaß veröffentlicht wurde: *Die Vasken, oder Bemerkungen auf einer Reise durch Biscaya und das französische Basquenland im Frühling des Jahrs 1801,* enthält nur den ersten Teil eines geplanten Werkes, nämlich die Reisebeschreibung. Immerhin handelt es sich um einen umfangreichen Text von über 200 Seiten, also schon ein Buch für sich. Und große Teile sind beinahe druckreif, nämlich all das, was Humboldt aus seinen eigenen Reisetagebüchern ausgearbeitet hatte. Immer dort, wo er auf eigene Erlebnisse zurückgreifen konnte, finden sich lebhafte Beschreibungen und lesenswerte Deutungen. Aufgrund dieses Befundes kann man vermuten, daß sich Humboldt gewissermaßen selbst überfordert hat. Eine Reisebeschreibung der Art, wie sie damals üblich war, hätte er unschwer liefern können, aber eine „subtilisierte", wie sie ihm vorschwebte (der Ausdruck findet sich im Brief an Brinkman vom 20. September 1799; HB, 109), war eben nicht so leicht zum Abschluß zu bringen. Der Reisebericht, wie er sich im Nachlaß erhalten hat, enthält lesenswerte Landschaftsschilderungen, doch ist der Text viel reicher, vor allem dort, wo es um Begegnungen mit den Menschen geht. In seiner Erkundung der fremden Lebensformen eines unbekannten Volkes am Rande Europas war Humboldt sogar ein Pionier. Daß diese Seite seines Wesens so wenig in die Überlieferung eingegangen ist, hängt offenbar mit dem Schicksal des Manuskripts *Die Vasken* zusammen, damit, daß es über 100 Jahre unpubliziert blieb.

Was interessierte Humboldt eigentlich an den Basken? Außer der *Sprache* faszinierte ihn das Motiv der *Freiheit:* Während man im 18. Jahrhundert Loblieder gesungen hatte auf die Engländer als das

Volk der Freiheit sowie auf die Schweizer, eine lockere Föderation von sich weitgehend selbständig regierenden Kantonen, entdeckte Humboldt die Freiheit bei den Basken. Dieses von der Welt abgeschnittene Völkchen zwischen Meer und Gebirge konnte sich ebenfalls einer sehr weitgehenden Freiheitsverfassung rühmen, die ihm eine gewisse Eigenständigkeit sowohl unter der Krone Spaniens als auch unter der Krone Frankreichs gesichert hatte. Humboldt erkannte hellsichtig, daß diese Freiheit nun gerade im Angesicht der Französischen Revolution mit ihren Ideen von Gleichheit und einem einheitlichen Nationalstaat aufs äußerste bedroht war. Und er ergriff in romantischer Weise Partei für ein freies Naturvolk – wie wenige Jahrzehnte später ganz Europa begeistert war vom Freiheitskampf der Griechen. Beim Thema ‚Freiheit' war es geradezu unvermeidlich, an die Polis der alten Griechen zu denken. In diesem Sinne zögerte Humboldt auch nicht, die ‚griechische Freiheit' bei den Basken zu suchen und zu finden.

Ein weiteres Faszinosum der Basken war die *Naturnähe* und bewahrte *Natürlichkeit* dieses Volkes, das von der französischen Hofkultur noch weniger erreicht worden war als die Spanier. Und nun, in der aktuellen politischen Lage, wurden die Basken, die sich so lange gehalten hatten, plötzlich zu einem gefährdeten Volk. Die Prognose eines drohenden Unterganges der baskischen Sprache läßt ihn nachsinnen über die Unvermeidlichkeit des historischen Fortschrittes und der sich immer weiter vereinheitlichenden Kultur. Mag diese Entwicklung auch unumkehrbar sein, will er doch im Sinne der gesamten Menschheit an einer möglichst großen Vielfalt festhalten: „Allein ohne auch in diese Untersuchung einzugehen, erregt der Untergang eines Völkerstamms, sollte er gleich als ein dem wohlthätigen Geschick der ganzen Menschheit dargebrachtes Opfer fallen, immer eine wehmüthige Empfindung und noch mehr der gänzliche Untergang einer Sprache. Den Menschen sind wir einmal gewohnt uns vergänglich zu denken; also wenn auch der Laut auf ewig verstummt, in dem er sonst sich selbst überlebt, wenn die Form zerbrochen wird, in die ein eigner Menschenstamm seine Gedanken und Empfindungen goss, dann scheint sein Untergang doppelt wehmüthig, weil nun alle Verbindung zwischen ihm und der Folgezeit hinwegfällt. Selbst wenn eine Sprache, noch durch keine Literatur verfeinert, nur der reine Ausdruck der Denkart eines rohen Volkes ist, bleibt ihr Verlust keineswegs gleichgültig. Denn auch in der höchsten Cultur giebt es unleugbar einen Punkt, auf dem die zartesten Regungen der verfeinerten Empfindung von selbst in die einfachen Ergiessungen des natürlichen Gefühls zurückkehren, und auf dem in einer wahrhaft cultivirten Nation die am sorgfältigsten ausgebildeten Individuen in fortwährender und gegenseitiger Berührung mit dem schlichten, aber gesunden Theile des Volkes stehen" (HS 2, 424). – ‚Ungebildetheit' wird mit ‚Unverdorbenheit' assoziiert. So selbstverständlich Literatur erst auf einer höheren Stufe der Kultur entstehen kann, so grundlegend bleibt auch dann noch der Kontakt der Gebildeten mit dem „schlichten, aber gesunden Theile des Volkes". Die Basken verdienen also in Humboldts Sicht aus verschiedenen Gründen Interesse: aufgrund ihrer besonderen Sprache, aber auch aufgrund ihrer isolierten Lebensweise; wegen ihrer Naturnähe und Ursprünglichkeit, aber auch wegen der geringeren sozialen Abstände aufgrund des geringeren Bildungsgefälles.

Im Text werden immer wieder einzelne Persönlichkeiten und Gruppen von Menschen herausgegriffen und in ihrer Lebensweise, ihren Verhaltensformen, Trachten und Physiognomien charakterisiert. Humboldt hatte bereits früher mit seinem anthropologischen Projekt die Idee einer Physiognomik verbunden und immer schon eine besondere Aufmerksamkeit auf den Unterschied der Geschlechter gerichtet. So gibt es auch im Baskenwerk einschlägige Passagen, die oft aus dem Üblichen deutlich herausstechen und in manchen Fällen, wie etwa dem der Sardellenträgerinnen von Saint-Jean-de-Luz, zu unvergeßlichen Schilderungen geführt haben (HS 2, 433–437).

Es gibt in dieser Schrift freilich auch ganz andere Komponenten, in denen beispielsweise die politischen Verhältnisse einzelner Städte und Provinzen sehr ausführlich dargelegt werden. Aber das angesprochene Verallgemeinern und „Subtilisieren" macht noch solche ins einzelne gehenden Ausführungen interessant. Denn diese Details der Geschichte und Verfassung werden stets durchsichtig gemacht im Hinblick auf eine allgemeine Perspektive, die Geschichte der Freiheit. Diese Freiheit tritt nun durch ihre eigentümliche Entfaltung in einem isolierten Naturvolk gewissermaßen in Kontrast zur universalisierenden Freiheitsauffassung der Französischen Revolution.

Humboldts Beobachtungen grenzen ans Enthusiastische, wo er die individuellen Besonderheiten der baskischen Nation ins Auge faßt, wo er sie gegen die nationalen Kulturen Spaniens und Frankreichs abgrenzt und den Zusammenhang von Klima, Landesnatur, Siedlungsweise, Wirtschaft und Kultur immer eindringlicher untersucht. Die Annäherung von Stadt und Land, die rechtliche Gleichstellung, möglichst gleichmäßiger Wohlstand aufgrund von Selbständigkeit und Privateigentum: Alle diese Gesichtspunkte werden wir in den Reformen wiederfinden, die wenige Jahre später in der großen Krise des preußischen Staates in Angriff genommen werden, wozu Humboldt dann seinen Teil beitragen sollte.

1820/21, nach seinem Ausscheiden aus dem preußischen Staatsdienst, veröffentlichte Humboldt eine Schrift mit dem Titel *Prüfung der Untersuchungen über die Urbewohner Hispaniens vermittelst der vaskischen Sprache* (GS 4, 57–232). Er kombinierte seine Aufzeichnungen zur Etymologie baskischer Ortsnamen und geographischer Bezeichnungen auf der Iberischen Halbinsel mit den Angaben, welche baskische Lokalgelehrte gesammelt und ihm zugänglich gemacht hatten. Aufgrund seiner etymologischen Studien vertrat Humboldt die Theorie, die Basken seien sozusagen das Urvolk der Iberischen Halbinsel, das nur eben in historischer Zeit durch die Römer und dann durch die romanisierten späteren Völker zurückgedrängt worden sei.

Mit dieser Theorie erregte Humboldt in der Gelehrtenwelt ein gewisses Aufsehen; er erntete viel Zustimmung. Nicht zuletzt für die Basken selber war dies ein wichtiger Baustein ihrer Identität, da ihnen ja die Organisation ihrer Nation im Rahmen eines Staates verwehrt blieb. Im 19. Jahrhundert, der Epoche des Nationalismus, mußte es von höchster Bedeutung für das Selbstbewußtsein eines europäischen Randvolkes sein, daß ein führender Gelehrter wie Humboldt diese Theorie vertreten und begründet hatte. Freilich: Nach heutiger wissenschaftlicher Hauptmeinung ist die Theorie des ‚Basko-Iberismus' letztlich nicht haltbar. Sie hat ihr Ansehen wesentlich dadurch verloren, daß im 20. Jahrhundert die altiberischen Inschriften entziffert wurden. Seither zeichnete sich ab, daß die Basken nicht die ursprünglichen Iberer sein konnten, weil die alte iberische Sprache nicht mit der ihren identisch ist. Das ändert nichts daran, daß Humboldt für die wissenschaftliche Erforschung des Baskischen den entscheidenden Impuls gegeben hat und die Wahrnehmung der baskischen Nation in Europa entscheidend befördert hat.

Während Humboldt früher nach anderen Zugängen zur Anthropologie gesucht hatte, ist ihm nun, nach der Reise ins Baskenland, völlig evident, daß Menschsein erst mit der Sprache beginnt. In seiner erst posthum veröffentlichten Schrift *Fragmente der Monographie über die Basken* heißt es: „Wer das erste Wort aussprach, erhob sich zuerst zum Menschen; er wurde frappiert von dem Einfall, dass er reflectiren, in seinem bisherigen Hinbrüten auf einmal still stehn, einen Gegenstand sich gegenüber stellen und beschauen konnte, und in demselben Moment begann er zu sprechen". Die Sprache, der „articulirte Ton", breitete sich gleich einem Feuerfunken unter den anderen Menschen aus: Er fordert „das Ohr zum [V]erstehen auf, und weckt in jedem Hörenden die ihm gleichfalls beiwohnende Fähigkeit zu reflectiren und zu artikuliren" (HS 5, 103). Damit ist aber auch das Verhältnis von Sprache und Denken schon bezeichnet: „Weil der Mensch zuerst darum sprach, weil er ohne Sprache nicht zu denken vermochte, so bestimmte die Allgemeinheit der Denkgesetze die Form, die er seiner Rede gab. Er bildete sie, um sich an ihr selbst zu entwickeln, und da in jedem noch jetzt dieselbe Entwicklung vorgeht, so ist es möglich, diesem Wege nachzugehen. Man erfand nicht willkührliche

Zeichen, um ein äusseres Bedürfniss zu befriedigen, sondern aus dem innern Bedürfniss, Mensch, d. h. ein anschauendes und denkendes Wesen, zu seyn, schuf man den vorher nie rein gedachten Begriff in einem Wort, und aus diesem Wort, als dem Resultat der menschlichen Denk- und Empfindungsgesetze, entwickelte man nothwendig nach Analogie derselben Gesetze neue und abermals neue" (HS 5, 103 f.). Sprache entsteht nach Herder und Humboldt im „Begreifen", in der Distanzierung von Gegenständen, deren Merkmale reflektierend mit „articulirten Tönen" versehen werden, den Wörtern.

Dabei ist entscheidend, daß der Mensch in Gemeinschaft mit anderen Menschen lebt: „Jedes ausgesprochene Wort war ein Versuch, sich einem andern verständlich zu machen. Der verinselte Mensch würde nie nur auf den Einfall zu sprechen gekommen seyn. Denn die Anlage zur Sprache hängt unzertrennlich mit der Anlage zur Geselligkeit zusammen" (HS 5, 104). Damit ist aber auch klar, wo die Grenzen einer Sprache liegen, daß sie nämlich nur nach der Reichweite der betreffenden Gruppe gesteckt werden können: „Jede erstreckt sich soweit, als ihre Mitglieder einander in gleichem Grade der Leichtigkeit verstehen" (HS 5, 104). Hier ist das Wort „verstehen" das wichtigste. Denn mit Herder, Humboldt und Schleiermacher prägt sich jener Wissenschaftsakzent aus, den man ‚hermeneutisch' zu nennen pflegt. Es geht also um eine ‚Lehre vom Verstehen', die damit einsetzt, daß Menschen zwar zum Austausch neigen und sprechen, sich aber deshalb noch längst nicht verstehen bzw. sich nur in unterschiedlichen und wechselnden Graden verstehen. „Ganz und durchaus versteht auch in der höchsten Cultur und bei den einfachsten Sachen niemand den andern. Auch spricht jeder mit der Voraussetzung der Möglichkeit, und der Weisere und bei feinern Gegenständen der Wahrscheinlichkeit misverstanden zu werden. Jeder richtet aber auch sein Verstehen nach dem Verstehen des andern, und abhängig zugleich vom Meynen und Verstehen ist die Sprache allemal nur das gemeinschaftliche Resultat beider Sprechenden. Das zu scharfe Gepräge der Individualität des Einzelnen fällt also von selbst hinweg" (HS 5, 104 f.).

Das Erlernen verschiedener Sprachen dient nicht nur der Verständigung mit Menschen außerhalb unserer Gruppe; es ermöglicht vielmehr eine Teilhabe am aufgehäuften Reichtum der ganzen Menschheit. „Das Studium der Sprachen des Erdbodens ist also die Weltgeschichte der Gedanken und Empfindungen der Menschheit. Sie schildert den Menschen unter allen Zonen, und in allen Stufen seiner Cultur; in ihr darf nichts fehlen, weil alles, was den Menschen betrifft, den Menschen gleich nahe angeht" (HS 5, 111). Dies ist erneut eine Version des Popeschen Satzes „The proper study of Mankind is Man". Humboldt plädiert nicht nur aus sprachwissenschaftlichen Gründen für das Erlernen möglichst vieler Fremdsprachen, sondern auch aus humanitären: Wir werden um so mehr Mensch, je mehr wir von der Menschheit in uns aufnehmen. Humboldt leitet diese Idee, die aufs engste mit seinen früheren allgemeinen Anschauungen zusammenhängt, hier aus einer Rechtfertigung des Sprachenstudiums ab, welche sich aus einer Legitimierung der Etymologie als Wissenschaft ergab – und diese ihrerseits aus einer individuellen Spezialbeschäftigung, derjenigen mit der baskischen Sprache.

9 LEBEN AUF KLASSISCHEM BODEN

ROM 1802–1808

Amtliche Tätigkeit als preußischer Resident beim Heiligen Stuhl

Als die Brüder Humboldt in die Welt hinausgingen, dachte Wilhelm zunächst an Rom. Dann mußte er feststellen: „Italien ist mir verschlossen" (BSH 2, 182), so wandte er sich nach Paris und nach Spanien. Aber die lebensbedeutende Reise nach Italien, von der er um so mehr überzeugt war, als er ja im Kreise Goethes gelebt und dessen Italienbild aufgenommen hatte, stand immer noch vor seinem geistigen Auge; seine Sehnsucht richtete sich auf das Land, das ihm als ‚Land der Griechen' erschien, als Mittelpunkt der Welt, als entscheidender Ort der Menschheitsgeschichte.

Nach der Rückkehr aus Paris im Sommer 1801 lebten die Humboldts zuerst in Weimar, wohin Schiller inzwischen seinen Wohnsitz verlegt hatte, dann in Tegel. Im Winter ging man nach Berlin und wartete ab. Freilich hatte der Familienvater Humboldt auch bemerken müssen, daß das Vermögen bei der großzügigen Art des Reiselebens, das man seit 1796 geführt hatte, dahinschmolz. Gleichzeitig wuchs die Familie an: Zu Caroline, Wilhelm, Theodor und Adelheid war nun noch Gabriele gekommen (geboren 1802 in Berlin). Es waren überhaupt unsichere Zeiten, die Jahre der Kriege in ganz Europa nach der Französischen Revolution und während des Aufstiegs Napoleons. Humboldt besann sich darauf, daß er sich seinerzeit aus dem diplomatischen Dienst Preußens nur hatte beurlauben lassen. Als sich eine Möglichkeit abzeichnete, durch einen Wiedereintritt zu einem Leben in Italien mit gesichertem Einkommen zu gelangen, griff er zu.

Damit hatte es folgendes auf sich: 1798 hatten die Franzosen Rom besetzt, den Kirchenstaat vernichtet und den Papst, Pius VI., nach Frankreich entführt. Dort war er im Exil gestorben. Sein Nachfolger, Pius VII., schloß gezwungenermaßen ein Konkordat mit Frankreich, das ihm einen Rest des Kirchenstaates von Napoleons Gnaden beließ. Man mußte freilich jederzeit damit rechnen, daß die Franzosen erneut einrücken und reinen Tisch machen würden – was dann 1808 auch geschah.

In diesem nun politisch bedeutungslosen Gebilde hatte Preußen traditionell einen Residenten unterhalten, weil es ja auch über katholische Untertanen herrschte und insofern Kontakte zum Papst benötigte. Als die Stelle eines preußischen Residenten frei wurde, ergab sich eine überraschende Möglichkeit für Humboldt. Er wurde mit Kabinettsordre vom 15. Mai 1802 ernannt, doch sollte es noch bis zum 25. November 1802 dauern, bis die Familie wirklich in Rom eintraf.

Man konnte sich auch deshalb Zeit lassen, weil der Posten nicht mit entscheidend wichtigen Aufgaben verbunden war. Humboldt erhielt zwar eine detailliert ausgearbeitete Instruktion, die jedoch wesentlich zum Inhalt hatte, daß er den Papst nur als (ziemlich ohnmächtigen) weltlichen Herrscher betrachten und ihm keinerlei Zugeständnisse machen sollte. Das entsprach der persönlichen Einstellung Humboldts. Doch spiegelte sich die relative Bedeutungslosigkeit des preußischen Residenten beim Heiligen Stuhl, wie er offiziell bezeichnet wurde, auch in der Stellenausstattung: Er bekam nämlich keinerlei Hilfe und blieb sein eigener Sekretär und Schreiber. Er führte seine amtlichen Geschäfte im wahrsten Sinne eigenhändig, mußte also auch zum Beispiel dienstliche Schreiben chiffrieren und empfangene dechiffrieren. Er schrieb politische Berichte über die Lage in

Rom an die Zentrale in Berlin und amtierte in konsularischen Angelegenheiten für preußische Untertanen in der Ewigen Stadt.

Dieses Zusammentreffen von angesehener politisch-gesellschaftlicher Stellung und relativer Unterbeschäftigung war ideal für Humboldt. Er wollte ohnehin hauptsächlich deshalb nach Rom, um dort zu leben und seiner wissenschaftlichen Arbeit nachzugehen; seine Gattin erhielt dadurch Gelegenheit, ein großes Haus zu führen und einen Kreis von Künstlern und Diplomaten um sich zu scharen. Humboldts führten in der römischen Zeit noch mehr als in Paris ein offenes Haus des gesellschaftlichen Austausches, der Kontakte, des Mäzenatentums für Künstler, des geselligen Lebens für einen wechselnden, meist nicht kleinen Kreis. Zunächst nahm man Wohnung in der Villa di Malta am Pincio, die sich jedoch bald als zu eng erwies und bereits 1803 gegen die Villa Tomati unweit der Spanischen Treppe getauscht wurde. Die Liste der Persönlichkeiten, die in diesen Jahren bei Humboldts ein und aus gingen, an Gesellschaften teilnahmen und dinierten, enthält viele berühmte Namen: Madame de Staël reiste in Begleitung August Wilhelm Schlegels. Der dänische Altertumsforscher Johann Georg Zoëga kam hinzu und die Schriftstellerin Friederike Brun. Ein ganzer Kreis von Malern und Bildhauern lebte in der Nähe der Humboldts, wurde mäzenatisch unterstützt und auch mit Aufträgen versorgt: Bertel Thorvaldsen, Christian Daniel Rauch, Gottlieb Schick, Johann Christian Reinhart, Carl Ludwig Fernow, Carl Gotthard Graß. Es gab Kirchenmänner wie die Kardinäle Consalvi und Ruffo-Baranello, die bei Humboldts verkehrten, und Fürstlichkeiten wie den Erbprinzen von Mecklenburg-Strelitz und den Kronprinzen von Bayern (den späteren König Ludwig I.). Unter den Diplomaten wäre der österreichische Botschafter Graf Khevenhüller zu nennen, während der Kontakt zum französischen Gesandten, dem bekannten Schriftsteller Chateaubriand, weniger eng war. Die Zeit in Rom wurde zu einer gesellschaftlichen Glanzzeit der Humboldts, zu einer Zeit der Reife des Lebens. Aber sie blieb nicht frei von Krisen, persönlichen wie auch politischen.

Die ideelle Bedeutung Roms

„Die Lust zu reisen ist mir durch den Versuch, den ich bis jetzt davon gemacht habe, nur gewachsen, und Italien war längst das Ziel, wohin ich mich einige Jahre lang sehnte", hatte Humboldt am 18. Juni 1802 an seinen Freund Körner geschrieben (LW, 348). Mit Italien verband sich nicht nur eine tiefe Sehnsucht, sondern auch ein hoher Anspruch. Denn Italien war seit zwei Jahrhunderten schon Bestandteil der adligen Kavalierstour und als Reiseland für Deutsche, nicht nur Künstler, ganz selbstverständlich und naheliegend. Es war aber auch mit einer vielschichtigen Bedeutung aufgeladen, die einem gebildeten Menschen schon Respekt einflößen konnte. Jahre zuvor, am 12. Oktober 1795, hatte Humboldt an Schiller geschrieben: „Die große Sucht, nach Italien zu reisen, und der Wirbel, der gerade jetzt mehrere meiner Bekannten mit fortreißt, macht mich oft beinah lachen. Bei so vielen trifft es sehr ein, daß sie in der Ferne suchen, was sie so nah finden könnten. Mir scheint fast unter allen Ländern Italien dasjenige zu sein, was nur auf die wenigsten recht wohltätig wirken kann. Die Hauptsache ist und bleibt doch da der Kunstgenuß, und wie wenige sind hierin so weit, daß sie gerade die Antike brauchen, ja nur zu verstehen vermögen. Außerdem aber bietet dies Land demjenigen, der nicht sehr viel aus sich selbst heraus schöpfen kann, nur sehr wenig dar. England, Frankreich und jedes Land, in dem viel Industrie, ein mannigfaltiger Umtrieb der Dinge und Menschen und ein hochkultiviertes bürgerliches Leben ist, gibt auch dem mittelmäßigen Kopf Stoff zum Nachdenken und bereichert ihn wenigstens mit allerlei Kenntnissen. Italien hingegen muß Leute dieses Schlags sehr leer lassen, und gewöhnlich sieht man sie auch nur leere Bewunderung und eitles Geschwätz zurückbringen" (BSH 1, 176).

Vor allem aber fungierte Rom für Humboldt als Stellvertreter für Griechenland; es schien der beste Zugang zur Antike: „Es ist unmöglich, Rom zu empfinden, ohne von griechischem Altertume tief durchdrungen zu sein" (BR, 275). Trotzdem war ihm die Differenz zwischen Antike und Gegenwart immer höchst bewußt, wie er etwa am 23. August 1804 an Goethe schrieb: „Aber es ist auch nur eine Täuschung, wenn wir selbst Bewohner Athens und Roms zu sein wünschten. Nur aus der Ferne, nur von allem Gemeinen getrennt, nur als vergangen muß das Altertum uns erscheinen. Es geht damit, wie wenigstens mir und Zoega mit den Ruinen. Wir haben immer einen Aerger, wenn man eine halbversunkene ausgräbt. Es kann höchstens ein Gewinn für die Gelehrsamkeit auf Kosten der Phantasie sein. Ich kenne für mich nur zwei gleich schreckliche Dinge, wenn man die Campagna di Roma anbauen und Rom zu einer polizierten Stadt machen wollte, in der kein Mensch mehr Messer trüge. Kommt je ein so ordentlicher Papst, was aber die 72 Kardinäle verhüten mögen! so ziehe ich aus. Nur wenn in Rom eine so göttliche Anarchie und um Rom eine so himmlische Wüstenei ist, bleibt für die Schatten Platz, deren einer mehr wert ist, als dies ganze Geschlecht" (GH, 186). Wie einst Winckelmann pries er die Freiheit in Rom, sogar die „göttliche Anarchie", was aus dem Munde eines diplomatischen Vertreters immerhin überraschend klingt und eben doch zeigt, daß sich Humboldt in hohem Maße als Privatmann, deutscher Rompilger in klassischer Tradition, ja ‚Künstlerbursche' auf den Spuren Goethes fühlte.

Ansonsten widmete er sich besonders dem Studium der Sprachen, für das ihn die Begegnung mit der baskischen Kultur neu entflammt hatte. „Mein Sprachstudium treibe ich hartnäckiger, als je, und es reiht sich vortrefflich an alle jene Ideen an. Der innre geheimnißvoll wunderbare Zusammenhang aller Sprachen, aber vor allem der hohe Genuß, mit jeder neuen Sprache in ein neues Gedanken[-] und Empfindungssystem einzugehen, ziehen mich unendlich an. Nichts ist bisher so schändlich betrieben worden, als eben die Sprachen, ich glaube einen Schlüssel gefunden zu haben, der jede interessant zeigt, und den Pfad zu allen erleichtert" (HB, 157).

Im übrigen gab er sich voll der Faszination der römischen Gegenwart hin. Am 22. Oktober 1803 schrieb er an Schiller: „Rom hat mich auf alle Weise gefesselt […]. Ich kann Ihnen nicht sagen, wie mir dieser Aufenthalt wohltut. Ich befand mich in keiner wünschenswürdigen Stimmung in Berlin, selbst in Paris fühlte ich mich gewissermaßen abgestumpft. Hier ist alles, was mich umgibt, belebend und erweckend [...]" (BSH 2, 255). Seine Lebenswelt in Rom und sein klassisches Ideal durchdrangen sich gegenseitig; die Differenz zwischen der schäbigen Wirklichkeit einer heruntergekommenen ehemaligen Weltstadt und seinem Ideal störte ihn keineswegs: „[...] ich glaube mit Wahrheit sagen zu können, daß ich hier sehr viel gewonnen habe. Rom ist eine Einöde [...], aber die schönste, die erhabenste, die fesselndste, die ich je gesehen habe. Rom ist nur für Wenige, und nur für die bessern gemacht, aber wen es einmal anspricht, der findet die Welt hier. Ich sage mit Wahrheit die Welt. Denn er ist allein einer ungeheuern Natur gegenüber, was er sieht, ladet ihn ein, auszuschweifen in die entferntesten Gegenden und in die dunkelsten Zeiten, und der Charakter der Gegend ist gerade von der Art, daß er in der Seele die Stimmung hervorbringt, sich diesem Spiele der Phantasie zu überlassen" (HB, 153). Rom wurde in seinem Denken und Empfinden zu einem „Symbol", zu einem „Schlüssel alles Daseins": „Das Unbekannte und nie zu Erkennende strebt in einem sichtbaren Zeichen aus. Sich selbst so zu einem Symbole des Weltalls umzuschaffen, wäre die höchste Aufgabe der Menschheit. Gehen Sie von dieser Idee aus, die, wie ich gern gestehe, jetzt und seit längerer Zeit meine Lieblingsidee ist und für mich den Schlüssel alles Daseins, wie es ist und sein soll, enthält, so ist Rom das Symbol zugleich der Vergänglichkeit und des Weltzusammenhangs, wie er intellektuell und ästhetisch für uns existiert. Hier gewann die griechische Kultur Festigkeit, und von hier zerstreute sie sich und ging aus in die Ferne und in die Irre. Hier nahm das Christentum und mit ihm aller sentimental religiöse Mystizismus denselben Gang. Um daher durch die Phantasie in diesen Mittelpunkt der Weltansicht gestellt zu werden, muß man hierhergehen und hier lang bleiben. In fruchtbarer Einsamkeit legen sich erst hier die Weltgestalten deutlich und ruhig auseinander, Gedanke und Empfindung schmelzen klar, Wehmut und Frohsinn heiter ineinander über, und auf der Grenze zwischen Leben und Tod tritt man leichter in jenem auf und neigt sich sanfter zu diesem hinüber" (LW, 438).

Das Studium der Griechen

Humboldt wähnte sich in Rom eigentlich auf *griechischem* Boden. Seine wohl 1806 geschriebene Abhandlung *Latium und Hellas* eröffnete er mit der These: „Es giebt einen vierfachen Genuss des Alterthums: / in der Lesung der alten Schriftsteller, / in der Anschauung der alten Kunstwerke, / in dem Studium der alten Geschichte, / in dem Leben auf classischem Boden" (HS 2, 25). Nun: Damals, als er dies schrieb, lebte er auf klassischem Boden, eben in Rom. Die Antike erschien ihm als „bessere Heimath, zu der man jedesmal gern zurückkehrt" (HS 2, 25). Dies ist einerseits biographisch zu verstehen: Rückkehr in die Kindheit, in der er sich durch Flucht zu den Griechen aus der Wirklichkeit von „Schloß Langweil" (Tegel!) zu retten versucht hatte; andererseits auch menschheitlich: Jeder Mensch der Neuzeit möchte gerne an jenen Ursprung der Menschheit zurückkehren, in die eigentliche, bessere Heimat. Deshalb ist eines der wichtigsten Worte in diesen Abhandlungen ‚Sehnsucht'. Außerdem ist viel von ‚Freiheit' die Rede, von ‚Individualität' und von der ‚Idee' bzw. dem ‚Ideal'.

Zwischen ‚Idee' und ‚Leben', zwischen ‚Ideal' und ‚Wirklichkeit' besteht zwar „ein ewiger Abstand", „aber auch ein ewiger Wettkampf". „Leben wird zur Idee erhoben und Idee in Leben verwandelt" (HS 2, 29). Darum geht es also in den in Rom geschriebenen Abhandlungen zur Antike wesentlich. Sie enthalten wenig Faktisches, kaum Philologisches, nichts Antiquarisches. Es handelt sich stets um allgemeine Besinnungen auf den Nutzen des Studiums der griechischen *Antike*. Und zwar ausschließlich der *griechischen* Antike. Man hat schon spottweise bemerkt, daß in der Abhandlung *Latium und Hellas* das Wort ‚Latium' kein einziges Mal vorkomme. Man könnte dies trivial damit erklären, daß es sich eben um ein Fragment handelt. Der tiefere Grund liegt freilich darin, daß die römische Geschichte für Humboldt nur die Fortsetzung, ja eine Abart der griechischen war. Wenn Humboldt also im Durchgang durch fünf Gebiete *Kunst, Dichtung, Religion, Sitten und Gebräuche* sowie *Geschichte* charakterisiert, beschränkt er sich stets auf die griechische Variante des Altertums. Immer wieder wiederholt er sein Credo: Die Griechen sind die Nation schlechthin. Die griechische Kulturblüte ist ein „Wunder": „Auf die Frage also, wie kommt es, dass jene hinreissend schöne Form der Menschheit allein in Griechenland aufblühte? giebt es an sich keine befriedigende Antwort. Es war, weil es war" (HS 2, 57 f.). So tautologisch das klingen mag: Es enthält doch auch eine tiefere Art von Wahrheit, als eine kausale Herleitung es sein könnte.

In einer weiteren fragmentarischen Abhandlung aus dieser Zeit, *Über den Charakter der Griechen*, geht Humboldt von dem Kopfsatz aus: „Die Griechen sind uns nicht bloss ein nützlich historisch zu kennendes Volk, sondern ein Ideal" (HS 2, 65). Rein historisch betrachtet, lohnt sich die Beschäftigung mit *jeder* Nation; darüber hinaus jedoch kommt den Griechen ein Vorbildcharakter zu, der geradezu in religiöse Begriffe zu fassen ist: „Sie sind für uns, was ihre Götter für sie waren; Fleisch von unserm Fleisch und Bein von unserm Bein; alles Unglück und alle Unebenheiten des Lebens; aber ein Sinn, der alles in Spiel verwandelt, und doch nur die Härten des Irrdischen wegwischt, aber den Ernst der Idee bewahrt" (HS 2, 65). – Wir hatten von einem ‚Gegenkanon' gesprochen, von einem heidnischen, nichtchristlichen Traditionsbestand, der für die Graecomanen an die Stelle der Religion treten konnte: Hier kommt das besonders klar zutage.

Dementsprechend ist ein wichtiges Motiv dieses Fragments darin zu erkennen, die Antike gegenüber der Moderne zu profilieren. Die „Griechen sind ein Muster, deren Unerreichbarkeit zur Nachahmung anspornt, statt von ihr abzuschrecken" (HS 2, 70). Unser Problem ist es, daß wir gar nicht anders können, als modern zu sein, aber gleichzeitig das Gegenbild der Antike in uns tragen, an dem wir uns messen und an dem wir wachsen müssen.

Gleichwohl bringt die Moderne eine Ausdifferenzierung der Lebensbereiche, der Künste und Wissenschaften: Während die antike *Bildhauerei* unübertrefflich ist, bietet die *Musik* der Neuzeit eigene Möglichkeiten, die den alten Griechen noch unbekannt waren. Bildhauerei ist das Reich der *Gestalt*, Musik das Reich des *Gefühls*.

Deshalb ist der Charakter des Antiken das *Klassische,* der des Modernen das *Romantische.* Das Klassische sucht das Absolute und die Totalität der Welt. Das Christentum erscheint modern; der griechische Mythos klassisch. – Hier ging es offenbar um grundlegende Fragen der Weltanschauung. Die Option für die Klassik und den Mythos der alten Griechen bedeutete auch eine Abkehr vom Christentum. Der ‚Gegenkanon' wurde stark gemacht gegen die wie auch immer gebrochene Überlieferung des Hauptkanons. Die Krise der Moderne sollte aufgefangen werden – nicht in einer erneuten ‚Renaissance', welche die Romantiker ins Mittelalter zurückführen sollte, sondern in der Rückwendung zu den ‚Alten', zur griechischen Antike.

Persönliche Krisen
In gewisser Hinsicht fühlte sich Humboldt in Rom am idealen Ort; er unternahm Spaziergänge, genoß die Sommerfrische am Albaner See und gestand Goethe gegenüber freimütig ein, er gehe „ein wenig müßig", weil man seine Geschäfte beim besten Willen nicht „Tätigkeit [...] nennen" könne (GH, 183). Trotzdem bedeuteten die Jahre in Rom nicht nur Genuß, sondern auch Krise.

In seinem ersten römischen Sommer betraf ihn „das erste Unglück" seines Lebens, wie er an Schiller schrieb: „Unser ältester Knabe, Wilhelm, dessen Sie sich vielleicht dunkel erinnern, ist uns plötzlich an einem bösartigen Fieber gestorben. Das arme Kind war kaum einige Tage krank. Auf einige leichte Fieberanfälle folgt plötzlich ein heftiges Nasenbluten [...] und in kaum 36 Stunden lebte er nicht mehr [...]. Ich habe mit diesem Kinde unendlich viel verloren. Unter allen, die ich habe, war er am liebsten um mich, er verließ mich fast nie, vorzüglich in den letzten Monaten beschäftigte ich mich regelmäßig mit ihm, er ging immer mit mir spazieren, er fragte nach allem, er kannte die meisten Örter, die meisten Ruinen, er war bei jedermann beliebt, weil er mit jedem und jetzt schon recht gut italienisch sprach. Das ist nun alles dahin und wohin gegangen? Dieser Tod hat mir auf der einen Seite alle Sicherheit des Lebens genommen. Ich vertraue nicht meinem Glück, nicht dem Schicksal, nicht der Kraft der Dinge mehr. Wenn dies rasche, blühende, kraftvolle Leben so auf einmal untergehn konnte, was ist dann noch gewiß? Und auf der anderen habe ich wieder auf einmal so eine unendliche Sicherheit mehr gewonnen. Ich habe den Tod nie gefürchtet und nie kindisch am Leben gehangen, aber wenn ein Wesen tot ist, das man liebte, so ist die Empfindung doch durchaus verschieden. Man glaubt sich einheimisch in zwei Welten" (27. August 1803; BSH 2, 249 f.).

Dieser Tod Wilhelm von Humboldts des Jüngeren hallt in den Briefwechseln jener Korrespondenzkreise in verschiedenen Echos wider. Wenn man auch damals mit dem häufig vorkommenden Sterben kleiner Kinder zu leben gelernt hatte, wurde dieser Fall doch als besonders einschneidend empfunden: Wilhelm war neun Jahre alt; er galt als besonders intelligent und liebenswürdig; das Ende erfolgte so unvorhergesehen und plötzlich.

Wieweit dadurch auch das Verhältnis der Eltern zueinander betroffen wurde, kann letztlich nicht geklärt werden. Wilhelm schrieb in einem Brief an Caroline vom 24. März 1804: „Ich weiß wohl, daß unser Leben von jetzt an nicht mehr so glücklich sein kann. Es ist einmal in seinem Innern gestört. Aber, Liebe, es kommt nicht eigentlich darauf an, glücklich zu leben, sondern sein Schicksal zu vollenden und alles Menschliche auf seine Weise zu erschöpfen" (WCB 2, 134). Es fällt auf, daß sich nun seine besondere Sorge auf den zweitgeborenen Sohn Theodor richtete. Er war damals sechs Jahre alt und entwickelte sich wenig vorteilhaft, aber er überlebte das Fieber. Im Sommer darauf wollte man ihn außer Gefahr setzen; seine Mutter reiste mit ihm nach nördlich der Alpen.

Trotzdem wundert man sich, daß Caroline von Humboldt bereits Anfang März 1804 mit ihren Kindern Theodor und Caroline aus Rom abreiste und ihren Mann mit den beiden kleinen Mädchen dort zurückließ. Über Erfurt ging es schnell nach Paris zu Gustav von Schlabrendorf, dem sie damals schrieb: „Ach, es ist nicht Freude, die ich bei Dir suche, ich bringe Dir auch keine, aber Du bist es, nach dem ich verlange, mit allen Deinen Eigentümlichkeiten, die Sehnsucht, die Du mir im Herzen, in der tiefsten Seele gelassen hast, die kann mir nichts stillen als wieder Du selbst. Wo soll ich Dich je wiedersehen, wenn es nicht in Paris ist?" (LW, 404). Innige Briefe gingen auch zwischen Caroline und Wilhelm von Humboldt in dieser Zeit hin und her; aber ihre Sehnsucht richtete sich auf Schlabrendorf, auf Paris.

Der Gatte reagierte übrigens so, daß er ihr am 18. Juli 1804 nach Paris schrieb: „Ob wir wohl je noch einmal zusammen in Paris sein werden? [...] Ich wäre aber auch recht gern, das kann ich nicht leugnen, in Paris und sähe vorzüglich gern Schlabrendorf wieder. Ich bedaure ihn nach allem, wie ich ihn schon sonst kannte und was Du mir sagst, recht ernstlich. Es wäre ihm wirklich das beste, er käme nach Rom. Er hat eigentlich keine Menschen, mit denen er so gut leben könnte als mit uns" (WCB 2, 204 f.). – Genauer in diese Verhältnisse hineinzuleuchten ist nicht möglich, weil es die schriftlichen Quellen nicht zulassen. (Wobei allerdings zu bedenken ist, daß der Nachlaß gesäubert wurde.)

Als Caroline nach Norden aufbrach, war sie erneut schwanger. In Paris gebar sie ein Mädchen, Louise, das jedoch binnen kurzem starb, und zwar an der Impfung gegen Blattern. Das neue Wesen, das seinen Vater nie zu Gesicht bekam, wird im Briefwechsel beiläufig erwähnt.

Wilhelm schrieb seiner Gattin einerseits klar: „Ich entbehre Dich sehr", andererseits drückte er sich doch auch recht gewunden aus: „Ich entbehre Dich sehr, das kann ich nicht leugnen, aber wenn Du recht ernstlich wüßtest, was mir der Gedanke, daß Du so mutig allein nach Paris gegangen bist und so selbständig dort wohnst, für eine ganz eigene Freude gibt, wie er jetzt eigentlich meine Schwachheit ist, so würdest Du auch fühlen, wie ich ihn sogar gewissermaßen gegen das Entbehren in Anschlag bringen kann" (WCB 2, 228 f.).

Caroline hielt sich über ein halbes Jahr lang in Paris auf; sie erlebte die triumphale Rückkehr ihres Schwagers Alexander von Humboldt von seiner großen Reise und die Kaiserkrönung Napoleons. Am

25. Dezember reiste sie ab, am 29. Januar 1805 kam sie in Rom an, nach fast einem Jahr der Abwesenheit. An Schlabrendorf schrieb sie: „Oh, laß mich mit einem Wort erfahren, wo Du bist, mein über alles teures Wesen, und wie es Deinem Auge geht. Laß mich an irgendeiner Aussicht unserer Wiedervereinigung mich erfreuen und nur zuweilen einen Laut Deines Herzens zu mir herüberkommen. Du hast es mir versprochen. Könnte ich Dich hier haben! Wie könnte ich in einer still freundlichen häuslichen Existenz den Abend Deines Lebens erheitern – wie könnte ich als fleißige Familien- und Hausmutter Dir noch lieber werden, als ich es bin, und Dein reiches, überreiches Wesen auf freundlichen und tief eingreifenden Gegenständen ausruhen und zugleich aufs neue aufblühen sehen ..." (LW, 430)

Übrigens hat Caroline im Januar 1806 erneut ein Kind geboren: den nach Schlabrendorf benannten Sohn Gustav, der im November 1807 schon starb, diesmal am Zahnen. Im Alter von 43 Jahren brachte Caroline in Rom im Februar 1809 noch ein achtes Kind zur Welt, Hermann, das die Kindheit problemlos überlebte.

Freilich sind damit noch nicht alle persönlichen Krisen genannt. Denn in dieser Zeit verlor Wilhelm von Humboldt auch den wichtigsten Freund seines Lebens: Am 9. Mai 1805 verstarb Friedrich von Schiller. Als im Vorjahr alarmierende Nachrichten von dessen Krankheitsverlauf nach Rom gedrungen waren, hatte Humboldt an seine Frau geschrieben: „Die Trennung von Schiller wird mir ewig schmerzhaft bleiben. Er ist immer der einzige gewesen, mit dem ich recht eigentlich habe reden und leben können, dem ich wirklich Genuß gab und von dem ich Genuß und Stimmung zugleich erhielt" (WCB 2, 240 f.). Auf die Nachricht von Schillers Tod antwortete er dem gemeinsamen Freund Körner: „Mir ist es in der Tat, als hätte ich auf einmal eigentlich den Leitstern aller meiner intellektuellen Richtungen verloren, und ich wage es noch nicht zu entscheiden, wie es eigentlich auf mich wirken wird. Wenn ich bis jetzt etwas schrieb, wenn ich nur einen Entwurf machte zu schreiben, dachte ich mir eigentlich ihn als einzigen Beurteiler und Richter. Alles Beste in mir war immer an ihn gerichtet, und zugleich gab er mir auch immer die Stimmung und Kraft. Mit unendlicher Wahrheit sagen Sie, mein Lieber, daß in seinen Dichtungen das Persönliche eine so große Wirkung ausübte. Wirklich sprach er die Menschheit nur immer in ihren höchsten Momenten aus und erschien bei weitem mehr individuell als Goethe. Wenn Sie unter dem Idealischen das Gebiet der Ideen verstehen, so weiß ich ihn nicht besser zu charakterisieren, als daß er von diesem Idealischen durchdrungen war und kaum je von etwas anderem nur leicht berührt wurde" (LW, 437).

In diesen Jahren mußte Humboldt herbe Verluste verkraften. Während er im Süden weilte, verlor er seine Heimat: Nach der Schlacht von Jena und Auerstedt zog Napoleon in Berlin ein, Tegel wurde geplündert, der preußische Staat zerbrach. Die Sorge um sein Erbe und um die Zukunft Preußens veranlaßten ihn im Herbst 1808, seinen Posten zu verlassen und in Begleitung seines Sohnes Theodor nach Deutschland zurückzukehren, während Caroline mit den übrigen Kindern in Rom blieb. Diese Familienkonstellation macht die Unentschiedenheit deutlich: vielleicht Italien, vielleicht Deutschland? Man überließ es dem Schicksal.

10 IM DIENSTE DER BILDUNG

PREUSSEN UND DEUTSCHLAND
1809–1810

Ein schwerer Entschluß

Von „Sehnsucht nach Arbeit" hatte Humboldt in einem Brief an Schiller vom 30. April 1803 aus Rom geschrieben: „Je mehr ich mich von Deutschland entferne, das weiß ich nun einmal schon, desto mehr schlägt mir der Deutsche in den Nacken. […] Ich kann nicht leugnen, daß ich eine große Sehnsucht nach einer wichtigen Arbeit habe. Meine jetzige Lage widerstrebt der Ausführung nicht, sie ist ihr vielmehr auf mancherlei Weise beförderlich. Aber was ich arbeiten möchte, will sich noch nicht in mir gestalten" (BSH 2, 239 f.). Nun, 1808 hatte sich durch die politische wie auch durch die familiäre Entwicklung eine Lage ergeben, in der Humboldt eine wichtige Arbeit unternehmen konnte, wenn auch vielleicht anders, als er sich das seinerzeit gedacht hatte. Die Aufgabe, die auf ihn wartete, lag nämlich nicht im Bereich der Literatur, sondern in dem der gestaltenden Politik. Auf seiner Reise nach Norden hörte er schon bei Jacobi in München, er solle Minister in Preußen werden.

Aber wollte er das überhaupt? Humboldt hatte oft schon darüber nachgesonnen, daß seine Natur eher eine beschauende als eine handelnde sei; er schwankte immer wieder zwischen den Verlockungen einer *Vita contemplativa* und den Anforderungen einer *Vita acti-*

va. Gentz gegenüber hatte er seinerzeit hellsichtig bekannt, er sei zum Politiker verdorben, weil er dafür immer zu weit aushole (LW, 234 f.). Humboldt, zergrübelt, war jahrzehntelang auf der Suche nach seiner wahren Bestimmung: Einerseits sprühte er vor Ehrgeiz und war erfüllt von dem Willen, etwas Bleibendes für die Menschheit zu leisten; andererseits empfand er es als „ein sonderbares Ding, im ewigen Getriebe der Welt und der Geschäfte zu leben und im tiefsten Herzen nur Stille und Ruhe und tiefe Einsamkeit zu wünschen und zu lieben" (an Johanna Motherby, 24. April 1813; LW, 555 f.). Auch mit mehr als 40 Jahren blieb er noch schwankend, was nun seine innere Bestimmung sei: „Jeder Mensch hat notwendig eine innere Bestimmung, wenn auch nicht jeder so glücklich ist, sie bald und immer zu finden. Die meinige ist nun, wie ich deutlich und immer gefühlt habe, durch sehr verschiedene Lagen zu gehen, tiefer und mannigfaltiger als andere, alles Menschliche zu kennen und zu empfinden und mit dieser inneren Einheit und Selbständigkeit mich vielem und verschiedenartigem Wirken anzubilden" (an Caroline von Humboldt, 28. Juli 1810; WCB 2, 446). Als er dies schrieb, hatte Humboldt bereits seine Zeit als führender Bildungspolitiker Preußens hinter sich. Es waren nur etwa 16 Monate, in denen er freilich Grundlagen und Strukturen schuf, die sich als dauerhaft wirksam erweisen sollten, zumal andere an seinem Werk fortbauten und in seinem Geiste weiterarbeiteten.

Aber der Entschluß, in dieses Amt einzutreten, fiel ihm schwer. Zwar hatte er längst die Einsicht gefaßt: „Die wahren Lehrjahre sind nun geendigt, der Meister hat nun die Kunst des Lebens inne, er hat nun begriffen, daß man, um etwas zu haben, eins ergreifen und das andre dem aufopfern muß. Und was heißt Kunst zu leben anderes als der Verstand, das eine zu wählen, und der Charakter, ihm das übrige zu opfern" (GB, 24). Aber das war in bezug auf Goethes *Wilhelm Meister* gesprochen worden, und es wäre ihm sicher leichter gefallen, etwas zu opfern, wenn er hätte hoffen können, auf der anderen Seite etwas zu gewinnen. Damit aber stand es so unsicher wie nur möglich.

Denn Preußen, das lange stolz auf die Schlagkraft seines Heeres gewesen war, hatte sich als militärisch unterlegen erwiesen beim Ansturm der Truppen Napoleons. Im Frieden von Tilsit 1807 wurde das Land auf einen Bruchteil seines früheren Bestandes reduziert; ungeheure Kontributionslasten schienen es in den Ruin zu treiben. Eine Führungsfigur fehlte, da der König alles andere als eine solche darstellte. Politiker mit Visionen wie der Freiherr vom und zum Stein wurden vorübergehend herangezogen, dann aber auch wieder weggedrängt. Die Männer an der Spitze befeindeten sich gegenseitig; keiner wollte sich dem anderen unterordnen. Humboldt bewies einen klaren Verstand, als er dieses Wespennest scheute.

Wesentlichen Anteil an seiner Entscheidungsfindung hatte die Erwägung, daß es nicht genügte, das Gute zu wollen: Man mußte auch in eine Position kommen, es durchsetzen zu können. Aber schon der pure Mangel an öffentlichen Mitteln war abschreckend. Wie sollte man ohne Geld Reformen durchführen? Doch konnte man sich ebenfalls überlegen, daß diese nie dagewesene Notsituation, der völlige Zusammenbruch des preußischen Staates, Handlungsspielräume eröffnete, die in der üblichen Trägheit saturierter Zeiten gar nicht vorhanden waren. Humboldt hatte also allen Grund, die Lage sorgfältig zu sondieren und zu erwägen, ob es sich lohnte, sein beschauliches Gelehrtenleben aufzuopfern und Charakter zu beweisen.

Aber worauf konnte man in diesem besiegten und zerstückelten Preußen etwas gründen? Hier hatte Humboldt die klare Einsicht: Es blieb nichts als das Volk, die Nation. Seiner Frau schrieb er einmal: „Glaube mir, teure Li, es gibt nur zwei wohltätige Potenzen in der Welt: Gott und das Volk. Was in der Mitte ist, taugt rein weg nichts, und wir selbst nur insofern, als wir uns dem Volk nahestellen" (13. Dezember 1813; WCB 4, 195). Diese Einsicht paßte zu dem, was der König in seinem Aufruf „An mein Volk" proklamiert hatte. Und sie entsprach dem Wort, das man ihm zuschrieb (und das von Humboldt formuliert sein könnte): Preußen müsse durch geistige Kräfte zu ersetzen suchen, was ihm an physischen abhanden gekommen sei.

Deshalb war Preußens Niederlage auch die Stunde, in der nun, zumindest vorübergehend, auf die Stimmen des Geistes gehört wurde, die sich erhoben: Fichte, Schleiermacher und andere Idealisten wie Humboldt waren nun plötzlich gefragte Männer.

Auf Vorschlag des Freiherrn vom und zum Stein, der damals auf Drängen Napoleons (nach einer Intrige reaktionärer Kräfte in Preußen, welche einen Brief Steins abgefangen und veröffentlicht hatten) aus seinem Amt scheiden mußte, wurde Humboldt berufen. Die beiden hatten sich noch nicht persönlich kennengelernt, aber man kann voraussetzen, daß seine Schrift über die Grenzen der Wirksamkeit des Staates Stein bekannt war. Davon abgesehen konnte man geltend machen, daß Humboldt ein Landeskind von Stande war, daß schon sein Vater dem König gedient, daß er die ersten Schritte seiner Laufbahn im Dienste Preußens absolviert und daß er sich auf seinem Posten als preußischer Resident bewährt hatte. Humboldt kontaktierte Stein im Exil in Prag, um sich mit ihm zu beraten. In gewissem Sinne trat Humboldt also für Stein in die preußische Regierung ein. Freilich: Er hatte nicht dessen Statur und mußte sich folglich anderen unterordnen.

Damit ist ein Problem bezeichnet, das dann im Laufe der Zeit eskalierte und bald schon zu seinem Ausscheiden führen sollte. Denn die Steinschen Reformen hatten in bezug auf die Verwaltungsorganisation wesentlich darin bestanden, daß die alte Regierung mit ihrer Gliederung nach verschiedenen Herrschaften und Landesteilen abgelöst worden war durch eine Regierung nach Fachgebieten und Funktionen: Äußeres, Heer, Justiz, Finanzen und Inneres. Stein intendierte einen Staatsrat, in dem die Minister für diese Fachgebiete mit Fachberatern zusammen ein Kollegium mit Entscheidungsbefugnis bilden sollten. Das wäre eine schlagkräftige Regierung gewesen. Der König hatte im Prinzip der Bildung eines solchen Gremiums zugestimmt, scheute sich jedoch, es in Funktion treten zu lassen, zumal der neue Staatskanzler Altenstein sich in seiner Macht beschnitten gesehen hätte, wenn ein solches Kollegium die Spitze der Exekutive gebildet hätte. Um Humboldt für den Eintritt in die Regierungsverantwortung zu gewinnen, mußte man die Bildung eines Staatsrates als möglich und bevorstehend im Raum stehen lassen, auch wenn man ihn in Wirklichkeit zu verhindern suchte. Außerdem mußte man Humboldt eine Stellung schaffen, die ihm die Illusion beließ, selbstverantwortlich gestalten zu können, während man ihn faktisch zügelte, indem man ihn einem Minister unterordnete. Er wurde also übertölpelt, indem man ihn mit falschen Versprechungen in sein Amt lockte.

Als Humboldt am 11. November 1808 bei seinem Schwiegervater in Erfurt eintraf, mußte er hören, daß der Außenminister Goltz geäußert habe, der Posten in Rom solle kassiert werden. Damit wäre Humboldt also der Rückzug versperrt gewesen, er mußte nach vorne blicken. Er sah sich genötigt, sich gegen die Meinung zu verwahren, daß er „keinen tätigen Posten haben wolle und gegen das Wohl des Vaterlandes gleichgültig" sei (WCB 3, 17). Er sorgte sich um seine Ehre: Dies ist das entscheidende Argument, mit dem er seiner Frau deutlich zu machen suchte, daß er einen Ruf in die preußische Regierung auf jeden Fall annehmen müsse. Er glaubte, „seinem Lande, seinem Namen selbst etwas schuldig" zu sein (WCB 3, 48). Am 15. Dezember 1808 erging auf Veranlassung des Innenministers Alexander Graf Dohna und Altensteins eine Kabinettsordre an Humboldt, die einer Berufung gleichkam, ihm aber die Annahme oder Ablehnung anheimstellte. Humboldt mußte erleben, daß diese Entscheidung bereits durchgesickert war und als Faktum behandelt wurde: Als er nach Weimar kam, galt er dort bereits als Minister. Er sah sich genötigt, zumindest die Probe zu machen, ob man es in Preußen ernst meinte und ihm entsprechende Wirkungsmöglichkeiten einräumte. Während er noch hin und her überlegte und zu sondieren und zu verhandeln suchte, erreichte ihn am 20. Februar 1809 (datiert vom 10.) die definitive Ernennung zu seinem Posten, in der (fälschlich) davon ausgegangen wurde, daß er ihn bereits angenommen habe. Nun gehorchte Humboldt und schrieb an seine Gattin: „In einer solchen Lage muß man, und das werde ich, Gutes wirken wo man kann, und dafür kein

Opfer scheuen", er fügte jedoch für die in Rom Zurückgebliebene im selben Satz noch hinzu: „aber doch nur leicht den beweglichen Fuß aufsetzen und sich nicht verhehlen, welches das wahrscheinliche Ende sein wird" (WCB 3, 59).

Sein Rang wurde bezeichnet als ‚Geheimer Staatsrat' und seine amtliche Stellung als ‚Chef der Sektion Kultus und Unterricht im Ministerium des Inneren'. Er hatte also den Innenminister über sich, Alexander Graf Dohna, einen Standesgenossen und Studienkollegen, der ihm Gestaltungsfreiheit ließ und ihn nicht behinderte. Seine Sektion umfaßte mit dem ‚Kultus' die Religionsangelegenheiten, für die er sich nicht interessierte, die er aber glücklicherweise einem fähigen und absolut verläßlichen Mitarbeiter, dem gleichaltrigen Georg Heinrich Ludwig Nicolovius, überlassen konnte, um sich selber um so konsequenter auf seine Kernaufgabe zu konzentrieren: Schulen und Universitäten, Reform des gesamten Erziehungswesens.

Verschiedene Aktivitäten

Als Humboldt zum erstenmal etwas Genaueres über seinen Amtsbereich erfahren hatte, schrieb er seiner Frau nach Rom: „ich soll durchaus unabhängig sein und Sitz und Stimme im Staatsrat haben, und man verlangt mich eigentlich nur für die erste Organisation. Der Antrag ist übrigens soweit, daß ich Kultus (alle Prediger, Kantoren usw. Gott!!) und Unterrichtsanstalten (Akademie der Wissenschaften und Kunst, Zensur und sogar die Theater) unter mir habe" (WCB 3, 48).

Schon Mitte Januar 1809 war Humboldt nach Berlin gekommen und zunächst, als solle eine symbolische Sehnsuchtsbrücke geschlagen werden, im Hotel ‚Stadt Rom' abgestiegen. Schon eine Woche nachdem er seine Ernennung erhalten hatte, am 28. Februar, nahm er seine Amtsgeschäfte auf, und zwar mit Feuereifer, und konnte bereits kurz darauf an seine Gattin berichten, daß er sich „bald einen sehr schönen Namen durch die Musik machen" werde, die nach Vorgaben Karl Friedrich Zelters neu organisiert und gefördert werden solle. „Die Musik, das bleibt einmal unleugbar ist ein unendlich mächtiger

Hebel der Empfindung, sie fängt an, wo das Wort aufhört, und wo sie endigt, reicht selbst der Gedanke nicht hin. Sie ist groß und schön geworden, weil man sie seit langer Zeit nur einzeln, nur gesellschaftlich, nur für Individuen bearbeitet hat, aber eben dies hat sie auch weichlich gemacht. Würde sie jetzt auf Ernst und wahren Stil zurückgeführt und dadurch volksmäßig, so bekäme sie wieder mehr Stärke und mehr Nerven und würde auch anders auf den Charakter wirken" (11. März 1809; WCB 3, 111 f.). Man erkennt daraus, daß Humboldt in seinem neuen Amt sich sofort auf Themen ausdehnte, von denen er überzeugt war, daß sie zu seinen Aufgaben gehörten – selbst dann, wenn er persönlich meinte, daß sie ihm eigentlich fremd waren. (Bekanntlich hielt er sich für unmusikalisch.) Man vernimmt ferner, wie seine fundamentale Art zu denken auch diese Bereiche durchdringt, wo er sich etwa Gedanken macht über das Verhältnis von individueller Musikübung und öffentlich zu organisierender Musik. – Der Erfolg blieb nicht aus; Zelters Singakademie machte Epoche. Berlin wurde im 19. Jahrhundert zu einem Zentrum des Musiklebens.

Weniger Erfolg war Humboldt in bezug auf die organisatorische Einbindung des Theaters beschieden, weil August Wilhelm Iffland, der berühmte Schauspieler, Autor und Direktor, sich einer Eingliederung verweigerte und mit Weggang nach Wien drohte. Es spricht für Humboldt, daß er hier nicht als Prinzipienreiter auftrat, sondern den bedeutenden Mann respektierte und nachgab: Das Berliner Nationaltheater wurde also nicht durch die Kultusverwaltung organisiert, und Iffland behielt seinen direkten Zugang zum Monarchen.

Da König und Hof sich in Königsberg niedergelassen hatten, sah Humboldt keine andere Möglichkeit, als ihnen dorthin zu folgen. Er traf am 13. April 1809 dort ein, während seine Mitarbeiter zum Teil in Berlin zurückblieben. Damit war er zwar dem Zentrum der Macht näher, aber zugleich in einer kulturellen Wüste angekommen: Kant war 1804 verstorben; die Universität befand sich in keinem guten Zustand. Der Handel der betriebsamen Hafenstadt stockte in den Zeiten der Kontinentalsperre. Kulturelle Einrichtungen von Belang gab es nicht.

Humboldt verarbeitete diese Erfahrung der Isolation auf seine Weise. Erstens zog er sich bewußt in sich zurück; er nutzte die Einsamkeit zu Reflexionen über das Wesentliche, das er teilweise in tiefschürfenden Briefen an seine in Rom zurückgebliebene Gattin ausdrückte. Zweitens verliebte er sich in Johanna Motherby (1783–1842), die damals noch junge Frau eines schottischen Arztes, in dessen Haus er verkehrte, die unglücklich verheiratet war und zwei kleine Kinder hatte. Sie muß eine enorme erotische Ausstrahlung besessen haben (obwohl Humboldt sie in Briefen an seine Gattin als einen „gar nicht hübschen, eigentlich häßlichen" Menschen beschrieb, 5. Oktober 1809; WCB 3, 250): Zunächst hatte sie Max von Schenkendorf an sich gezogen, nun Humboldt, später Ernst Moritz Arndt. Ihre Ehe mit William Motherby wurde 1824 geschieden, dann heiratete sie den Berliner Chirurgen Johann Friedrich Dieffenbach, von dem sie sich 1833 ebenfalls scheiden ließ. Von dem, was sie in Humboldt weckte, zeugen einige zufällig erhalten gebliebene Briefe an sie. Er fand sich bei ihr in besonderer Weise aufgenommen und wunderte sich selber darüber, wie er sich ihr gegenüber zu öffnen vermochte.

Schließlich bedeuteten die etwa acht Monate, die Humboldt als Chef der Sektion für Kultus und Unterricht in Königsberg zubrachte, eine äußerst intensive Arbeitszeit. Er stürzte sich in die Reorganisation des Schulwesens, nicht nur theoretisch, sondern auch praktisch: Die Lehrer in Königsberger Schulen staunten nicht schlecht, wenn ihr ‚Minister' plötzlich in ihrem Unterricht im Klassenzimmer auftauchte, zuhören und mitsprechen wollte.

Prinzipien der Schulreform

Humboldt, der sich nicht vergeblich seit seiner Jugend mit Fragen der Anthropologie beschäftigt hatte, war theoretisch sicher der beste Kultusminister, der damals denkbar war. Und praktisch erwies er sich als lernfähig. Während er in früheren Jahren Pestalozzis Lehrmethode abgelehnt hatte, ließ er sich nun binnen kurzem davon überzeugen, daß die Reform in Preußen genau Pestalozzi brauchte.

Die allgemeinen Ideen, die Humboldt bei der Reform und Neuorganisation des Schulwesens zugrunde legte, lassen sich so angeben:

Erstens: Das ganze Erziehungswesen sollte als ein einheitliches Ganzes aufgefaßt werden, von der Elementarschule über das Gymnasium bis zur Universität. Das relative Eigenleben, welches verschiedene Schulformen zuvor geführt hatten, wurde aufgehoben; ein einheitlicher Bildungsgang sollte in allen Landesteilen Preußens möglich sein. Vor allem aber wurde die Schule durchgehend in staatlicher Hand organisiert: Winkelschulen sollten aufhören; die in älterer Zeit in hohem Maße private Form des Unterrichts (wie sie Humboldt selber noch genossen hatte) galt nun als unzeitgemäß. Der Gedanke der Nation durchdrang alles. Und der Staat sollte die Organisationsform der Nation sein. Das bedeutete die Zurückdrängung der Kirchen im Erziehungswesen und die Abschaffung der Standesschulen, beispielsweise der Ritterakademien für die Adligen. Es hieß aber auch Opposition gegen die Bürgerschulen, die oft die Richtung von Realschulen genommen hatten. Die Idee der allgemeinen Bildung wurde von Humboldt umfassend vertreten. Daß sie philosophisch fundiert war, konnte er jederzeit darlegen.

Zweitens: Daß die Schule nun völlig in die Hand des Staates kommen sollte, bedeutete eine neue Verantwortlichkeit des Staates für die Erziehung seiner Untertanen und nahm ihn in die Pflicht. Aber für Humboldt war der Staat der Agent der Nation. Deshalb suchte er auf einer anderen Ebene, derjenigen der Finanzierung, die Schulen auf eigene Beine zu stellen. Was ihm dabei vorschwebte, war eine finanzielle Verantwortung der Kommunen für ihre jeweiligen Schulen. Das gab es zuvor schon in Städten. Damit brach freilich sogleich ein Konfliktfeld auf, weil Gemeinden, die ihre Schulen selber finanzierten, auch über die Schulformen bestimmen wollten, also beispielsweise in ihrer Stadt nicht ein humanistisches Gymnasium, sondern lieber eine Realschule haben wollten. Mit seinem Plan einer Finanzierung der Schulen durch die ‚Nation', wie er Humboldt vorschwebte, also auf lokaler Ebene, drang er nicht durch. Auf längere Sicht entwickelte sich das preußische Schulwesen so, daß zwar die Schulgebäude von den Kommunen errichtet wurden, die Besoldung der Lehrer aber durch den Staat erfolgte. Dieser verfügte damit auch immer über eine Einflußmöglichkeit in bezug auf die Bestimmung der Schulform, die Gestaltung des Fächerkanons und des Stundenplans, sogar die Disziplinierung der Lehrer. Diese zentralisierenden Aspekte gelangten also in die preußische Geschichte, indem Humboldt seine Konzeption einer allgemeinen Bildung einbrachte, aber seine Ideen über die Finanzierung des Bildungswesens nicht durchzusetzen vermochte.

Drittens: Eine Grundidee der Aufklärungspädagogik war es gewesen, der Kindheit, einer Durchgangsphase im Leben eines jeden Menschen, eine eigene Bedeutung und Würde zuzusprechen. Der große Protagonist dieser Idee war Rousseau, und Humboldt war und blieb ein Anhänger Rousseaus. Zu dieser Vorstellung einer eigenständigen Kindheit (und Jugend) gehörte insbesondere auch die Trennung von Arbeit und Bildung: Kinderarbeit sollte vermieden werden, ein zu frühzeitiges Einbeziehen von Jugendlichen in den Arbeitsprozeß hielt man für schädlich. Während Bauern und Bürger meist umgekehrt dachten, daß nämlich eine Heranführung an das Leben am besten durch Arbeit erfolge und Bildung im wesentlichen Vorbereitung für dieses Arbeitsleben sein solle, vertrat der adlige Humanist Humboldt (in Gemeinschaft mit anderen führenden Pädagogen seiner Zeit) ein umfassenderes Menschenbild, das nicht auf Arbeit gegründet war. Folglich mußte man die Kindheit (und eine möglichst ausgedehnte Jugendzeit) von Arbeit und Sorge um Bedürfnisbefriedigung abkoppeln und die zu bildenden Menschen möglichst freistellen. Humboldt war der Überzeugung, daß ein ganzer, glücklicher, harmonisch sich entfaltender Mensch Jahrzehnte einer wirklichen Freiheit benötige und daß ihm alles andere, jeder Zwang zum Nahrungserwerb, jeder direkte Bezug auf Geschäfte und Beruf Schaden zufüge. Aber nicht nur dem einzelnen: Auch die Allgemeinheit müsse vor solchen Fachmenschen bewahrt werden; nur frei gebildete, allseitig entwickelte Individuen seien für Gesellschaft und Staat wirklich nützlich.

Humboldts Amtsführung zeichnet sich durch die philosophische Fundierung seines Handelns aus und durch eine Gestaltung der Praxis, die seinen Ideen Rechnung trägt. Damit erweist sich seine Verwaltung der Sektion für Kultus und Unterricht als integraler Bestandteil einer umfassenden Reformtätigkeit, welche Preußen nicht nur die Krise überwinden ließ, sondern es schließlich sogar im Laufe des 19. Jahrhunderts zum Modell für Deutschland und die Welt machen sollte.

Der Königsberger und der Litauische Schulplan

Humboldts Konzept läßt sich gut nachvollziehen, wenn man zwei der Arbeitspapiere aus seiner Tätigkeit interpretiert, den *Königsberger* und den *Litauischen Schulplan*, der mit „Gumbinnen, 27. September 1809" datiert ist. Man erkennt daran vor allem, daß er wirklich die Schulverhältnisse an den Orten genau studierte, an denen er sich aufhielt, und dann Richtlinien in Würdigung der jeweiligen lokalen Situation geben konnte. Es zeigt sich auch, daß er, bevor er diese Papiere formulierte, bereits Vorschläge von Mitarbeitern eingeholt hatte und diese nun diskutierte. Vor allem aber beeindruckt Humboldt durch die Gestaltung der Praxis nach einer philosophisch in jeder Hinsicht durchdachten Theorie. – Wahrscheinlich hat es seither nie wieder einen Kultusminister gegeben, der mit solcher Kompetenz eingreifend reformieren konnte (förmlich wurde ein Kultusministerium erstmals nach Humboldts Ausscheiden, 1817, geschaffen).

Was Humboldt vorfand, war ein Wildwuchs von Erziehungsanstalten, der nun von staatlicher Seite systematisiert wurde. Der entscheidende Satz lautet: „Alle sogenannte Winkelschulen müssen aufhören, keiner kann Schule halten, der nicht bei der geistlichen und Schuldeputation geprüft ist, und jetzt gleich muss eine allgemeine Visitation vorgenommen werden, um die nützlichen der bisherigen Schulen dieser Art förmlich zu genehmigen, die andern zu unterdrücken" (HS 4, 185). – Das mag merkwürdig bildungsdiktatorisch klingen, aber es gab letztlich keine Alternative dazu, wenn man wirklich reformieren wollte. Denn bis dahin hatte in Preußen jeder Schule gehalten, der sich damit ein Zubrot verdienen wollte. Oft waren invalide Soldaten oder beruflich gescheiterte Handwerker dazu übergegangen, Elementarunterricht zu erteilen. Solange das erlaubt war, konnte sich der Philosoph als Minister Gedanken machen, soviel er wollte: Jede Anordnung und Reform wäre unterlaufen oder umgangen worden durch privaten Schulunterricht. Insbesondere hätte man nie die Vorstellung überwinden können, daß Elementarunterricht nur die Weitergabe bestimmter Kenntnisse sei, hauptsächlich Lesen, Schreiben und Rechnen, während Humboldt und die Reformer, die sich an Pestalozzi orientierten, der Grundidee der Menschenbildung anhingen: Zentral sollte nicht die Vermittlung von Kenntnissen sein, sondern die Entfaltung eines Kindes. Es ging eigentlich um ethisch-moralische Erziehung, die wohl im Rahmen von Informationsvermittlung erfolgte, aber dieser vorgeordnet war. Aus Kindern sollten Menschen gebildet werden, nicht Leser, Schreiber und Rechner. Dies enthielt auch einen sozialen Gesichtspunkt: Allgemeine Schulbildung sollte für alle Kinder möglich sein: „Jeder, auch der Aermste, erhielte eine vollständige Menschenbildung, jeder überhaupt eine vollständige, nur da, wo sie noch zu weiterer Entwicklung fortschreiten könnte, verschieden begränzte Bildung, jede intellectuelle Individualität fände ihr Recht und ihren Platz, keiner brauchte seine Bestimmung früher als in seiner allmäligen Entwicklung selbst zu suchen […]" (HS 4, 175). Humboldt hatte eine klare Vorstellung davon, daß es auf dem Niveau der Elementarschule um nichts anderes gehen konnte als um Bildung; alle Elemente der Ausbildung, der Kenntnisvermittlung, waren letztlich zweitrangig. Und er konnte auch anthropologisch bestimmen, welche Lernziele auf diesem Niveau erreicht werden sollten: „Der Elementarunterricht soll bloss in Stand setzen, Gedanken zu vernehmen, auszusagen, zu fixieren, fixiert zu entziffern, und nur die Schwierigkeiten überwinden, welche die *Bezeichnung* in allen ihren Hauptarten entgegenstellt. Er ist noch nicht sowohl Unterricht, als er zum Unterricht vorbereitet, und ihn erst möglich macht. Er hat es also eigentlich nur mit Sprach-, Zahl- und Mass-Verhältnissen zu thun, und bleibt, da ihm die Art des Bezeichneten gleichgültig ist, bei der Muttersprache stehen" (HS 4, 169). Das heißt nun nicht, daß man auf Elementarschulen nichts an Sachkenntnissen lernen dürfe, aber hier herrscht eine klare Hierarchie: „Wenn man, und mit Recht, noch andern Unterricht geographischen, geschichtlichen, naturhistorischen hinzufügt, so geschieht es theils um die durch den Elementarunterricht entwickelten, und zu ihm selbst nöthigen Kräfte durch mannigfaltigere Anwendung mehr zu üben, theils weil man für diejenigen, welche aus diesen Schulen unmittelbar ins Leben übergehen, den blossen Elementar-Unterricht überschreiten muss" (HS 4, 169). Humboldt berücksichtigt also, daß es Kinder geben wird, die nicht über die Elementarschule hinauskommen, und auch deshalb ist es wichtig, am Prinzip festzuhalten, daß „jeder, auch der Aermste [...], eine vollständige Menschenbildung" erhalten muß.

Humboldt sah eine Dreigliederung des Schulwesens vor: „Es giebt, philosophisch genommen, nur drei Stadien des Unterrichts: Elementarunterricht; / Schulunterricht / Universitätsunterricht" (HS 4, 169). Entgegen der damals verbreiteten Auffassung, es müsse außerdem noch Mittelschulen, Bürgerschulen oder Realschulen geben, will er auf der einen Seite die Elementarschulen, auf der anderen die Gymnasien durch eine vielschichtige Argumentation stärken. „Ich bin dagegen" (HS 4, 168), heißt es daher am Anfang in einer bei Humboldt seltenen lakonischen Eindeutigkeit. Kenntnisvermittlung in den Sachbereichen, welche auf solchen Mittelschulen im Vordergrund steht, würde seinen philosophischen Ansatz torpedieren, weil sie der Vorstellung Vorschub leistete, die Schule sei zur Informationsvermittlung da. Den Schulunterricht aber, also die erste Stufe jenseits des Elementarunterrichts, bestimmt Humboldt durch die Formel „Lernen des Lernens" (HS 4, 170). Wichtiger als die Vermittlung von Sachkenntnissen ist im Schulunterricht die regulative Idee einer allgemeinen Bildung, welche nicht nur durch ihre drei Schwerpunkte beschrieben werden kann (linguistisch, historisch und mathematisch), sondern auch darauf zu achten hat, daß diese drei Schwerpunkte in jedem einzelnen Schüler adäquat zur Geltung kommen und nicht die Möglichkeit einer umfassenden Bildung durch frühzeitige Spezialisierung abgeschnitten wird. Diese ist erst auf dem Niveau der Universität vorgesehen. Mittelschulen aber würden, meint Humboldt, eine fehlleitende Einengung befördern, indem sie den Schwerpunkt auf historische oder mathematische Kenntnisse legen würden. (Nur nebenbei: Der Ausdruck ‚historisch' umfaßt hier außer dem, was wir darunter verstehen würden, auch noch ‚naturhistorisch', also den ganzen naturwissenschaftlichen Bereich, der sich dann im Laufe des 19. Jahrhunderts so rasant entwickeln sollte.)

Zur Argumentation gegen Mittelschulen gehört ebenso ein Nachdenken über Übergänge. Die normative Position des Gymnasiums, die Humboldt anstrebt, erzwingt eine klare Entscheidung. Man darf sich nicht in der Illusion wiegen, meint er, daß es bei der Entscheidung zwischen Mittelschule und Gymnasium um eine Wahl der Unterrichtsfächer und Schwerpunkte gehe: eher sprachlich oder eher technologisch. Der Erwerb berufsförderlicher Kenntnisse darf nicht vermischt werden mit dem Bildungsziel des Schulunterrichts. Kenntnisvermittlung ist eine Sache für spezielle Schulen, die aber erst dann in Frage kommen, wenn die normale Schule (damit ist das Gymnasium gemeint) abgeschlossen ist.

Es geht also zentral um diejenige Einrichtung, die man später ‚humanistisches Gymnasium' genannt hat. Humboldt fand zu seiner Zeit sog. ‚Lateinschulen' vor, bei denen die Erlernung der lateinischen Sprache die Hauptsache war, der Anfang der Bildung und oft auch schon ihr Ende. Dagegen vertritt er nun das Prinzip der zweiten alten Sprache, Griechisch. Aber der Schulunterricht hat eigentlich noch eine andere Aufgabe, die er aus der Polemik gegen Mittelschulen entwickelt: Es sei auch dafür zu sorgen, „dass die gelehrten Schulen nicht bloss lateinische seyen, sondern der historische und mathematische Unterricht gleich gut und sorgfältig mit dem philologischen behandelt werde. Gegenwärtig, wo es sehr oft daran mangelt, entsteht der Nachtheil, dass derjenige, welcher für Sprachunterricht weniger Sinn hat, entweder die Schule zu früh verlassen oder unnütz auf derselben verweilen muss" (HS 4, 174). Das heißt aber auch, mit anderen Worten: Das Gymnasium übernimmt zum Teil die Fächer der Realschulen. Es beruht nicht nur auf Latein und Griechisch, sondern fördert ebenso die ‚historischen' und ‚mathematischen' Fähigkeiten. Wer das Gymnasium wählt, hat sich damit nicht für eine ‚linguistische' Richtung, sondern für eine Allgemeinbildung mit drei Säulen entschieden.

Damit verbunden ist freilich auch eine Reform des lateinischen (und griechischen) Sprachunterrichts, der einen klarer ‚linguistischen' Zuschnitt erhält, weil mit dieser Art von Bildung ja ein bestimmtes, philosophisch definierbares Lernziel anvisiert wurde. Dieser Bereich der ‚linguistischen' Bildung ist für den Sprachforscher Humboldt zentral, aber nicht als Kenntnisvermittlung, sondern als Bildung, als Förderung von Fähigkeiten, die für jeden Menschen wichtig sind. Allerdings machen sie eben nur einen Bereich neben dem ‚historischen' und ‚mathematischen' aus, und im Sinne der allseitigen Menschenbildung ist es Aufgabe des Lehrers, auch für die Förderung und Entwicklung der schwächeren Fähigkeiten eines Schülers zu sorgen.

Das Doppelpapier des *Königsberger* und des *Litauischen Schulplans* enthält nicht nur Ausführungsbestimmungen für den jeweiligen Geltungsbereich nach Maßgabe der am jeweiligen Ort vorfindlichen Einrichtungen, sondern auch Überlegungen zur Stundenzahl (höchstens 36 Wochenstunden für Schüler, höchstens 24 für Lehrer), zur Versetzung, zum Schulgeld und zum Prüfungswesen. Reifezeugnisse sollen nicht vor dem vollendeten 18. Lebensjahr vergeben werden. Und diese sollten dann zur Voraussetzung für den Universitätsbesuch werden, wenngleich diese Regelung in Preußen erst 1834 allgemein durchgesetzt werden konnte.

Zum Studium an Universitäten, also auf der dritten Stufe der Bildung, finden sich in dieser Schrift schlagende Bemerkungen: „Der Schüler ist reif, wenn er so viel bei andern gelernt hat, dass er nun für sich selber zu lernen im Stande ist" (HS 4, 170). Humboldt vertritt einen klaren Dreischritt der Schulformen: Im Elementarunterricht wird das Kind so weit vorangebracht, daß es einem Lehrer folgen kann. Im Schulunterricht wird der Schüler so weit gefördert, wie man ihn durch einen Lehrer bringen kann. Der Lehrer arbeitet gewissermaßen daran, sich selbst entbehrlich zu machen. Und die Dozenten an Universitäten sind dann gar keine Lehrer mehr: „Darum ist auch der Universitätslehrer nicht mehr Lehrer, der Studirende nicht mehr Lernender, sondern dieser forscht selbst, und der Professor leitet seine Forschung und unterstützt ihn darin. Denn der Universitätsunterricht setzt nun in Stand, die Einheit der Wissenschaft zu begreifen, und hervorzubringen, und nimmt daher die schaffenden Kräfte in Anspruch. Denn auch das Einsehen der Wissenschaft als solcher ist ein, wenn auch untergeordnetes Schaffen. Daher hat der Universitätsunterricht keine Gränze nach seinem Endpunkt zu, und für die Studirenden ist, streng genommen, kein Kennzeichen der Reife zu bestimmen. Ob, wie lange, und in welcher Art derjenige, der einmal im Besitze tüchtiger Schulkenntnisse ist, noch mündlicher Anleitung bedarf? hängt allein vom Subject ab. Das Collegienhören selbst [also der Besuch von Vorlesungen] ist eigentlich nur zufällig; das wesentlich Nothwendige ist, dass der junge Mann [an die junge Frau wurde noch nicht gedacht!] zwischen der Schule und dem Eintritt ins Leben eine Anzahl von Jahren ausschliessend dem wissenschaftlichen Nachdenken an einem Orte widme, der Viele, Lehrer und Lernende in sich vereinigt" (HS 4, 170 f.).

Das humanistische Gymnasium
Humboldt gilt als Begründer des humanistischen Gymnasiums nicht nur in Preußen, sondern auch in Deutschland. Und das war er auch. Freilich gehört zu dieser Einschätzung, daß er ältere Bestrebungen des Neuhumanismus zu bündeln vermochte und daß Männer gleicher Gesinnung in anderen deutschen Staaten seinen Impuls aufnahmen. Vor allem aber wurde sein Werk in Preußen nach seinem Ausscheiden aus dem Amt fortgeführt von das gleiche Anstrebenden wie Johann Wilhelm Süvern und Johannes Schulze.

‚Humanistisches Gymnasium', das hieß neben der Idee der allgemeinen Menschenbildung auch die Erkenntnis, daß Sprache entscheidend sei für das Denken und daß die Auseinandersetzung mit den alten Sprachen, neben Latein vor allem Griechisch, eine umfassende Bildungsbedeutung habe, also formale Denkschulung liefere, nicht nur Orientierung am griechischen Ideal der Kalokagathie, der körperlichen wie geistigen Vortrefflichkeit. Gewiß, wir haben schon gehört, daß Humboldt die Griechen verehrte als ‚ganze Menschen' und ein Bildungsideal vertrat, zu dem im Sinne Goethes und Schillers auch das Schöne, eine umfassende ästhetische Erziehung gehörte. Aber es bleibt doch festzuhalten, daß damit keinesfalls ein Unterricht in bildender Kunst verbunden war, auch nicht in Musik oder Tanz, und schon gar nicht in Leibesübungen. Das Griechenideal der Goethezeit war sprachlich orientiert. Für Humboldt kamen noch Freiheit hinzu und Individualität.

Wie ließ sich das in ein Curriculum umsetzen? Es war im wesentlichen Humboldts Mitarbeiter Johann Wilhelm Süvern, der, da er bis 1818 im Amt verblieb, in Kontinuität für die Durchsetzung der Humboldtschen Ideen tätig sein konnte. Unter Süvern wurde das humanistische Gymnasium in Preußen formalisiert und für mehr als 100 Jahre in seiner Struktur festgeschrieben. Er konzipierte ein zehnklassiges Gymnasium mit aufsteigenden Klassennummern: In Sexta, Quinta und Quarta verblieb ein Schüler im Regelfall je ein Jahr; Tertia und Sekunda wurden auf zwei Schuljahre ausgedehnt und Prima gar auf drei (später, 1837, verkürzt auf zwei). Hauptfächer waren Latein, Griechisch, Deutsch und Mathematik, wobei die alten Sprachen eine besonders hohe Wochenstundenzahl erhielten. Alle Realfächer und auch die modernen Fremdsprachen wurden stundenmäßig gekürzt.

Die preußische Gymnasialbildung des 19. Jahrhunderts bestand also wesentlich in der Erlernung der alten Sprachen. Neuere Sprachen wurden ebenfalls gelehrt, aber mit geringerer Emphase: Die Argumente für Französisch oder Englisch konnten leicht jenen Geruch der Nützlichkeit annehmen, den man gerade vermeiden wollte. Anders verhält es sich mit der Muttersprache: Die Entwicklung des

19. Jahrhunderts brachte ein bis dahin unbekanntes Wertlegen auf die Beschäftigung mit deutscher Sprache und Literatur, wofür es mehrere Schichten der Begründung gab. Das Gymnasium verstand sich als Schule der Menschheit, aber auch als Schule der Nation. Trotzdem fällt auf, daß Deutschunterricht nicht schon zur Zeit der Befreiungskriege gefördert wurde, sondern eigentlich erst seit den 1840er Jahren. Das hängt zum Teil damit zusammen, daß mittlerweile ein Bewußtsein dafür entstanden war, daß nun auch Deutschland seine klassische Literatur hervorgebracht habe, als deren Größen Klopstock, Lessing, Herder, Schiller und Goethe kanonisiert worden waren. Die Beschäftigung mit Literatur gewann dadurch eine zusätzliche Dimension, daß man etwa Dramen Goethes stoffgleichen Dramen des Aischylos und des Sophokles gegenüberstellen konnte oder Fabeln Gellerts und Lessings Fabeln Äsops. Die Nobilitierung der Literatur in der eigenen Muttersprache geschah zum Teil durch solche Vergleiche klassischer Höhen in verschiedenen Epochen. Daneben ging es um die Ursprünge der eigenen Nationalkultur: Das Nibelungenlied war 1807 durch Friedrich Heinrich von der Hagen ‚erneut' worden; nach den tastenden Bemühungen des 18. Jahrhunderts bemächtigte man sich nun zunehmend der Minnesänger und weiterer Literatur des Mittelalters. Das historistische 19. Jahrhundert fand sein romantisches Behagen gerade auch in der germanischen Vormoderne.

Während das Gymnasium als Schule allgemeiner Menschenbildung von Humboldt und Süvern als entscheidender Kern eines gestuften, streng aufeinander bezogenen Bildungssystems projektiert worden war, standen die niederen Schulen und auch die späteren Bürger- und Realschulen unter dem Einfluß der Städte und Gemeinden; in diesem Sektor gelang es dem Staat nicht, von oben nach unten verwaltungsmäßig durchzugreifen. Wirklich komplett in staatlicher Hand war letztlich nur das Gymnasium. Es wurde in seinem Aufbau, seinem Lehrplan, seiner Klassenstruktur, seinem Prüfungswesen sowie der Ausbildung des Lehrkörpers in Preußen einheitlich durchgestaltet (mit Ausstrahlung auf die übrigen deutschen Staaten).

Auffallend ist dabei (im Vergleich mit der späteren Entwicklung) vor allem, daß das Abitur zwar als höchste Qualifikation nach neun oder zehn Jahren erreichbar war, daß das Gymnasium aber nicht darauf zielte, alle Schüler dorthin zu bringen. Es war vielmehr charakteristisch für das Gymnasium des 19. Jahrhunderts, daß es auch mit Abgängern nach der Obersekunda, Untersekunda und sogar Obertertia rechnete. Gymnasialbesuch führte also nicht unbedingt zu einem vollen ‚Zeugnis der Reife', sondern möglicherweise zu einem ebenfalls zertifizierten Abschluß auf der jeweils für ein Individuum erreichbaren Stufe. Solche Abgangszeugnisse berechtigten zwar nicht zur Universität, aber zu gewissen Karrieren bei Post und Bahn, im Forst- und Bauwesen sowie als Apotheker. Indem das 19. Jahrhundert zu einem starken Ausbau der technisch-industriellen Fachschulen, Polytechnica und Technischen Hochschulen führte, wurden solche Abschlüsse ihrerseits wertvoll und verwertbar. Ein vorzeitiger Abgänger vom Gymnasium mußte nicht zwangsläufig als Versager dastehen; gleichzeitig ließ er die weiterstrebenden Altersgenossen natürlich mit einem Gefühl höherer intellektueller Befähigung und einem Selbstbewußtsein der Zugehörigkeit zur Elite zurück.

Die Möglichkeiten des Abgangs vom Gymnasium auf verschiedenen Stufen waren nicht nur für berufliche Aussichten in verschiedenen Karrieren interessant, sondern auch wegen des Zugangs zum Militär. Die ‚Gebildeten' hatten sich frühzeitig das Privileg eines auf ein Jahr verkürzten Militärdienstes gesichert, verbunden mit dem Rang eines Reserveoffiziers. Dieses Vorrecht blieb nicht an das Abitur gebunden, sondern wurde zeitweise (1822–1859) auch schon Gymnasiasten bei Besuch der Untertertia verliehen. Ein Schulabbrecher hatte also immer noch einen Vorteil, wenn er vom Gymnasium kam, und es wurde ihm zusätzlich die Option einer militärischen Laufbahn eröffnet. Durch diese Verflechtung von Bildung und Aufstieg erlangte das preußische Gymnasium des 19. Jahrhunderts eine gesellschaftlich zentrale Position: Alle Karrieren der Juristen, Mediziner, Theologen, Professoren, in der Kirche und in der Staatsverwaltung sowie im Militär (in den höheren Chargen) gingen nur durch das Gymnasium. Dieses integrierte auch den Adel, der früher seine eigenen Bildungswege gekannt hatte, und die (wenigen) sozialen Aufsteiger. Auch in dieser Hinsicht konnte sich das Gymnasium als Ort allgemeiner Menschenbildung und als Schule der Nation begreifen.

Die Gründung der Universität Berlin

Wenn in öffentlicher Rede vom ‚Mythos Humboldt' oder vom ‚Modell Humboldt' die Rede ist, meint man damit die Institutionalisierung der höheren Bildung, wie sie in der Gründung der Universität Berlin ihren Gipfel fand und mit den Schlagworten ‚Einheit von Forschung und Lehre' und ‚Einsamkeit und Freiheit' kenntlich gemacht ist.

In der Frühen Neuzeit wollte jedes Territorium seine eigenen Juristen und Theologen ausbilden und diese Ausbildung unter Kontrolle halten. Dementsprechend waren auch in Brandenburg-Preußen sowie in den damit verbundenen Landesteilen Universitäten gefördert worden, die nun, im Umbruch der napoleonischen Epoche, teils überhaupt eingegangen waren, teils Territorien zufielen, die von Preußen abgetrennt wurden. Die Universitäten in Duisburg und Erlangen beispielsweise gehörten nun zu anderen Staaten, vor allem aber war der Verlust der 1696 als erste Musteruniversität der Aufklärung gegründeten Universität Halle schmerzlich, die nun zum ‚Königreich Westphalen' gehörte, in dem Napoleon seinen Bruder Jérôme zum König gemacht hatte. Bei Preußen waren verblieben: Königsberg, Frankfurt an der Oder und Breslau, allesamt zweitrangige Institutionen. Und diese alten Landesuniversitäten waren im 18. Jahrhundert verkommen: weil sich Tendenzen zur Familienuniversität nicht aufhalten ließen (wie Handwerksmeister suchten Professoren ihre Söhne oder Schwiegersöhne zu Nachfolgern zu machen), weil Studenten in unreifem Alter hauptsächlich an Fechten und Pokulieren interessiert waren und weil Universitäten geistlose Lernfabriken geworden waren. Hier Abhilfe zu schaffen gehörte zu den vordringlichen Amtsaufgaben des Chefs der Sektion für Kultus und Unterricht.

Aber es gab ja noch andere Institutionen der Wissenschaft: insbesondere die Akademien, aber auch gelehrte Gesellschaften, die gerade im Zeitalter der Aufklärung eine Blütezeit erlebten. In Berlin existierte die Königliche Akademie der Wissenschaften, die von Leibniz im Jahre 1700 als Sozietät gegründete Institution, die zeitweilig völlig französisch dominiert war und nun eine Reorganisation benötigte. Insbesondere aber ging es darum zu klären, welche Stellung die zu Fachhochschulen herangereiften Spezialeinrichtungen verschiedener Fachgebiete künftig einnehmen sollten: In Berlin gab es etwa ein hochberühmtes medizinisch-chirurgisches Collegium und eine Bau- und Bergbauschule von Rang, aber auch weitere Einrichtungen, die sich um eine spezialisierte Lehre zumeist technologischer Fächer bemühten. Der 1802 vorgelegte Plan des damaligen Ministers Julius von Massow setzte ganz auf solche Spezialschulen: Sie schienen dem Zeitgeist der Aufklärung zu entsprechen, einem ausgeprägt fachlichen Wissenschaftsideal in Verbindung mit dem Gedanken der Nützlichkeit für den Staat. Außerdem waren sie Teil der Bestrebungen in Frankreich, wo man ja wohl die progressivsten Entwicklungen einer Nation sehen mußte. Andere deutsche Staaten hatten teilweise schon diese Richtung eingeschlagen: Braunschweig, Kassel, Stuttgart und Karlsruhe besaßen bereits Vorläuferinstitutionen der späteren Fachhochschulen und Technischen Universitäten. Massow freilich war entlassen worden wegen Kollaboration mit Napoleon. So schienen sich Möglichkeiten für neue Überlegungen abzuzeichnen. Der König erteilte 1807 einen Auftrag zur ‚Errichtung höherer wissenschaftlicher Lehranstalten in Berlin'. Der Ausdruck ‚Universität' war dabei vermieden worden; das Konzept war offen. Wie mit den Spezialschulen, wie mit der Akademie der Wissenschaften zu verfahren sei, blieb in der Schwebe.

In dieser Situation meldeten sich verschiedene Männer mit Projekten: der Philosoph Johann Gottlieb Fichte, der im Zuge des ‚Atheismusstreits' aus Jena verwiesen worden war, mit einem *Deduzierten Plan einer zu Berlin zu errichtenden höhern Lehranstalt, die in gehö-*

riger Verbindung mit einer Akademie der Wissenschaften stehe (philosophisch, aber unter starker Betonung der staatlichen Leitungsfunktion), der ebenfalls aus Jena nach Berlin gekommene königliche Leibarzt Christoph Wilhelm Hufeland mit seinen *Ideen über die neu zu errichtende Universität zu Berlin und ihre Verbindung mit der Akademie der Wissenschaften und andern Instituten* (stärker auf zweckmäßige Organisation der Fachbildung ausgerichtet), schließlich vor allem der Theologe Friedrich Daniel Ernst Schleiermacher mit der Schrift *Gelegentliche Gedanken über Universitäten im deutschen Sinn* und Wilhelm von Humboldt mit *Über die innere und äußere Organisation der höheren wissenschaftlichen Anstalten in Berlin*. Dabei mußten selbstverständlich die Erfahrungen der Beteiligten einfließen; man hat geradezu von einer „Institutionalisierung des Ideals von Jena" gesprochen (Theodore Ziolkowski). Humboldt und Schleiermacher hatten als philosophische Vorlage Immanuel Kants Spätschrift *Der Streit der Fakultäten* (1798), in welcher der Vorrang der Philosophischen Fakultät begründet worden war und die höhergestellten Fakultäten der Juristen, Mediziner und Theologen als nicht allein der Wahrheit, sondern auch dem Nutzen für den Staat verbundene in eine neues Verhältnis gesetzt worden waren. In der vorangehenden Epoche hatte die Fächergruppe, die zur Philosophischen Fakultät zusammengefaßt war, im wesentlichen Propädeutik geboten: eine Vorstufe zu den ‚höheren' Wissenschaften. Nun sollte sie zum Zentrum einer reformierten Universität aufgewertet werden – ein Gedanke, den Fichte, Schleiermacher und Humboldt sich zueigen gemacht haben. Schleiermacher unterschied sich von Fichte dadurch, daß er die Universität möglichst vom Staat unabhängig sehen wollte – was auch Humboldt, der eingefleischte Liberale, verfocht und sogar durch eine Sicherung der wirtschaftlichen Autarkie der neuen Universität verankern wollte (was er nicht durchzusetzen vermochte). Schleiermachers Projektskizze beinhaltete die grundlegend wichtige Idee einer Universitätsverfassung, welche die alten Einrichtungen Rektor und Senat, die vielen als Teil der heruntergekommenen Universität alten Zuschnitts erschienen, nicht nur beibehalten, sondern in neuem Geiste revitalisieren wollte. Sie sollten zum Zentrum einer weitgehend autonom arbeitenden Universität werden, die möglichst von staatlichen Direktiven frei gehalten werden sollte. Bemerkenswert, daß Humboldt, also die fachlich zuständige staatliche Spitze, ein eingreifendes Wirken des Staates nur für die ursprüngliche Einrichtung und organisatorische Gestaltung vorsah, dann aber die Berufungen den Kommissionen der Universität selber überlassen wollte, welche nur staatlicher Bestätigung bedurften.

Bei der Standortfrage, ob nun in Berlin oder anderswo, kam den vorhandenen und bereits in der preußischen Hauptstadt angesiedelten Institutionen Bedeutung zu: der Akademie der Wissenschaften, den Sammlungen und den Kollegien. Nach Schleiermachers Vorstellung wäre die Akademie etwas Höheres gewesen als die Universität, die Krönung des gesamten Bildungswesens. Humboldt dagegen setzte auf eine klare Dreigliederung: Über der Elementarschule und dem Gymnasium sollte es als entscheidende Stufe nur die Universität geben. Dazu mußte also die vorhandene Akademie in ein Verhältnis gesetzt werden. Insbesondere war es die normative Idee der Einheit von Forschung und Lehre, welche die Universität zum zentralen Ort des forschenden Lernens und der angeleiteten Forschung machen sollte. Die Universität sollte, so auch Schleiermachers Plan, die ‚Idee der Wissenschaft' verwirklichen, anders gesagt: alle an der Universität Tätigen darauf verpflichten, alles aus dem Gesichtspunkt der Wissenschaft zu sehen. (Das bedeutet implizit: frei von Nützlichkeitserwägungen, frei von direkter Berufsvorbereitung, frei von Indienstnahme durch Staat oder Kirche.) Daraus wurde die Philosophische Fakultät als zentrale begründet: Hier sollten die Studierenden wissenschaftlich geschult werden, wobei zwischen Studenten und Professoren nur der eine Unterschied sein sollte, daß Studenten unter Anleitung forschten, Professoren aber selbständig.

Ein weiteres Element im Reformprojekt Schleiermachers und dann auch Humboldts war das ‚Seminar' als Institution: eine (wörtlich übersetzt) ‚Pflanzschule', in der junge ‚Gewächse' gezogen werden sollten. Solche Ansätze zu Seminargründungen für Pfarrer und Lehrer hatte es im 18. Jahrhundert bereits in Leipzig durch den Altphilologen Johann August Ernesti und in Göttingen durch Christian Gottlob Heyne gegeben. Humboldt hatte in Göttingen studiert und fand das Seminarmodell zukunftsweisend. Die Ansätze solcher Seminare in den Geisteswissenschaften wurden dann, als sich im Laufe des 19. Jahrhunderts die Naturwissenschaften zunächst innerhalb der Philosophischen Fakultät, dann aus dieser herauswachsend etablierten, zu einer wichtigen Organisationsform für Physik, Chemie und Biologie. Der Experimentierbetrieb des forschenden Lernens konnte sich gerade im Rahmen von Seminaren oder Instituten entsprechend entwickeln. Zum ‚Humboldt-Modell' gehörte also schließlich auch die Seminar-Idee.

Humboldt stand in der entscheidenden Organisationsphase an der strategisch wichtigsten Stelle und vermochte, auch gegen den Willen des Königs, grundsätzliche Entscheidungen wie die gegen Fachhochschulen durchzusetzen. Außerdem gelang es ihm, ein repräsentatives Gebäude für die neue Universität in Berlin zu akquirieren, das nicht erst gebaut werden mußte, sondern schon dastand: das ‚Prinz-Heinrich-Palais' unter den Linden. Dieses klassizistische Schloß an zentraler Stelle in der Hauptstadt, das für den Bruder Friedrichs des Großen errichtet worden war, wurde zum Ausgangspunkt für den Aufstieg der Universität Berlin und zum Symbol preußischer Attraktivität für die gesamte deutsche Wissenschaft des 19. Jahrhunderts.

Schließlich gelang Humboldt noch der Coup, die Einrichtungen, die der Akademie der Wissenschaften gehörten, dieser zu entfremden und der neuen Universität zuzuordnen: medizinische Fakultät, Bibliothek, Sternwarte, botanischer Garten und verschiedene spezielle Sammlungen. Er begründete dies in seinem Projekt damit, daß diese erst recht nützlich würden durch die Verbindung mit der Lehre, durch Einbeziehung in den Unterricht an der Universität.

Um den Erfolg Humboldts als Reorganisator des preußischen Bildungswesens und als Begründer der Universität Berlin, die zum Vorbild für Deutschland und die Welt im 19. Jahrhundert werden sollte, vollständig zu machen, brauchte er Persönlichkeiten, die bereit waren, sich der erst im Aufbau befindlichen Institution zur Verfügung zu stellen, und die auch für Studenten von außerhalb attraktiv waren. Hier konnte Humboldt mit dem Pfund wuchern, daß er nicht nur in Politik und Diplomatie bewandert war, sondern auch durch seine eigene Persönlichkeitsentwicklung wesentlich selber als Gelehrter gelten konnte – eine Konstellation, die in der Geschichte der Universitäten nur höchst selten eingetroffen ist. Zwar hatte Humboldt, wie wir gesehen haben, zu dieser Zeit erst wenige Werke von Geltung und Rang abschließen und veröffentlichen können, doch war er so gut vernetzt und in der Gelehrtenrepublik so angesehen und anerkannt, daß seinem Ruf auch Männer folgten, die andernfalls gezögert oder am Bestand und Aufkommen des kriegsdezimierten preußischen Staates gezweifelt hätten. So konnte Humboldt bei Gründung der Universität Berlin 1810 die stolzeste Berufungsliste vorlegen, die je ein Kultusminister zu präsentieren hatte: Auf ihr standen zum Beispiel der Philosoph Johann Gottlieb Fichte (Hegel kam 1818 nach Berlin), die Theologen Friedrich Daniel Ernst Schleiermacher und Wilhelm Martin Leberecht de Wette, der Mediziner Christoph Wilhelm Hufeland, der Agronom Albrecht von Thaer, der Althistoriker Barthold Georg Niebuhr, der Jurist Friedrich Carl von Savigny und der Altphilologe Philipp August Boeckh. (Friedrich August Wolf war an der Akademie der Wissenschaften tätig.) Ihnen reihten sich in den folgenden Jahren und Jahrzehnten so viele klangvolle Namen an, daß es bald als Auszeichnung für Professoren anderer Universitäten galt, nach Berlin berufen zu werden, um dort ihre Karriere zu krönen.

11 EUROPÄER UND KOSMOPOLIT

DIPLOMAT UND MINISTER FÜR STÄNDISCHE ANGELEGENHEITEN (1810–1819)

Gescheitert?
Wenn man die langfristige Wirkung bedenkt, die Humboldts Tätigkeit als Chef der Sektion für Kultus und Unterricht im Ministerium des Innern gehabt hat, erscheint es rätselhaft, daß er diesen Posten nach nur 16 Monaten schon wieder verließ. In seiner Umgebung gab es nicht wenige, die ihm rieten, doch auf jeden Fall zu bleiben, um den dauerhaften Erfolg der Reorganisation der Bildungseinrichtungen Preußens zu sichern. Warum wollte der erfolgreiche Spitzenbeamte schon nach so kurzer Zeit aufgeben? Man konnte sich keinen anderen Grund denken als Unentschlossenheit und mangelnde Durchsetzungsfähigkeit eines Gelehrten, der eben kein Politiker war.

Dazu muß man sich in Erinnerung rufen, daß Humboldt von Anfang an der Meinung war, er sei nur dazu berufen worden, die „erste Organisation" des Bildungswesens anzuleiten (WCB 3, 48). Er hatte nie die Absicht, für lange Zeit als untergeordneter Beamter zu dienen. Einsatz im Dienste der Bildung für den preußischen Staat: ja, auch unbegrenzt hinsichtlich seiner Arbeit, ohne Rücksicht auf eigene Bequemlichkeit und Opportunität – aber nur in leitender Funktion. Er glaubte diese Leistung nur erbringen zu können, wenn man ihm Anerkennung erwies, indem man ihm freie Hand ließ. Als diese Konstellation nicht mehr gegeben war, zog er sich zurück. Er hatte, wenn man so will, den Kairos der preußischen Staatskrise ergriffen, um zu wirken, und strebte danach wieder in sein beschauliches Leben zurück. Mit erstaunlicher Häufigkeit ist in den Briefen aus diesen Monaten von ‚Ehre' die Rede; er glaubte, es seiner ‚Ehre' schuldig zu sein, nur dann weiter dienen zu dürfen, wenn er auch mit einem seinen Vorstellungen entsprechenden Einfluß honoriert wurde.

Diese psychologische Grundeinstellung wurde versteift durch eine politische Prinzipienfrage, in der er sich festgelegt hatte: Wie er auf Anraten des Freiherrn vom und zum Stein in die Regierung eingetreten war, so fühlte er sich auch verpflichtet, dessen Organisationsidee eines kollegialen Staatsrates durchzusetzen. Immer wieder rekurrierte er auf jenes königliche Patent, in dem dies zugesagt war, und mochte sich nicht damit abfinden, daß der schwache König sich von anderen in gegenteiliger Richtung beeinflussen ließ. Man kann diese in allgemeiner Weise als ‚reaktionäre Kräfte' bezeichnen; konkret ging es aber auch um die Minister und insbesondere den Staatskanzler, deren Entscheidungsgewalt durch ein solches Kollegialorgan beschränkt worden wäre. Die Durchsetzung war letztlich eine Frage der Macht, des politischen Gewichtes der beteiligten Persönlichkeiten. Und der neue Staatskanzler hieß Karl August von Hardenberg.

Als sich abzeichnete, daß der König sein Versprechen nicht halten würde, machte Humboldt seine weitere Tätigkeit davon abhängig, daß er entweder in den Rang eines Ministers aufsteigen oder der König für ihn persönlich eine Ausnahme machen würde. Er glaubte, auf die Gewogenheit des Monarchen zählen zu können, da ihm dieser im persönlichen Gespräch jede Unterstützung zugesagt hatte. Doch Friedrich Wilhelm III. war ein schwacher König, der stärkeren Pressionen unterlag. Und Humboldt war nicht der Machtmensch, der er dafür hätte sein müssen, weil ihm im Hintergrund immer ein beschauliches Leben, eine Wirksamkeit als Gelehrter und Privatmann allzu verlockend erschien. Er grübelte darüber nach, „ob nicht manches

Schöne langsam untergeht, was nur aus der Gekehrtheit in sich, aus innerer Einsamkeit entsteht" (LW, 512). Wo andere Beamte schlicht durch Notwendigkeit im Amt bleiben mußten, weil der Lebensunterhalt daran hing, fühlte sich Humboldt als adliger Privatmann frei und unabhängig genug, auch ein anderes Leben führen zu können.

Es kam hinzu, daß damals erneut eine Krise an der Spitze des Staates eingetreten war, welche zum freiwilligen Rücktritt mehrerer Minister geführt hatte, mit denen Humboldt auch freundschaftlich verbunden war. Der Rückzug war also in entsprechende Verhaltensweisen von Kollegen eingebettet. Damit erschien er aber nicht als persönliche Niederlage in einem Poker um die Macht, sondern als Protest der Reformkräfte gegen einen rigideren Kurs der Regierung.

In den letzten Monaten seiner Amtsführung hatte Humboldt keineswegs nachgelassen und sich vielmehr noch zusätzliche Arbeiten aufbürden lassen. Seit November 1809 war er außerdem zuständig für die Reorganisation des Medizinalwesens in Preußen, und es ist wesentlich auf seine Tätigkeit zurückzuführen, daß als Ärzte fortan nur noch solche zugelassen wurden, die Medizin studiert hatten und in diesem Fach zum Doktor promoviert worden waren, so daß man später im Deutschen ‚Arzt' und ‚Doktor' geradezu als Synonyme ansehen konnte. Die Professionalisierung der Medizin entsprang folgerichtig der wissenschaftlichen Entwicklung des 18. Jahrhunderts. Nur wenige Heilberufe am Rande konnten sich dem entziehen. Entscheidend war aber, daß nun der Staat über die Zulassung oder Nichtzulassung von Ärzten befand. Dieser Schritt erfolgte parallel zur Professionalisierung des Lehrerstandes: Auch als Lehrer sollten ja nur noch staatlich Geprüfte zugelassen werden. In seiner Regierungstätigkeit wirkte Humboldt also nicht, wie man es von dem großen Individualisten vielleicht erwartet hätte, auflösend, sondern vielmehr normierend. In seinem universalen Denken war dies jedoch vorgeprägt und konsequent: Er sah das Ganze und wollte es nach einheitlichen Prinzipien gestalten.

Ein weiteres Gebiet, auf dem man Humboldts Handschrift erkennen kann, ist die Judenemanzipation. Er positionierte sich in einer Denkschrift *Über den Entwurf zu einer neuen Konstitution für die Juden*, die an Deutlichkeit nichts zu wünschen übrigläßt: „Auch soll der Staat nicht gerade die Juden zu achten lehren, aber die inhumane und vorurtheilsvolle Denkart soll er aufheben, die einen Menschen nicht nach seinen eigenthümlichen Eigenschaften, sondern nach seiner Abstammung und Religion beurtheilt und ihn, nicht wie ein Individuum, sondern wie zu einer Race gehörig und gewisse Eigenschaften gleichsam nothwendig mit ihr theilend ansieht. Dies aber kann der Staat nur, indem er laut und deutlich erklärt, dass er keinen Unterschied zwischen Juden und Christen mehr anerkennt" (HS 4, 97). – Das entsprechende preußische Edikt von 1810 war durchaus epochal. Wir erinnern uns an Humboldts persönliche Beziehungen zum Kreis um Moses Mendelssohn, Marcus und Henriette Herz, David Friedländer und andere. Von Jugend an blieb er in dieser Frage vorurteilslos (im Gegensatz übrigens zu seiner Gattin), die rechtliche Gleichstellung der Juden bedeutete für ihn eine schlichte Selbstverständlichkeit. Zumal die Französische Revolution hier vorangegangen war und Napoleon eine entsprechende Politik der Egalisierung betrieben hatte. Judenemanzipation erschien in Preußen nun ebenfalls als Gebot der Stunde. Dabei ist freilich noch zu bedenken, daß eingreifende soziale Reformen in der Krisenphase des preußischen Staates ja ebenfalls die Bauern und die Städte betrafen, das Heer und die Universitäten. Gerade in dieser Umbruchsphase war auch die (weitgehende) Gleichstellung der Juden möglich, die später dann bei reaktionären Kräften auf Widerstand stoßen sollte.

Anfang Dezember 1809 nahm Humboldt Urlaub und verabschiedete sich von Königsberg, weil sein Schwiegervater gestorben war und er dringend die Erbschaftsangelegenheiten in Thüringen zu regeln hatte. Außerdem knüpfte er bei dieser Gelegenheit auch wieder engere Beziehungen zu Goethe und dem Weimarer Kreis. Als er zurück an seine Arbeit im Amt ging, befanden sich König und Hof schon wieder in Berlin, wohin sich also auch Humboldt verfügen mußte.

Dort hatte er seinen Sohn Theodor bei sich, während Caroline mit den übrigen Kindern nach wie vor in Rom weilte. Doch plante man die Zusammenführung der Familie im Norden für den Sommer des Jahres 1810. Im Machtkampf um die Einsetzung eines Staatsrates schwankte Humboldt und schrieb ihr nach Rom, falls sie die Pferde nicht schon verkauft habe, solle sie sie behalten, er würde vielleicht ebenfalls wieder nach Italien kommen.

Dieser Fall trat jedoch deshalb nicht ein, weil der König zwar nicht stark genug war, den Pressionen der Einflußreichen zu widerstehen, aber Humboldt gegenüber so weit loyal, daß er ihn auf dem Wege einer ehrenvollen Beförderung mit Rangerhöhung aus seinem Dienst scheiden ließ. Am 29. April 1810 hatte der Chef der Sektion Kultus und Unterricht sein Entlassungsgesuch eingereicht. Am 14. Juni erhielt er dafür die Ernennung zum ‚Staatsminister', allerdings nicht in der Zentrale der Regierung in Berlin, sondern als Botschafter Preußens in Wien. Daß Humboldt dafür qualifiziert war, stand außer Frage; er hatte sich in Rom auf seinem Posten beim Heiligen Stuhl bestens bewährt. Freilich: Im Unterschied zu dem seinerzeit ziemlich unbedeutenden Amt war dasjenige des Botschafters in Wien nun ein hochbedeutsames. Das seit 1804 bestehende Erbkaisertum Österreich war der wichtigste politische Partner Preußens, und es galt, eine gemeinsame Politik zu gestalten, um Napoleon zu besiegen und eine Ordnung für die Zeit nach dem Kriege zu entwerfen. Die Verhandlungen der europäischen Großmächte wurden bald überhaupt in Wien zentriert, wo 1814 bereits der Kongreß zusammentrat, der später als ‚Wiener Kongreß' weltgeschichtlichen Rang zugesprochen bekommen sollte. Die Familienzusammenführung der Humboldts geschah deshalb in der österreichischen Hauptstadt; Humboldt und sein Sohn Theodor trafen dort am 22. September 1810 ein, seine Gattin mit den übrigen Kindern aus Rom am 21. Oktober.

Leben in Wien

Auf der Reise nach Wien hatte Humboldt an seine Frau geschrieben: „Von Wien verspreche ich mir zwar nicht gerade goldene Berge. Das Leben in Rom kehrt für uns nicht wieder, wir müssen mehr gesellschaftliche Langeweile übernehmen, als uns sonst je lieb gewesen ist. Aber alles dessen ungeachtet bleibt immer die Lage in Wien die leidlichste von allen, wenn wir einmal wünschten, daß ich noch wenigstens einige Jahre im Dienst wäre, und das war wirklich in öffentlicher und Privathinsicht gut" (WCB 3, 459). Wir wissen schon, daß Humboldt, der Herold der Einsamkeit, auch die „gesellschaftliche Langeweile" zu nutzen wußte, die er als Botschafter in Wien erwartete; wie in Paris und in Rom hielt die Familie Humboldt in großem Stile Haus und hatte stimulierenden Umgang mit einer Fülle von Menschen: nicht nur Diplomaten, auch Gelehrten und Künstlern. Was er vielleicht anfangs noch nicht erkennen konnte: daß sich gerade in diesen Jahren in Wien die Elite der deutschen Kultur zusammenfinden sollte (wenn Humboldt auch von der Blüte der Musik im Wien Beethovens nichts bemerkte). Sein Jugendfreund Friedrich (von) Gentz stand inzwischen in Diensten Österreichs; er traf ihn wieder als rechte Hand Metternichs. Der Sohn seines Dresdener Freundes Christian Gottfried Körner, der als Dichter und Mythos der Freiheitskriege Ruhm erlangende Theodor Körner, wohnte zeitweilig bei Humboldts. Friedrich Schlegel hielt öffentliche Vorlesungen über Literatur; er war inzwischen in österreichische Dienste getreten und ebenso wie seine Dorothea (die Humboldt in seiner Jugendzeit als Brendel Veit gekannt hatte) katholisch geworden. Natürlich ergaben sich auch Beziehungen zu gesellschaftlich hochgestellten Persönlichkeiten: zu Metternich selber, zum Fürsten von Ligne, zur Fürstin Bagration und zur Herzogin von Sagan. Humboldt verkehrte mit vielerlei Menschen, nahm Anregungen auf, fand und vertrat eigene Positionen. Die Begegnungen, die er als junger Mann auf Reisen hatte suchen müssen, kamen nun zu ihm und drängten sich ihm auf. Das Haus der Humboldts am Minoritenplatz in Wien wurde zum gesellschaftlichen Treffpunkt; der preußische Botschafter und seine gebildete Gemahlin bildeten einen Punkt der Attraktion.

In den ersten beiden Jahren hielten sich die diplomatischen Anforderungen noch in Grenzen; Humboldt konnte sein aus Rom gewohntes Leben mit Muße für private und gelehrte Tätigkeiten wiederaufnehmen. In dieser Zeit erst vollendete er die metrische Übersetzung des *Agamemnon*. Er ging auch seiner durch die Basken angestoßenen Beschäftigung mit Sprachen nach; er nutzte den Standort Wien, um sich mit dem Ungarischen vertraut zu machen (wie etwas später in Prag dann mit dem Tschechischen). Sein Bruder Alexander hielt sich einige Zeit zu Besuch in Wien auf, was zu intensiverer Beschäftigung mit den amerikanischen Sprachen anreizte.

Im Juli und August des Jahres 1812 waren noch eine ausgedehnte Urlaubsreise nach Böhmen und ein Zusammentreffen mit Goethe in Karlsbad sowie eine Reise nach Thüringen möglich. Doch gegen Ende des Jahres 1812 erreichten die politisch-militärischen Ereignisse eine Dringlichkeit, die den Botschafter Preußens beim Kaiser in Wien zunehmend beanspruchte.

Diplomat im Befreiungskrieg 1813

Als Diplomat hatte Humboldt in Wien zunächst, bei aller persönlichen Wertschätzung, die ihm von allen Seiten entgegengebracht wurde, keinen leichten Stand. Denn er galt, nachdem er sich auch noch in Prag mit dem Freiherrn vom und zum Stein getroffen hatte, als Repräsentant der liberalen Reformer. Kaiser Franz I. und sein Außenminister Metternich begegneten solchen Männern mit Mißtrauen. Der Kaiser fand ohnehin, daß die Steinschen Reformen nur Jakobinismus mit anderen Mitteln waren. Aber auch in Preußen selbst genoß Humboldt kein bedingungsloses Vertrauen, weil ihn Hardenberg anfangs mißtrauisch beäugte. Ein klärendes Gespräch bei seinem Aufenthalt in Berlin im Sommer 1812 half hier weiter; Humboldt gewann zunehmend das Vertrauen des Staatskanzlers, nachdem sich seine Prognosen als richtig erwiesen hatten. Zumal Hardenberg zunächst die Steinschen Reformen fortführte, so daß keine grundsätzliche Differenz bestehen mußte.

Napoleon schien sich damals zum Herrscher über Kontinentaleuropa aufzuschwingen, und militärisch geschlagenen und gescheiterten Staaten wie Preußen und Österreich blieb wenig anderes übrig, als sich ihm anzuschließen. Gegen Humboldts Wunsch wurde also am 24. Februar 1812 ein Bündnis zwischen Preußen und Frankreich geschlossen; 20.000 Mann preußischer Soldaten verstärkten schließlich die Armee Napoleons, die nach Rußland zog. Österreich vollzog denselben Schritt am 14. März und stellte 30.000 Mann. Während diese *Grande Armée* im Juni 1812 russischen Boden betrat und zunächst fast ungehindert vorrückte, kam die Wende im Sommer 1812 mit dem Brand Moskaus. Zwar wichen die Russen weiter zurück, doch mußte der russische Winter die eingedrungenen Alliierten auf längere Sicht zermürben. Napoleon sah ein, daß er sich zurückziehen mußte, um möglichst vieles von dem zu retten, was er erobert hatte, und floh nach Westen. Es war nur noch eine Frage der Zeit, bis Preußen und Österreich die Fronten wechseln und den Zaren unterstützen würden. Die Koordination dieser Vorgänge gehörte nicht zuletzt auch zum Aufgabenbereich Humboldts.

Preußen schloß mit Rußland am 30. Dezember 1812 die Konvention von Tauroggen und trat am 28. Februar 1813 im Vertrag von Kalisch in das Kriegsbündnis mit dem Zaren ein. Der König wandte sich mit einer historischen Proklamation an sein Volk, um alle Kräfte zu mobilisieren und sich selbst an die Spitze der nationalen Bewegung zu stellen. In Deutschland wurde nun der Befreiungskrieg ausgerufen, und man hatte allen Grund, die Bewegung der Nation im Auge zu behalten, weil damit zu rechnen war, daß Österreich um so eher an die Seite Preußens und Rußlands treten würde, je stärker der Druck auf Frankreich würde. Für Humboldt war das nicht nur eine Frage der politischen Opportunität, sondern auch Herzenssache; nur aus Diplomatie mäßigte er sich in seinen Äußerungen (anders als seine Gemahlin, die im patriotischen Feuer loderte, ebenso wie Wilhelm von Burgsdorff). Theodor Körner schloß sich den Lützowschen Jägern an ein und fand den Tod schon im Sommer 1813. Auch der älteste noch lebende Sohn der Humboldts, der 16jährige Theodor, inzwischen Student in Heidelberg, wollte unbedingt gegen Frankreich in den Krieg ziehen, und beide Eltern billigten diesen Schritt.

Im Sommer 1813 kamen Vertreter der Mächte in Prag zu einem Kongreß zusammen, und Humboldt war dabei als Abgesandter Preußens. Er sah seine Aufgabe darin, Österreich an die Seite Preußens und Rußlands zu bringen, und damit drang er schließlich durch. In der Konvention von Reichenbach (27. Juni 1813) hatte Österreich Napoleon Bedingungen gestellt: Es werde gegen ihn in den Krieg eintreten, wenn er nicht das Großherzogtum Warschau auflöse, Illyrien an Österreich zurückgebe und Danzig an Preußen. Diese Punkte mußten für den Triumphator nicht entscheidend sein; er hätte sie annehmen können. Allerdings war er nach wie vor davon überzeugt, keinerlei Bedingungen akzeptieren zu müssen und sich in jeder offenen Feldschlacht durchsetzen zu können. Er lehnte also ab, und Österreich trat am 11. August 1813 ebenfalls in den Krieg ein.

Humboldt erklärte es für die entscheidende Leistung seines Lebens, das Bündnis von Preußen und Österreich gegen Napoleon zustande gebracht oder jedenfalls durch seine diplomatische Einflußnahme diese Entscheidung mit bewirkt zu haben. Am 11. August 1813 schrieb an seine Gattin: „Ich stehe auf dem Punkt, den ich zu erreichen wünschte. Ich habe jetzt eine wichtige Sache im Leben durchgesetzt; wenn ich das sage, meine ich indes doch nicht, daß ich sie eigentlich gemacht hätte. Andere Menschen haben ebensoviel als ich beigetragen, die Umstände mehr, und Napoleon am meisten. Allein ich bin doch eigentlich der einzige, der die Beruhigung genießt, von Anfang an die Sache keinen Augenblick verlassen zu haben; ich habe überdies immer mit demselben Geiste, seit ich nach Wien kam, gewirkt und habe auf diesen *einen* Punkt hingearbeitet und dadurch denn doch sehr die, welche am Ende handeln mußten, in das rechte Gleis geführt und darin erhalten. Mehr Verdienst maße ich mir nicht dabei an" (WCB 4, 93). Das ist mit Bescheidenheit gesprochen, aber auch mit Stolz: Das Bündnis zwischen Österreich und Preußen war sein wesentliches Ziel.

Dabei ging es selbstverständlich um die Interessen Preußens, die er ja in seinem Amt vertreten mußte; es enthielt aber auch die Einsicht in die Bedeutung des nationalen Faktors: Eine Neuordnung konnte sich Humboldt nicht vorstellen ohne einen angemessenen Rahmen für die künftige Entwicklung der deutschen Nation.

Humboldt, der für diese diplomatische Leistung von seinem König mit dem Eisernen Kreuz dekoriert wurde, mußte sich nun, nach dem Prager Kongreß, als preußischer Botschafter dem Kaiser von Österreich und seinem Heer anschließen; er erlebte also die Endphase des Befreiungskrieges hautnah mit und versäumte es auch nicht, über das Schlachtfeld von Leipzig zu gehen. Er zog über Weimar, Frankfurt, Heidelberg, Freiburg und Basel Richtung Paris. Er leitete sogar die preußische Delegation bei den Friedensverhandlungen von Châtillon Anfang Februar 1814. Hardenberg konnte sich darauf verlassen, daß er die Position Preußens gegenüber Frankreich mit Festigkeit vertreten würde. Im übrigen ging es darum, Zeit zu gewinnen, damit Feldmarschall Blücher möglichst die Sache der Preußen noch militärisch stärken könne, was ja auch gelang, da Napoleon seinerseits glaubte, daß sich erneut das Schlachtenglück zu seinen Gunsten wenden würde. Doch die preußisch-russische Armee unter Blücher siegte bei Laon und die österreichische unter Schwarzenberg bei Arcis-sur-Aube, so daß die Alliierten und Humboldt mit ihnen Anfang April 1814 siegreich in Paris einmarschieren konnten.

Denkschrift über die deutsche Verfassung 1813

Bei seinem Aufenthalt in Frankfurt am Main arbeitete Humboldt im Dezember 1813 eine *Denkschrift über die deutsche Verfassung an den Freiherrn vom Stein* aus, die grundlegenden Charakter hat und tiefe Einsichten in die politischen Verhältnisse ermöglicht. Einerseits bezeichnet die Orientierung auf den Freiherrn vom und zum Stein, seinen politischen Förderer, von vornherein eine bestimmte Tendenz; andererseits hat man auch festgestellt, daß Humboldt mit dieser Denkschrift das spätere politische Wirken Steins seinerseits beeinflußt hat.

Obwohl es sich nicht um ein offizielles Dokument handelt, kann man sagen, daß es mehr ist als eine bloße Zwischenbilanz vom Ende des Entscheidungsjahres 1813 und Grundlinien dessen enthält, was einige Jahre später dann im Deutschen Bund die Lebenswirklichkeit Mitteleuropas bestimmen sollte.

Die Situation in den Monaten nach der Völkerschlacht bei Leipzig war insofern klar, als die Niederlage der Heere Napoleons nun eine Neuordnung unabdingbar machte: Es gab keine Möglichkeit mehr, einen Status quo ante wiederherzustellen. Weder das 1806 untergegangene Heilige Römische Reich Deutscher Nation noch der Rheinbund von 1806 war ein möglicher Punkt, zu dem man zurückkehren konnte. Natürlich standen die Interessen der militärischen Sieger im Vordergrund, aber die Gedanken von Staatsmännern wie Humboldt und Stein waren doch stärker auf eine mögliche Friedensordnung für Deutschland und Europa ausgerichtet. Humboldt betont deshalb auch zu Beginn seiner Denkschrift, es gelte, „etwas Positives" zu errichten, etwas neu zu bauen – gerade deshalb, weil „man gezwungen war niederzureissen" (HS 4, 303). Anders gesagt: Während man im 18. Jahrhundert vielleicht stärker unter dem Gesichtspunkt der Machterweiterung an eine Friedensordnung herangetreten wäre, ging nun die Erfahrung der Revolution, des Bruches, in die Planungen mit ein. Die Versuchung, durch bloße Wiederherstellung zu einem Interessenausgleich zu kommen, war weniger stark, da allen Beteiligten deutlich geworden war, daß eine solche nicht möglich war. Konservatives Denken richtete sich deshalb in erster Linie darauf, eine Ordnung zu schaffen, welche Stabilität für die Zukunft bringen würde, wenn denn eine Rückkehr zum ‚guten Alten' nicht zu erreichen war.

Ein weiterer Grundansatz Humboldts bestand darin, die aktuelle Situation gewissermaßen zu transzendieren und zu verhindern, daß nur der Haß und das Rachebedürfnis gegenüber Frankreich handlungsleitend wurden. Sicherung Deutschlands gegen Frankreich war ein legitimes Bedürfnis, durfte aber nicht die Neuordnung Deutschlands bestimmen. Schließlich galt es auch in bezug auf die staatliche

Gestalt Deutschlands gleich von Anfang an mit zu bedenken, daß der Sieg über Napoleon ein Gemeinschaftswerk der Großmächte England, Rußland, Preußen und Österreich gewesen war. Die Interessen Englands und Rußlands in Mitteleuropa glaubte Humboldt damit befriedigen zu können, daß sein Vorschlag auf ein Deutschland zielte, von dem keine Möglichkeit der Machtentfaltung nach außen ausging. England und Rußland sollten Garantiemächte der Neuordnung Deutschlands werden, aber mit eng umgrenzten Rechten, die ihnen beispielsweise eine Intervention in die inneren Angelegenheiten Deutschlands von vornherein unmöglich machten.

Die Freiheitskriege waren nicht nur Befreiungskriege vom napoleonischen Joch, sondern gleichzeitig Kriege für die Freiheit, also für bürgerliche Rechte und Mitwirkung der Bürger am Staat. Bei Humboldt spielte dieser Gesichtspunkt insofern eine Rolle, als er sich stets für den Verfassungsgedanken einsetzte. Mit der Neuordnung zu verknüpfen war seiner Meinung nach eine Verfassung, und er hatte dabei das Verfassungsversprechen des preußischen Königs im Hintergrund. Humboldt hegte keinen Zweifel am monarchischen Gedanken und konnte sich, wie Metternich, eine Neuordnung Europas nicht anders vorstellen als auf der Basis von Monarchien. Die Macht der Souveräne sollte jedoch beschränkt werden durch Parlamente. Dieser Grundgedanke ist erkennbar, wenn auch in der vorliegenden Schrift nicht näher ausgeführt wird, wie eine solche Volksvertretung gestaltet werden sollte und welche Kompetenzen ihr zuzuschreiben wären.

Gewiß wäre ein Parlament für ganz Deutschland, wie es dann 1848 in der Paulskirche zusammentreten sollte, 1813 noch ein kühner Gedanke gewesen, und für Humboldt, der ja als Diplomat im Amt im wesentlichen Pragmatiker sein mußte, utopisch. Immerhin fällt auf, daß sowohl für ihn als auch für seinen Adressaten die deutsche Nation eine eigene Größe war, welche Berücksichtigung verdiente, wenn auch der nationale Gedanke den Verein der Monarchen gesprengt hätte. Humboldt denkt in auffallender Weise gesamtdeutsch; er besteht auch in dieser *Denkschrift über die deutsche Verfassung* darauf, daß „Deutschland ein *Ganzes*" ausmache, und er sucht zu bestimmen, worin dieses Ganze bestehe: „nicht bloss auf Gemeinsamkeit der Sitten, Sprache und Literatur", „sondern auf der Erinnerung an gemeinsam genossene Rechte und Freiheiten, gemeinsam erkämpften Ruhm und bestandene Gefahren, auf dem Andenken einer engeren Verbindung, welche die Väter verknüpfte, und die nur noch in der Sehnsucht der Enkel lebt" (HS 4, 304).

Humboldt, den man sich gerne als einen bleichen Klassiker vorstellt, war nicht nur ein Zeitgenosse von Novalis und Friedrich Schlegel, von Arndt und Adam Müller, sondern mit einem Teil seines Wesens selbst ein Romantiker. Obwohl als Diplomat und Politiker an die Realitäten des Machbaren gebunden, dachte er von einer Vorstellung der Nation her, die Späteren leicht als mystische Größe erscheinen mag: „Es liegt in der Art, wie die Natur Individuen in Nationen vereinigt, und das Menschengeschlecht in Nationen absondert, ein überaus tiefes und geheimnisvolles Mittel, den Einzelnen, der für sich nichts ist, und das Geschlecht, das nur im Einzelnen gilt, in dem wahren Wege verhältnissmässiger und allmähliger Kraftentwickelung zu erhalten; und obgleich die Politik nie auf solche Ansichten einzugehen braucht, so darf sie sich doch nicht vermessen, der natürlichen Beschaffenheit der Dinge entgegen zu handeln. Nun aber wird Deutschland in seinen, nach den Zeitumständen erweiterten, oder verengerten Gränzen immer, im Gefühle seiner Bewohner, und vor den Augen der Fremden, Eine Nation, Ein Volk, Ein Staat bleiben. – Die Frage kann also nur die sein: wie soll man wieder aus Deutschland ein Ganzes schaffen?" (HS 4, 304) Es klingt kühn, sich Deutschland im Jahre 1813 als „Ein Staat" vorzustellen, realitätsfremd. Aber Humboldts Einsichten in die historische Entwicklung, in die Nationalcharaktere, in das Wesen der Sprachen erzwangen zumindest die Berücksichtigung der Tatsache, daß die Deutschen „Eine Nation, Ein Volk" waren. Indem er von dieser kulturellen Größe einer deutschen Nation ausging, führte er etwas möglicherweise Sprengendes in die diplomatischen Verhandlungen der Siegermächte ein.

Nun war aber Humboldt so weit ein Mann des 18. Jahrhunderts und Mitspieler im diplomatischen Spiel, daß er aus der Einsicht in die Einheit der Nation nicht folgerte, es müsse auch ein Einheitsstaat dieser Nation geschaffen werden. Hier setzte sogleich sein historisches Denken ein: Die Geschichte hat gezeigt, daß seit der Reformation bereits die verschiedenen Teile Deutschlands auseinanderstrebten. Die Zerstörung der Einheit Deutschlands war nicht nur ein Werk der Franzosen, sondern auch Ergebnis der zentrifugalen Tendenzen der deutschen Staaten selbst. Daraus schließt er: „Es giebt nur zwei Bindungsmittel für ein politisches Ganzes: eine wirkliche Verfassung, oder einen blossen Verein" (HS 4, 305). Eine Verfassung wäre wünschenswert und vorzuziehen, ist aber gegenwärtig, 1813, nicht möglich, und zwar nicht nur deshalb, weil sie nicht im Interesse der Großmächte läge, sondern auch, weil man sie nicht stiften kann. Sie muß, meint der Romantiker Humboldt, aus dem Volk selbst hervorgehen: „Sie rein nach Principien der Vernunft und Erfahrung gründen zu wollen, ist in hohem Grade misslich" – und verspricht keine Ordnung auf Dauer. In diesem Sinne verschiebt Humboldt die Entscheidung darüber in die Zukunft: „Auf die Frage: soll Deutschland eine wahre Verfassung erhalten? lässt sich daher, meines Erachtens nur so antworten. Sprechen zu der Zeit, wo die Frage entschieden werden muss, Haupt und Glieder aus, dass sie Haupt und Glieder seyn wollen, so folge man der Anzeige, und leite nur, und beschränke. Ist das aber nicht, verlautet nichts, als das kalte Verstandesurtheil, dass ein Band für das Ganze da seyn muss; so bleibe man bescheiden beim Geringeren stehn, und bilde bloss einen Staatenverein, einen Bund" (HS 4, 306).

Diese Aussage enthält also beides: die pragmatische Lösung des Deutschen Bundes und die Entwicklungsperspektive auf eine deutsche Einheit, wie sie die Deutschen des 19. Jahrhunderts beseelen sollte.

Praktisch geht es beim Nachdenken über eine deutsche Verfassung im Jahre 1813 aber zunächst um nichts anderes als um einen Staatenbund. Die Zersplitterung Mitteleuropas muß erhalten bleiben, damit sich die außerdeutschen Großmächte nicht bedroht fühlen; sie muß aber auch so gestaltet werden, daß Deutschland in einem Staatenbund ein lockeres Band erhält. Entscheidend für diese Neuordnung müssen in Humboldts Sicht die beiden Großmächte sein, die am direktesten in die deutschen Belange involviert sind, nämlich Österreich und Preußen. Das entspricht der aktuellen politischen Bündnissituation des Jahres 1813 und dem Sieg über Napoleon und ist wesentlich Humboldts persönliches Credo. Dieser Punkt ist ferner nicht nur im Hinblick auf den Freiherrn vom und zum Stein von Bedeutung, sondern auch in der Abgrenzung gegen andersgeartete Ideen etwa von Gentz oder Metternich. Humboldt kultivierte diese Besonderheit bewußt und schrieb an seine Frau über die „deutschen Angelegenheiten" am 2. Oktober 1813: „Für diese hat Metternich, nach seiner Art zu sehen, wenig Sinn. Daß es wirklich im intellektuellen und moralischen Sinn ein Deutschland gibt, das nicht Preußen und Österreich ist, wenn es auch gleich Teile von beiden enthält, und daß man diesem Deutschland politisch zu Hilfe kommen muß, begreift und fühlt er nicht. Wenn es nach ihm geht, bestehen die Stücken Deutschlands wie andere europäische Staaten, Dänemark, Holland, Venedig ohne alle oder höchstens in der lockeren Verbindung fort, daß sie sich durch diplomatische Allianztraktate an Österreich und Preußen anschließen. Dies ist nun, meiner Art zu sehen nach, in hohem Grade verderblich, und ich glaube, es muß ein gemeinschaftliches engeres Band geben. Ich fühle wohl, daß dies schwer zu knüpfen ist, daß es auch nicht immer und ewig halten wird, allein es kann es doch einigermaßen, und schon den Gedanken zu erhalten, daß Deutsche *eins* sind und *eins* bleiben müssen, ist es gut, daß es vorhanden sei" (WCB 4, 129).

Wenn man Humboldt etwas vorwerfen kann, so ist es allenfalls, daß er umgekehrt Österreichs anders gelagertes Interesse als Vielvölkerstaat in keiner Weise verstand und aufnahm. 1813 stand der nationale Gesichtspunkt auffallend im Vordergrund, mochte auch das Wirken des Diplomaten sich an den Interessen der Mächte orientieren.

Dabei dachte Humboldt an Österreich und Preußen, an Rußland und England, nicht aber an die kleineren deutschen Staaten. Einzig Hannover und Bayern verdienten in seinen Augen gesonderte Berücksichtigung in einem zukünftigen Staatenbund und konnten eine gewisse Aufwertung erfahren, soweit sich die Großmächte dadurch nicht bedroht fühlten. Aber schon für Hessen, Württemberg, Darmstadt usw. meinte er, sie müßten in ihren alten Schranken gehalten werden. Dem bloßen Gesichtspunkt der Verteidigung und der Sicherung der Rheingrenze gegenüber Frankreich stellte er denjenigen der nationalen Entwicklung zur Seite, den er am besten durch einen „Staatenverein" oder lockeren „Staatenbund" gewährleistet sah (HS 4, 308 f.). Er forderte eine völlige Freizügigkeit unter den deutschen Staaten und freie Universitätswahl über die Landesgrenzen hinweg. Ferner dachte Humboldt auch schon an einen „umfassenden Handelsvertrag, in welchem wenigstens das Maximum aller Eingangs- und Ausgangszölle im Innern von einem Deutschen Staat in den andern bestimmt wird" (HS 4, 321). Vielleicht geht es zu weit, darin schon den Deutschen Zollverein vorgezeichnet zu sehen, doch fällt immerhin auf, daß Humboldt die Berücksichtigung der ökonomischen Komponente für die nationale Entwicklung für nötig hielt.

Auf dem Wiener Kongreß 1814/15

Humboldt vertrat die Position Preußens auch auf dem Wiener Kongreß, der im Herbst 1814 zusammentrat und bis zum Sommer des Jahres 1815 tagte. Allerdings war es der Staatskanzler Hardenberg, der die Verhandlungen führte, und Humboldt diente nur als seine rechte Hand. Freilich war er als solche schon deshalb unentbehrlich, weil Hardenberg schwerhörig war und der Hilfe bedurfte. Im übrigen erwies es sich als taktisch klug, daß beide Spitzenmänner in manchen Fragen unterschiedliche Meinungen verfochten, was in den Verhandlungen eine gewisse Flexibilität ermöglichte. Problematisch war eher, daß der König von Preußen, Friedrich Wilhelm III., seinerseits zuweilen eigene Positionen durchsetzte, die nicht mit seinen politischen

Führern abgesprochen waren. Insbesondere fühlte er sich immer in monarchischer Solidarität an die Seite des Zaren gezogen, ohne darauf Rücksicht zu nehmen, daß die Interessen Preußens vielleicht besser in anderen Konstellationen Aussicht auf Erfolg gehabt hätten.

Die Interessenlage läßt sich grob so skizzieren: Frankreich war besiegt und Napoleon hatte abgedankt, aber mit Talleyrand einen äußerst fähigen Diplomaten nach Wien geschickt, der sehr schnell herausspüren konnte, daß eine dauerhafte Schwächung seines Landes weder im Interesse der Friedensgarantiemächte England und Rußland noch im Interesse Österreichs lag. Preußen glaubte, durch kluge Verhandlungen wieder zu einer Großmacht aufsteigen zu können, und zwar insbesondere durch die Annexion Sachsens, das sich bis zum bitteren Ende an der Seite Napoleons gehalten hatte, mußte sich aber schließlich mit einem Teil Sachsens zufriedengeben. Relativ unstrittig war, daß sich Preußen nach Westen ausdehnen könnte, bis an den Rhein, um sich an den von Napoleon unterworfenen Gebieten etwa des ‚Königreichs Westphalen' schadlos zu halten. In Polen, das im 18. Jahrhundert unter Rußland, Preußen und Österreich geteilt worden war und zuletzt in verkleinerter Gestalt unter Napoleon ein ‚Großherzogtum Warschau' gebildet hatte, glaubten sich die benachbarten Mächte erneut bedienen zu können, wenngleich sie hier eifersüchtig über ihre Zugewinne im Streit lagen.

Der genauere Ablauf der Verhandlungen des Wiener Kongresses kann hier nicht nachgezeichnet werden. Nur so viel: Humboldt war stets auf preußischer Seite involviert. Es gelang ihm manches im Detail, aber die großen Linien wurden vom König oder von Hardenberg vorgegeben. Als Diplomat konnte sich Humboldt durchaus auszeichnen, etwa durch außerordentlichen Arbeitseifer und eindringende Sachkenntnis, friedenserhaltende Konzilianz, kluges Verhandlungsgeschick und absolute Diskretion und Loyalität. Anderseits mußte er es in Kauf nehmen, daß sein Bild in der Öffentlichkeit aus taktischen Gründen zuweilen anders erschien, als er es wünschte. Und er stand auch wiederholt in Gefahr, zwischen alle Stühle zu geraten, weil ihn die gegnerischen Seiten jeweils für sich in Anspruch nahmen. Im Verhältnis mit Österreich ergab sich für Preußen innerdeutsch eine Stärkung seines Einflusses, weil es durch seine Gebietsgewinne im Westen mehr als vorher schon nach Deutschland hineinwuchs, während Österreich durch seine Zugewinne in Italien und auf dem Balkan aus Deutschland zurückwich. Welche Folgen dies im Laufe des 19. Jahrhunderts haben sollte, war wohl 1815 noch nicht abzusehen. Erkennbar war dagegen auf der Stelle, daß infolge der persönlichen Hinneigung Friedrich Wilhelms III. zum Zaren Alexander I. eine feste preußisch-russische Allianz entstanden war, die Preußen einerseits im Konzert der Mächte als Großmacht eine sichere Stellung verschaffte, andererseits aber auch zu einer Politik in Abhängigkeit vom mächtigeren russischen Zarenreich verurteilte. Obwohl Humboldt in der Kongreßöffentlichkeit als Rußlandfreund galt, entsprach diese Allianz nicht wirklich seinem Bestreben. Zumal die Politik der Restauration, die sich unter diesen Umständen schon abzeichnete, keineswegs in seinem Sinne war. Deshalb verwundert es nicht, daß Humboldt am Ende des Wiener Kongresses eine skeptisch-negative Meinung über das Gesamtergebnis äußerte, wenn er auch die Grundtatsachen einer stabilen Friedensordnung und des europäischen Gleichgewichts zu schätzen wußte.

Weniger unzufrieden war Humboldt mit der Verwirklichung des Deutschen Bundes als bloßer Staatenbund, da er sich hier von vornherein sehr stark am Möglichen orientiert und das Wünschenswerte zurückgestellt hatte. Anders als der Freiherr vom und zum Stein dachte er nicht an eine Wiederbelebung des Alten Reiches und eines deutschen Kaisertums im Sinne früherer Jahrhunderte. Ein Staatenbund als politische Form der zersplitterten deutschen Nation erschien ihm gerade adäquat, da er einerseits die in den Freiheitskriegen so sichtbar gewordene nationale Bewegung befürwortete und ihre Ziele teilte, andererseits als Diplomat und Realpolitiker sofort die Gefahr einer national orientierten Politik für das europäische Gleichgewicht erkannte, welche die anderen Mächte in einem engeren Bundesstaat der Deutschen gesehen hätten. Sosehr Humboldt sonst in Gegnerschaft zu Metternich stand, fand er es doch vollkommen einleuchtend, auf dem Wiener Kongreß zunächst nur die Grundlinien des Deutschen Bundes zu beschließen, die genauere Ausarbeitung einer Bundesakte aber an ein Komitee zu übergeben.

Humboldt selber gehörte dann, zusammen mit Hardenberg, als Vertreter Preußens diesem ‚Komitee für die deutschen Angelegenheiten' an. Dessen Verhandlungen verzögerten sich, weil sofort das Problem entstand, daß Mittelstaaten wie Bayern und Württemberg nicht auf ihre Kompetenz verzichten wollten, mit außerdeutschen Mächten Krieg zu führen, was zunächst nur für Bundesglieder mit außerdeutschen Gebieten wie Österreich und Preußen vorgesehen war.

Die detaillierten Verhandlungen zwischen den Siegern wurden vereinfacht und beschleunigt dadurch, daß plötzlich Napoleon, der von seiner Verbannung auf der Insel Elba zurückgekehrt war, wieder in das Spiel eingriff und ein neues Heer sammelte, das in Teilen Frankreichs erstaunliche Unterstützung fand. Angesichts dieser Lage mußten die siegreichen Alliierten ihre Konflikte zurückstellen und zunächst den Korsen erneut militärisch besiegen, was den vereinigten Heeren unter Blücher und Wellington endgültig am 18. Juni 1815 in der Schlacht von Waterloo gelang.

Zehn Tage zuvor, am 8. Juni 1815, wurde die Deutsche Bundesakte unterzeichnet. Der Deutsche Bund wurde als „unauflöslicher Verein" konzipiert, dem die „souveränen Fürsten und freien Städte Deutschlands" angehörten. Hinzu kamen nun noch solche ausländischen Herrscher, die über Gebiete innerhalb Deutschlands verfügten, nämlich der König von Großbritannien als König von Hannover, der König von Dänemark als Herzog von Holstein und der neu kreierte König von Holland als Großherzog von Luxemburg. Die Führung in diesem Deutschen Bund lag schon allein aufgrund ihres Gewichtes bei Österreich und Preußen, wobei noch eigens definiert wurde, daß diese Mächte nur für die Gebiete, die früher zum Reich gehört hatten, dem Bund angehörten, ihre außerhalb gelegenen Territorien aber nicht.

Es ergibt sich aus dieser Mächtekonstellation und Austarierung der Interessen, daß der Deutsche Bund möglichst wenig festgelegt sein sollte in bezug auf die innere Politik seiner Einzelstaaten. So kommt es, daß das Verfassungsversprechen, das die deutschen Patrioten hier erwarteten, nur in unverbindlicher Form fixiert wurde. Humboldt war mit dieser Schlußakte unzufrieden, er nannte sie „ein höchst unförmliches, in allen seinen Teilen unzusammenhängendes, auf nichts mit einiger Festigkeit ruhendes Gebäude" (GS 12, 80).

Frankfurter Territorialkommission und Londoner Botschaft 1815–1818

Die Schlußakte des Wiener Kongresses wurde am 9. Juni unterzeichnet; Humboldt hatte dann noch mit der Endredaktion zu tun, konnte aber am 20. Juni 1815 Wien verlassen und sich zu seiner Frau und seinen Kindern, die nicht mehr in Wien weilten, nach Berlin begeben. Dort erfuhr er vom endgültigen Sieg über Napoleon und von der Notwendigkeit neuer Friedensverhandlungen mit der zu restaurierenden Monarchie der Bourbonen. Er mußte sich also sogleich wieder nach Paris verfügen. Bei diesen Gesprächen machte sich Humboldt, dem für die Nachkriegszeit schon der Botschafterposten in Paris zugesagt worden war, bei den Franzosen äußerst unbeliebt, weil er Gebietsabtretungen forderte, während Rußland und England mittlerweile die Position vertraten, daß das besiegte Frankreich aus Gründen des europäischen Gleichgewichts möglichst wenig geschwächt werden sollte.

Mit den Einzelheiten hatte Humboldt dann noch weitere Jahre zu tun, weil er von seinem König nach Frankfurt am Main geschickt wurde, wo eine Territorialkommission zusammengetreten war, um die Details der Wiener Schlußakte auszuarbeiten. Dies zog sich immer mehr in die Länge, so daß er schließlich Frau und Kinder nachkommen ließ. Bis zum Januar 1817 beschäftigte ihn diese Aufgabe; außerdem hatte er auch noch die Geschäfte des neuen preußischen Gesandten beim Bundestag des Deutschen Bundes zu übernehmen und nahm als solcher auch an der Eröffnung des Bundesversammlung teil.

Humboldt war 1810 aus Berlin weggelobt und zum Gesandten in Wien befördert worden. In den Jahren seitdem hatte er unablässig, wenngleich mit wechselnder Intensität, für Preußen gearbeitet und seine persönlichen Interessen und seine wissenschaftlichen Projekte zurückgestellt. Wenngleich der König zuweilen anders agierte, als es Humboldt gefiel, und immer wieder Konflikte mit Staatskanzler Hardenberg aufbrachen, mit dem er aber über lange Strecken auch reibungslos zusammenarbeitete, stand für alle Beteiligten außer Frage, daß Humboldt seinen Dienst sehr ernst nahm, daß er fleißig arbeitete und daß Preußen, das nun wieder als Großmacht galt und seine Position im Konzert der Mächte behaupten konnte, seinem Diplomaten viel zu verdanken hatte. Es schien nicht mehr als recht und billig, daß sich der König nun, nach erreichtem Frieden, erkenntlich zeigte, zumal auch die anderen Männer, die sich in den Jahren der Krise und des Umbaus ausgezeichnet hatten, großzügig belohnt wurden. Durch Kabinettsordre vom 13. März 1817 wies ihm Friedrich Wilhelm III. Güter im Wert von jährlich 5000 Talern zu, und nach weiteren Verhandlungen erhielt er schließlich das Gut Ottmachau an der Neiße in Schlesien zugesprochen (realisiert erst 1820).

Humboldt wünschte, als Botschafter nach Paris zu kommen, doch konnte es nicht im Interesse Preußens liegen, durch einen Mann vertreten zu werden, der dort verhaßt war. Hardenberg sah Humboldt mittlerweile als Rivalen an, den er von Berlin fernhalten wollte, und schickte ihn als Botschafter nach London. Was unter anderen Umständen eine glänzende, lockende Stellung hätte sein können, wurde von Humboldt als Degradierung aufgefaßt. Lange zögerte er, die Reise in das gefürchtete Nebelland anzutreten, und möglichst bald wollte er von dort wieder wegkommen. Seine ganze Londoner Tätigkeit ist von diesem Mißverhältnis überschattet, daß er eigentlich lieber im Süden sein wollte. Seine Frau und die Kinder waren erst gar nicht nach England mitgekommen und statt dessen erneut nach Italien gegangen.

Humboldt erledigte zwar auch in London die anfallenden Geschäfte zur Zufriedenheit seiner Auftraggeber; er arbeitete Berichte und Memoranden aus und erweiterte seinen außenpolitischen Horizont ins Weltumspannende. Doch liebte er weder das Land noch die Leute; attraktiv fand er nur die Kunstschätze, die er dort nun besichtigen konnte, beispielsweise die ‚Elgin Marbles' vom Parthenon-Fries in Athen. Er zog sich immer mehr in sich zurück; seine ohnehin schon vorhandene Tendenz zur Weltabwendung wurde unter diesen Umständen stärker. Er vertiefte sich in die Antike und nahm seine Sprachstudien wieder auf.

Den Posten in London hatte er überhaupt nur angetreten unter der Bedingung, dort nach einem Jahr wieder abberufen zu werden. Hardenberg erfüllte diese Zusage, beorderte ihn aber 1818 nach Aachen, zum Kongreß der Monarchen, die eine Verständigung über ihre außenpolitischen Ziele (europäisches Gleichgewicht) und die inneren Angelegenheiten der Staaten suchten (Restauration).

Humboldt stellte nun zunehmend Bedingungen für sein Verbleiben im preußischen Staatsdienst, die für Hardenberg unannehmbar waren. Er dachte auch, als der Posten des preußischen Außenministers neu zu besetzen war, nun sei er an der Reihe; er fand es kränkend, daß der König ihm einen Ausländer vorzog, den in dänischen Diensten stehenden Grafen Bernstorff. Humboldt blieb im Wartestand, nämlich erneut als preußischer Bevollmächtigter bei der Territorialkommission in Frankfurt, aber seine Unzufriedenheit wuchs.

Am 11. Januar 1819 schließlich wurde er vom König wieder nach Berlin in die Regierung berufen, und zwar als Minister für Ständische Angelegenheiten, doch war diese Zeit überschattet vom Konflikt mit Hardenberg, so daß er bereits nach weniger als einem Jahr, am 31. Dezember 1819, seine Entlassungsurkunde erhielt.

Minister für Ständische Angelegenheiten 1819

In der Epoche nach dem Ende des Wiener Kongresses war das beherrschende innenpolitische Thema die Verfassungsfrage. Die nationale Bewegung der Freiheitskriege drängte auf eine Konstitution; die konservativen Kräfte klammerten sich an ihre angestammten Rechte und weigerten sich, etwas von ihrer Macht abzugeben. Denn wie auch immer man eine Verfassung ausgestalten mochte, sie konnte nichts anderes bedeuten als eine Souveränitätsbeschränkung des Monarchen. In Humboldts Sicht freilich eine solche, welche letztlich den Staat stärkte, indem sie die Kräfte der Nation einbezog.

Die Wiener Kongreßakte hatte das Ziel landständischer Verfassungen bekräftigt; auch der preußische König hatte ein Verfassungsversprechen abgegeben. Doch blieb offen, wann es eingelöst werden würde. Immer öfter wurde nun von Regierungsseite die Vorstellung geäußert, an die Verwirklichung einer Konstitution sei nicht zu denken, solange die Finanzmisere nicht behoben und die neue staatliche Ordnung nicht konsolidiert sei. Ständeversammlungen in den einzelnen Provinzen, ja; eine Versammlung aller Stände für ganz Preußen: nein. Es schien den Mächtigen zu riskant, ein solches Forum für öffentliche Artikulation, in dem vor allem nationale und liberale Forderungen laut geworden wären, einzurichten.

In dieser Situation trat Humboldt erneut in das Rampenlicht: Der König bot ihm am 11. Januar 1819 den Eintritt in den Staatsrat und die Übernahme eines Ministeriums für Ständische Angelegenheiten an. Das offensichtliche Problem dabei war, daß der Staatskanzler von Hardenberg seinerseits sich die zentrale Angelegenheit der Verfassung nicht aus der Hand nehmen lassen wollte und mit Humboldt zunehmend in ein Verhältnis der Konkurrenz geriet. Bevor dieser das neue Amt annahm, wollte er in Berlin sondieren, womit er jedoch die Ungnade seines Monarchen auf sich zog, der ihn barsch beschied: jetzt oder nie, ja oder nein. So konnte man schließlich gar auf den Gedanken kommen, Hardenberg habe Humboldt nur als Minister vorgeschlagen, um eine Ablehnung zu provozieren und auf diese indirekte Weise einen Konkurrenten aus dem Weg zu räumen. Möglicherweise war diese Erwägung auch ausschlaggebend für Humboldt, das schwierige Amt anzunehmen. Er blieb noch in Frankfurt, bis die Territorialangelegenheiten abschließend geregelt waren, und trat sein Amt in Berlin erst im Juli 1819 wirklich an. Inzwischen aber hatten sich die Umstände zu seinen Ungunsten verschoben.

Denn am 23. März 1819 hatte der Student Karl Ludwig Sand den Theaterdichter August von Kotzebue in Mannheim ermordet. Kotzebue hatte den Haß aller Fortschrittlichen auf sich gezogen, weil er in engster Verbindung mit dem Zaren stand und auf dessen Kosten und Geheiß Deutschland bereist hatte. Es war also naheliegend, ihn als russischen Spion oder zumindest Informanten anzusehen. Die Ermordung Kotzebues wurde allgemein als Fanal aufgefaßt. Wahrscheinlich war sie nur die Tat eines einzelnen, doch sahen alle reaktionären Kräfte darin die Spitze einer allgemeinen Verschwörung. Im Sommer 1819, als Humboldt kaum in Berlin angekommen war und sein Amt als Minister für Ständische Angelegenheiten angetreten hatte, trafen sich der König von Preußen, der Zar und Metternich im Badeort Teplitz bei Prag und dann in Karlsbad, um gemeinsam gegen ‚revolutionäre Umtriebe' vorzugehen. Ihre Beschlüsse erfolgten einmütig, da andere Regierungen, die vielleicht eher liberal gesinnt waren, gar nicht eingeladen worden waren. Trotzdem hatten ihre Anordnungen entscheidende Bedeutung für den ganzen Deutschen Bund. Hier wurden die Grundlagen für die ‚Demagogenverfolgungen' gelegt: gegen das freie Wort, gegen die freie Presse, für Überwachung, Durchsuchungen und Zensur. Die Zeitungen gerieten unter Druck und auch die Universitäten.

Unnötig zu sagen, daß Humboldt von all diesen Maßnahmen angewidert war; er galt nicht nur als liberal, sondern war es auch. Seine Stellung in der Regierung wurde äußerst zweideutig: War er etwa bereit, die reaktionären Bestrebungen mitzutragen? Oder hatte er nicht mehr die Macht, dagegen anzugehen? Humboldt verhielt sich so eindeutig, wie es möglich war: Er formulierte seinen Protest gegen die Karlsbader Beschlüsse in einem Memorandum zu Händen des Königs. Er nannte sie „schändlich, unnational, ein denkendes Volk aufregend" (GS 12, 360).

Dieser Konflikt um Freiheitsrechte für Bürger führte schließlich zu seiner Entlassung und zu seinem Ausscheiden aus dem preußischen Staatsdienst. Wohl war diese Grundsatzfrage überlagert von der Rivalität mit dem Staatskanzler, der selber eine Verfassung durchbringen wollte und Humboldt als unliebsamen Konkurrenten begriff. Machttechnisch wurde Humboldt also ein Opfer seines Konflikts mit Hardenberg. Aber der liberale und individualistische Humboldt war doch auch ein Opfer der Reaktion und der verschärften Restaurationspolitik der ‚Heiligen Allianz'. Die Politik der Kongresse, die in den folgenden Jahren fortgesetzt wurde und zu immer neuen Eingriffen in die Freiheit der Bürger und das Selbstbestimmungsrecht der Staaten führte, konnte einen solchen Mann nicht mehr brauchen. „Die Entlassung Humboldts markiert das Ende der Reformära in Preußen" (Thomas Nipperdey).

12 VERWIRKLICHUNG DER DURCH DIE MENSCHHEIT DARZUSTELLENDEN IDEE

GESCHICHTSPHILOSOPHIE

Die Natur der Dinge
Wilhelm von Humboldt hat in allen Phasen seines Lebens über die Geschichte nachgedacht, zumal ja Fragen der Anthropologie aufs engste mit der Geschichtlichkeit des Menschen verknüpft sind. Und auch die Idealisierung des Griechentums, im Vordergrund in seiner Zeit in Rom, hat seine geschichtliche Reflexion befördert. Trotzdem läßt sich eine intensivierte Beschäftigung mit Weltgeschichte seit der Zeit des Wiener Kongresses feststellen.

Eine fragmentarische Schrift mit dem Titel *Betrachtungen über die Weltgeschichte* entstand möglicherweise 1814. Eingangs grenzt sich Humboldt von teleologischen Geschichtsdarstellungen ab, wobei namentlich Kant genannt wird mit seiner *Idee zu einer allgemeinen Geschichte in weltbürgerlicher Absicht* (1784). Es gibt, meint Humboldt, keine Möglichkeit, ein allgemeines Ziel der Entwicklung der Menschheit festzustellen. Der Gedanke der ‚Notwendigkeit' ist überhaupt problematisch; er widerstreitet fundamental einem wirklich *ge*-

schichtlichen Auffassen des Historischen (im Gegensatz zu einem *philosophischen* Zugang). Außerdem tendieren Geschichtsphilosophien dazu, zu sehr die *intellektuelle* Seite des Menschen hervorzuheben, Kultur und Zivilisation in ihrer Entwicklung darzustellen, statt sich auf die *natürlichen* Gegebenheiten zu beziehen, welche menschliches Leben auf der Erde bestimmen.

Humboldt vertritt auch hier die Vorstellung von ‚Ideen', welche hinter dem Geschehen zu finden seien, es sei jedoch eine zu kühne Versuchung, alles einer einzigen leitenden Idee zuordnen zu wollen. Während man Grundlegendes verstehen kann, indem man das Menschengeschlecht als Natur auffaßt, als biologischen Zusammenhang, muß man doch bedenken, daß es entscheidende Unterschiede gibt: Sprache und Freiheit. Bei aller Betonung des einzelnen muß man sich immer diesen Zusammenhang vergegenwärtigen: „Der Einzelne ist im Verhältnis zu seiner Nation nur in der Art ein Individuum, wie ein Blatt im Verhältnis zum Baum" (HS 1, 569). Er hat also Teil am Leben der Nation und kann sich in dem Maße veredeln und verbessern, wie er an der Nation partizipiert. Weltgeschichte kennt Evolutionen, aber auch Revolutionen. Man darf nicht nur auf die Individuen sehen, sondern muß das Ganze im Blick behalten. „Das Seyn in der Zeit ist ein blosses Erzeugen und Untergehen"; Weltgeschichte ist „die in der Menschheit begriffene Fülle und Mannigfaltigkeit der Kraft", wie sie „nach und nach zur Wirklichkeit kommt" (HS 1, 570). Menschheitsgeschichte bedeutet also durchaus *Naturentwicklung;* weil aber auch noch der *Geist* hinzukommt, der in den Körpern lebt, „so ist das Wichtigste in der Weltgeschichte die Beobachtung dieses, sich forttragenden, anders gestaltenden, aber auch selbst manchmal wieder untergehenden Geistes" (HS 1, 571). Es gibt also keine Menschengeschichte ohne Berücksichtigung der natürlichen Bedingungen, aber die Beschreibung bloß der natürlichen Erscheinungen ist eben noch nicht die ganze Menschengeschichte, weil sich mit dem materiellen Substrat, den Körpern, auch der Geist entwickelt, der über die einzelnen hinaus wirksam wird und lebendig bleibt.

Zum naturgebundenen Aspekt des menschlichen Lebens ist immer ein hinzukommendes Geistiges zu denken. Aber schon auf der Ebene des Natürlichen findet sich ein „Drang zu wirken und zu zeugen", also Aktivität und Kreativität als Grundprinzipien, die auch die Sphäre des Geistes regieren. In diesem Sinne kann Humboldt formulieren: „Leben heisst durch eine geheimnisvolle Kraft eine Gedankenform in einer Masse von Materie, als Gesetz, herrschend erhalten" (HS 1, 572). „Zeugen" in diesem Sinne heißt „eine Kraft anzünden", Individualität hervorbringen. Der Mensch gelangt zum Bewußtsein seines Ichs, indem er sich individuierend aus der Gesellschaft losreißt und damit gleichzeitig ein Du erkennt. In diesem Sinne gilt die Nation als Individuum, das sich aus einer größeren Einheit herausschält, und der einzelne als „ein Individuum vom Individuum" (HS 1, 573).

Man darf jedoch unter ‚Menschheit' nicht nur die jeweils vorhandenen Menschen verstehen, sondern muß alle bisherigen Generationen einbeziehen. Während also, von außen betrachtet, die Schicksale immer fortrollen, wie sich die Ströme vom Berge zum Meer bewegen, gehört doch zum Verständnis der Weltgeschichte noch die Tiefendimension, daß nämlich die Menschheit nach und nach zu einem besseren Verständnis ihres Seins gelange, „zur Klarheit des Bewusstseyns" (HS 1, 575). Hier scheint Hegels Geschichtsphilosophie anzuklingen (Geschichte als „Fortschritt im Bewußtsein der Freiheit"). Allerdings versieht Humboldt seine Aussage sogleich wieder mit der Absage an jede Teleologie.

Abschließend zählt er noch einmal die Punkte auf, die seiner Meinung nach als Fehler bisheriger Geschichtsbetrachtung zu sehen sind, woraus indirekt auch hervorgeht, daß er kein *materiales* Ziel historischen Fortschrittes anerkennt, wohl aber ein *formales*: „Entwicklung eines Reichthums grosser individueller Formen" (HS 1, 576). Ähnlich formal lassen sich dann auch Gesichtspunkte des Historikers bestimmen, der über Individuen und Nationen Monographien schreibt, dann deren Wechselwirkungen untersucht, die Relationen zum Begriff der Menschheit überhaupt und zu den allgemeinen Ideen herausstellt, die Einflüsse der aktuellen Menschheit auf die Menschheitsentwicklung insgesamt erforscht und schließlich die Neuheit von Erscheinungen im Verhältnis zur Trägheit der Massen bezeichnet.

Wenn wir diese wenigen Seiten (wieder einmal ein Fragment!) als Entwurf einer Geschichtsphilosophie nehmen wollen, fällt zunächst auf, daß sie von Humboldts grundlegendem Idealismus getragen sind, also von seiner Überzeugung von der Bedeutung von ‚Ideen‘, daß sie aber nicht bei diesen Ideen ansetzen, sondern auf der Gegenseite des (später von Alfred Weber so genannten) ‚Geschichtskörpers‘, bei der Natur. Humboldt sieht richtig, daß die aufklärerische Art, Geschichte aufzufassen, über die Notwendigkeit der Verknüpfung von Ursachen und Wirkungen hinaus auf eine grundlegende Teleologie hinführt. Eine solche Zielbestimmung der Geschichte ließ sich theologisch begründen; bei Verzicht auf diese Ebene wird es schwierig. Herder hatte mit diesem Problem gekämpft und das Ziel der Menschengeschichte in der Menschheit selbst, in der Humanität, verankern wollen. Humboldt will zwar nicht auf eine kausalisierende Herangehensweise an die zunächst von Zufall und Schicksal determinierte Weltgeschichte verzichten, aber er stellt heraus, daß eine Zielbestimmung inhaltlich nicht mehr konsensfähig herzustellen ist, und beschränkt sich deshalb auf eine formale Zielbestimmung, die dann freilich, als solche, auch unbefriedigend bleiben muß, wenn sie sich in Formeln erschöpft wie „Entwicklung eines Reichthums grosser individueller Formen".

In einem zweiten unveröffentlichten Aufsatz mit ähnlichem Titel (*Betrachtungen über die bewegenden Ursachen in der Weltgeschichte*, etwa 1818) setzt sich Humboldt zunächst von der Kulturgeschichte der Aufklärer ab und postuliert statt einer „Philosophie der Weltgeschichte" eine „Physik derselben" (HS 1, 578). Diese provozierende Formel zielt auf Analyse, auf Beschreibung von Regelmäßigkeiten im Historischen. Als mögliche Ursachen historischer Ereignisse unterscheidet Humboldt (1) „die Natur der Dinge", (2) „die Freiheit des

Menschen" und (3) „die Fügung des Zufalls" (HS 1, 579). Innovativ ist dabei der Versuch, eine „Physik" der Geschichte zu bieten, indem die „Natur der Dinge" durch Analyse abgesondert wird. Damit meint Humboldt gewisse sich wiederholende Verläufe, wie beispielsweise Aufstieg und Fall von Nationen, Zentrierung des historischen Geschehens auf immer wieder gleiche Gebiete oder das Gleichgewicht der Mächte des 18. Jahrhunderts. – Solche Versuche einer Einbeziehung der „Natur der Dinge" in historische Erklärungen hatten bereits Aufklärer wie Johann Christoph Adelung unternommen, auch, früher schon, Machiavelli, letztlich selbst antike Geschichtsschreiber. Humboldts Beispiele verweisen nur darauf, daß es diese Ebene der Analyse gibt, können sie jedoch nicht systematisch mit anderen verknüpfen.

Humboldt will diese enge Grenze jedoch gar nicht überschreiten, weil die menschliche *Freiheit* hier wie auch sonst eines seiner Leitthemen ist. Wie auch immer determiniert, letztlich ist der Mensch der Gestalter der Weltgeschichte: „Dies ist eigentlich der schöne und begeisternde Theil der Weltgeschichte, da er von der Schöpfungskraft des menschlichen Charakters beherrscht wird" (HS 1, 582). Freiheit äußert sich ebenfalls in „Leidenschaft", und es wäre zu kurz gegriffen, einen Gegensatz zwischen dieser und der „Vernunftidee" zu konstruieren, die sich in der Geschichte verwirklicht, gerade auch durch „Leidenschaft", durch den Drang nach Freiheit.

Es gibt also zwei Reihen von Ursachen weltgeschichtlicher Begebenheiten: „die Naturnothwendigkeit, von der sich auch der Mensch nicht ganz losmachen kann, und die Freiheit, die vielleicht auch, nur auf eine uns unbekannte Weise, in den Veränderungen der nicht menschlichen Natur mitwirkt". ‚Freiheit' hängt für Humboldt eng mit dem Individuum zusammen; ‚Naturnothwendigkeit' wäre als Massenerscheinung stärker mit den allgemeinen ‚Ideen' zu verbinden, einem „in der Unendlichkeit gegebene[n] Typus": „Der Streit der Freiheit und Naturnothwendigkeit kann weder in der Erfahrung, noch in dem Verstande auf eine befriedigende Weise gelöst erkannt werden" (HS 1, 584) – mit diesem Satz bricht das Fragment ab. Wenn aber grundsätzlich offenbleibt, was sich in der Geschichte aus der „Natur der Dinge" ergibt, was aus der „Freiheit des Menschen" und was als „Fügung des Zufalls" übrigbleibt, stehen wir natürlich am Ende mit einem ganz unklaren Befund da. Vor allem fragt sich, was denn da ein Historiker noch tun soll, wenn alle diese Möglichkeiten offenbleiben und eine theoretische Klärung in der Hierarchisierung der Ursachen nicht erreicht werden kann.

Über die Aufgabe des Geschichtschreibers

Humboldt hat sich dieser Herausforderung gestellt, und zwar im einzigen geschichtsphilosophischen Beitrag, mit dem er an die Öffentlichkeit gegangen ist. Die Abhandlung *Über die Aufgabe des Geschichtschreibers* hat er 1821 der Königlich Preußischen Akademie der Wissenschaften vorgetragen; sie wurde anschließend auch gedruckt. Sie gilt als einer der klassischen Texte der deutschen, idealistischen Geschichtsphilosophie; Philosophen und Historiker haben sich schon im 19. Jahrhundert in großer Zahl mit diesem Aufsatz auseinandergesetzt und ihre eigenen Meinungen und Theorien im Gespräch mit Humboldts Angebot entwickelt.

Das Problem, das wir bei der Besprechung des vorigen Fragments eingekreist haben, daß nämlich nicht theoretisch vorab geklärt werden kann, welche Ereignisse der Weltgeschichte sich dem Zufall verdanken, der Freiheit oder der Naturnotwendigkeit, wird nun gelöst oder umgangen durch den Ansatz beim Individuum des Historikers oder, wie Humboldt zumeist sagt, ‚Geschichtschreibers'. Es geht also nach wie vor um die Erklärung von Ursachen in der Weltgeschichte, aber die Person des Erkennenden wird einbezogen und das Produkt seiner geistigen Arbeit, die geschichtliche Darstellung, wird in Relation zu Person und Welt gesehen. Deshalb ist auch das platonische Axiom des *simile simili* hier entscheidend für die Denkoperation. Es wird ungefähr in der Mitte des Textes eingeführt mit folgender Formulierung: „Jedes Begreifen einer Sache setzt, als Bedingung seiner Möglichkeit, in dem Begreifenden schon ein Analogon des nachher wirklich Begriffenen voraus, eine vorhergängige, ursprüngliche Uebereinstimmung zwischen dem Subject und Object". „Wo zwei Wesen durch gänzliche Kluft getrennt sind, führt keine Brücke der Verständigung von einem zum andren, und um sich zu verstehen, muss man sich in einem andren Sinn schon verstanden haben. Bei der Geschichte ist diese vorgängige Grundlage des Begreifens sehr klar, da Alles, was in der Weltgeschichte wirksam ist, sich auch in dem Innern des Menschen bewegt" (HS 1, 596 f.).

Darin versteckt sich das Axiom der Aufklärung, daß der wahre Gegenstand menschlicher Erkenntnis der Mensch sei, und das Axiom der Aufklärungshistoriker, daß alle Geschichte Menschengeschichte sei. Damit muß es aber auch dem Menschen, und zwar über diese Brücke des Subjekt-Objekt-Simile, möglich sein, die Geschichte zu erkennen. Dem Außen der Geschichte entspricht ein Innen im Menschen. Das Individuum des Historikers wirkt als Exponent einer Nation, die in ihrer Bildung insgesamt einen solchen Stand erreicht hat, daß einer oder einige daraus die Aufgabe übernehmen können, das Menschliche in der Geschichte zu erfassen. „Auf diese Weise entwirft sich der Geschichtschreiber durch das Studium der schaffenden Kräfte der Weltgeschichte ein allgemeines Bild der Form des Zusammenhanges aller Begebenheiten, und in diesem Kreis liegen die Ideen [...]. Sie sind nicht in die Geschichte hineingetragen, sondern machen ihr Wesen selbst aus. Denn jede todte und lebendige Kraft wirkt nach den Gesetzen ihrer Natur, und Alles, was geschieht, steht, dem Raum und der Zeit nach, in unzertrennlichem Zusammenhange" (HS 1, 597). Der Historiker bewältigt also seine Arbeit nicht schon dann, wenn er Fakten sammelt und Quellen kritisch sichtet, sondern erst dann, wenn er sich über die „schaffenden Kräfte der Weltgeschichte" klarwird. Hinter allem faktischen Geschehen gibt es eine nicht direkt zugängliche Welt der Ideen, von denen die Ereignisse abhängig sind. Der Historiker beobachtet oder erkennt die Fakten, muß diese aber mit seinem Geist durchdringen, um ihre Abhängigkeit von Ideen zu erfassen. Indem er die Ideen, die hinter allem historischen Geschehen liegen, erkennt, schärft er seinen Blick für die Auswahl und Bedeutung der beobachtbaren Fakten, die er dann in seiner Geschichtsdarstellung gestaltet, um sie auch für andere Menschen zugänglich und erfahrbar zu machen.

Damit wird aber auch das rein Mechanische des historischen Geschehens (biologische Vorgänge, Völkerwanderungen, Machtauseinandersetzungen) durchsichtig in bezug auf die „wahrhaft schaffenden Kräfte". Diese zerfallen in die *physiologischen* und die *psychologischen*. Die *physiologischen* bestehen bei Humboldt nicht nur aus den natürlichen, sondern auch aus dem, was er an anderer Stelle die „Natur der Dinge" genannt hat, also durchaus unter Einschluß der „Erzeugnisse des Geistes", „wie Literatur, Kunst, Sitten" und sogar „äussere Form der bürgerlichen Gesellschaft", nämlich insofern, als sich in diesem Basisbereich Regelmäßigkeiten erkennen lassen. Die *psychologischen* Kräfte dagegen entspringen dem Reich der *Freiheit* des Menschen und sind deshalb unberechenbar, durch Gesetzmäßigkeiten nicht erfaßbar: „Fähigkeiten, Empfindungen, Neigungen und Leidenschaften" (HS 1, 598). Das Problem mit diesen ‚psychologischen Kräften' ist nicht nur, daß sie schwer zu erkennen sind, sondern auch, daß man nicht (hier wäre an bestimmte Aufklärungshistoriker wie Voltaire zu denken) den Fehler begehen dürfe, die Weltgeschichte zum „Drama des Alltagslebens" herabzuwürdigen, indem man „an die Stelle des Weltschicksals ein kleinliches Getriebe persönlicher Beweggründe" setzt (HS 1, 599). Der wahre, große Geschichtsschreiber bewahrt den Takt, die verschiedenen Erklärungsweisen (mechanisch, physiologisch und psychologisch) in richtigem Verhältnis gegeneinander abzuwägen. Es ist nicht möglich, die Historiker nach Klassen einzuteilen: Jeder wendet alle drei Erklärungsweisen an, wenn auch in unterschiedlicher Gewichtung.

Sodann unternimmt Humboldt einen Neuansatz des Gedankens, der einem Sprung ähnlich sieht. Er postuliert nämlich, daß die Erscheinungen nicht erkannt werden können, wenn der Betrachter unter diesen stehenbleibt; vielmehr müsse er einen Punkt außerhalb finden, von dem aus die Erscheinungen in den Blick genommen werden können. Überraschend steht dann der Satz: „Die Weltgeschichte ist nicht ohne eine Weltregierung verständlich" (HS 1, 600). Die Frage ist, was das heißen soll, da Humboldt ja nicht in das Gehäuse der theologischen Geschichtserklärungen zurückkriechen will. Außerdem fragt es sich, was man mit einem solchen Satz anfangen kann, um die wirkliche Geschichte zu erklären. Denn eigentlich würde seine Anwendung ja bedeuten, daß ein Historiker gewissermaßen die Position dieser Weltregierung einnehmen müßte, um ihr Walten verstehen und dann erklären zu können. Hiergegen formuliert er aber klar, daß diese Einsicht dem Historiker wenig hilft: „Denn es ist ihm kein Organ verliehen, die Pläne der Weltregierung unmittelbar zu erforschen, und jeder Versuch dazu dürfte ihn, wie das Aufsuchen von Endursachen, nur auf Abwege führen". Und trotzdem: An die Erforschung der ‚Ideen' ist also „die letzte Bedingung der Lösung der Aufgabe des Geschichtschreibers geknüpft" (HS 1, 600). Die Schwierigkeit des empirisch arbeitenden Historikers besteht darin, daß er sich wohl an die überlieferten Fakten halten muß, aber zugleich durch diese hindurchstoßen muß auf die Schicht, aus der sie begründet werden, eben die Ideen. Ein abgeschlossenes Ensemble der „schaffenden Kräfte" läßt sich aber nicht aufstellen, weil Ideen grundsätzlich unendlich sind.

Humboldt trifft hier eine Unterscheidung zwischen ‚Richtung' und ‚Krafterzeugung': Die *Richtung* einer Idee erkennt man leicht, wenn man von den beobachtbaren Ausbreitungen einer Erscheinung ausgeht, sie dann in ihre unscheinbaren Anfänge zurückverfolgt und somit erklärt. Schwieriger ist es mit der *Krafterzeugung,* weil diese nicht aus den begleitenden Umständen ableitbar ist. Als Beispiele nennt Humboldt das plötzliche Auftreten von *Kunst* in Ägypten oder das Wunder der *Individualität* in Griechenland, „mit welcher Sprache, Poesie und Kunst auf einmal in einer Vollendung dastehen, zu der man vergebens dem allmählichen Wege nachspürt" (HS 1, 601).

Natürlich kann man die begünstigenden Ursachen und Umstände auch in diesem Falle untersuchen, aber es läßt sich keine vollständige Erklärung für das „Sprühen des ersten Funkens" (HS 1, 602) finden. Die Körperwelt folgt natürlichen Gesetzen; das Reich der Ideen kennt jedoch ein plötzliches, unerwartetes Auftreten.

Es ist kaum festzustellen, welches hier die ursprünglichen Ideen Humboldts waren und welches Folgerungen aus den einmal angenommenen Begriffen und Erklärungsweisen. Fest steht, daß sich alle gegenseitig stützen und ein in sich kohärentes Denken ergeben, dem durchaus eine heuristische Funktion zukommt. Man kann mit Humboldt Geschichte erklären, indem man das Subjekt, den Historiker, in den Prozeß der Erkenntnis einbezieht. Es funktioniert aber nur dann, wenn man sich auf Humboldts Begriffswelt einläßt. Dazu gehört die platonische Trennung von Phänomenen und den sie regierenden Ideen. Dazu gehört aber auch die alles durchwaltende Freiheit und die damit verknüpfte Individualität, die als doppelte zu denken ist: Der Einzelmensch ist ein Individuum, und die Nation ist ebenfalls ein Individuum. Wenn man alle diese Voraussetzungen macht, kann man Sätze verstehen wie diese: „Jede menschliche Individualität ist eine in der Erscheinung wurzelnde Idee, und aus einigen leuchtet diese so strahlend hervor, dass sie die Form des Individuums nur angenommen zu haben scheint, um in ihr sich selbst zu offenbaren. Wenn man das menschliche Wirken entwickelt, so bleibt, nach Abzug aller dasselbe bestimmenden Ursachen, etwas Ursprüngliches in ihm zurück, das, anstatt von jenen Einflüssen erstickt zu werden, vielmehr sie umgestaltet, und in demselben Element liegt ein unaufhörlich thätiges Bestreben, seiner inneren, eigenthümlichen Natur äusseres Daseyn zu verschaffen" (HS 1, 603). Was ein Historiker beobachten kann, sind also nur Phänomene, aber indem er sie auf die wirkenden Kräfte und letztlich auf Ideen zurückführt, kann er zum Wesentlichen durchstoßen. Entscheidend ist freilich, daß er sich mit Individualitäten beschäftigt, welche Verkörperungen der Idee sind. Solche Individualitäten können Einzelmenschen sein, aber auch ganze Nationen. In Nationen schafft sich die Idee ebenfalls Konkretionen, die als feste Gestalten prägend für den weiteren Verlauf der Geschichte werden können.

Vielleicht ist es nun möglich, die getrennt aufgezeichneten Punkte zu vermitteln und zu verknüpfen. Denn das Problem, daß die Weltgeschichte nur über eine Weltregierung verständlich wird, daß kein Mensch und kein Historiker aber sich an die Stelle dieser Weltregierung versetzen kann, bleibt uns ja noch übrig. Humboldt setzt hier nun erwartungsgemäß die *Ideen* ein: „Für die menschliche Ansicht, welche die Plane der Weltregierung nicht unmittelbar erspähen, sondern sie nur an den Ideen erahnden kann, durch die sie sich offenbaren, ist daher alle Geschichte nur Verwirklichung einer Idee, und in der Idee liegt zugleich die Kraft und das Ziel; und so gelangt man, indem man sich bloss in die Betrachtung der schaffenden Kräfte vertieft, auf einem richtigeren Wege zu den Endursachen, welchen der Geist natürlich nachstrebt. Das Ziel der Geschichte kann nur die Verwirklichung der durch die Menschheit darzustellenden Idee seyn, nach allen Seiten hin, und in allen Gestalten, in welchen sich die endliche Form mit der Idee zu verbinden vermag" (HS 1, 604 f.). (Ich erwähne nur am Rande, daß diese metaphysische Formulierung letztlich nur auf dasjenige abzielt, was Herder als ‚Humanität' begründet hatte, die Realisierung der Menschheit im Prozeß der Geschichte.)

Humboldt bringt an dieser Stelle wiederum das Subjekt ins Spiel, weil der Historiker ja derjenige ist, der durch Erforschung der Erscheinungen letztlich zu den Ideen durchstoßen soll. „Das Geschäft des Geschichtschreibers in seiner letzten, aber einfachsten Auflösung ist die Darstellung des Strebens einer Idee, Daseyn in der Wirklichkeit zu gewinnen" (HS 1, 605). – Solche Gedanken weisen zurück in die Jenaer Zeit mit Schiller, als sich beide Klarheit zu verschaffen versuchten über die Möglichkeiten eines Menschen, seine Individualität in der Geschichte zur Geltung zu bringen.

Geschichtsphilosophie in Perspektive

Die Position für einen ‚Geschichtschreiber', die Humboldt hier entwirft, erwies sich als attraktiv für die nachfolgenden Generationen des 19. Jahrhunderts. Sie setzt das Geniedenken der Weimarer Klassiker voraus, eröffnet jedoch durch die spezifische Verknüpfung mit den Erscheinungen eine Möglichkeit auch für empirische Wissenschaft. Und das 19. Jahrhundert war ein eminent historisches: Nie vorher und nie nachher war die Begeisterung für Geschichte so unbegrenzt. Das hängt auch mit der Zusammenkoppelung von Individuum und Nation zusammen. Das 19. Jahrhundert war ein Zeitalter des Nationalismus, aber es war auch ein Zeitalter des Individualismus und Liberalismus. Indem nun in der Tätigkeit des ‚Geschichtschreibers' das Niedrigste und das Höchste zusammengespannt waren, ergab sich für den Historiker eine ganz eigene Würde. Leopold von Ranke führte diese Richtung weiter. Er begründete eine Schule in der Geschichtswissenschaft, die durchtränkt war von Humboldtschem Geschichtsdenken. Diese Tendenz verstärkte sich noch in der Opposition zum Hegelianismus, welche die Ranke-Schule kultivierte. Und Humboldts Idealismus bedeutete zugleich einen Schutz gegen eine unübersehbare Tendenz des 19. Jahrhunderts: den unbegrenzten Faktenglauben. Historiker, die ihren Humboldt gelesen hatten, durften nicht bei den Fakten stehenbleiben, sie mußten nach den ‚Ideen' suchen, nach den ‚bewegenden Kräften'. Eberhard Gothein hat daraus sein Konzept der ‚Kulturgeschichte' entwickelt (*Die Aufgaben der Kulturgeschichte,* 1889).

Auf der Ebene der Geschichtsphilosophie hatte Humboldt etwas zu bieten, das unabhängig blieb von der Einstellung zum Christentum. Seine Ideenlehre ließ sich bei Bedarf mit dem Christentum vereinbaren, aber sie funktionierte auch ohne Religion. Die humanistischen Gymnasien kultivierten die Liebe zu den alten Griechen und hatten somit allen sich Bildenden ein konkurrierendes Angebot zu machen.

13 DER MENSCH IST NUR MENSCH DURCH SPRACHE

SPRACHWISSENSCHAFT UND SPRACHPHILOSOPHIE

Humboldts Sprachenkenntnis
Wilhelm von Humboldts Begeisterung für Sprachen reicht in seine Kindheit zurück. Er brachte Deutsch und Französisch aus seiner Kinderstube mit, lernte natürlich Latein, dann aber, und dieses Erlebnis war für ihn entscheidend, in der Pubertät Griechisch. Aus der Langeweile seines Elternhauses und aus dem Gefühl des Unverstandenseins rettete er sich in die lichte Welt der Griechen. Sein Lebtag bewahrte er eine Anhänglichkeit an diesen Sehnsuchtsraum; in Italien glaubte er, ihn auf klassischem Boden wiedergefunden zu haben.

Bereits als Schüler hatte er seine Sprachkenntnisse erweitert um das Englische und Italienische; als Berliner Referendar hatte er Hebräisch gelernt; später kamen Spanisch, Portugiesisch und Altprovençalisch hinzu, aber auch Baskisch. In Wien beschäftigte er sich mit dem Ungarischen, in Prag mit dem Tschechischen. Sein Bruder Alexander versorgte ihn mit zusätzlichen Informationen über fremde Sprachen von seinen Reisen in Südamerika. In der römischen Zeit übernahm er vom Abate Hervás dessen Sammlungen mit Aufzeichnungen verschiedener Missionare über zahlreiche indigene Sprachen auf dem amerikanischen Kontinent. Er machte sich Aufzeichnungen zum

Koptischen (Altägyptischen). In späterer Zeit lernte er Sanskrit, Arabisch, Chinesisch und Japanisch. In seinen letzten Jahren erweiterte er seine Kenntnisse in den malaiisch-polynesischen Sprachen; insbesondere studierte er die javanische Gelehrtensprache Kawi. – Diese Aufzählung (ohne Anspruch auf Vollständigkeit) dient nur dazu, die Ausdehnung seiner Sprachkenntnisse anzudeuten und sein immerwährendes Bemühen, sich möglichst viel an allgemein menschlicher Kenntnis anzueignen. Wie er theoretisch postuliert hatte, ein Individuum entwickle sich in immer weiterem Ausgreifen auf immer größere Stoffmassen, die es sich zueigen mache und anverwandle, praktizierte er dies an sich selbst. In früheren Jahren eher ungezielt nach den verschiedenen Richtungen der Anthropologie hin, in späteren Jahren in konkreter Spezialisierung auf das Gebiet der Sprache. Dies war konsequent, nachdem ihm einmal deutlich geworden war, daß die wesentliche Eigenschaft eines Menschen seine Sprachfähigkeit war und daß sich Nationen entscheidend durch ihre Sprache definierten. Mochte sich ihm auch in späten Jahren noch immer die Menschheit als das eigentliche Erkenntnisziel darstellen, hatten sich doch die verschiedenen Interessen am Ende auf den primären Kreis der Sprache zusammengezogen. Und Sprache gibt es nur im Plural. Dies wurde für Humboldt zu einem entscheidenden Lebenselixier: daß er aufgrund seiner Freude an Sprachen, am Klang, an Artikulation und Rhythmus immer weiter ausgriff über den Bildungshorizont seiner Zeitgenossen hinaus. Bei seinem Tod äußerte sein Bruder Alexander, daß Wilhelm von Humboldt wohl derjenige Mensch seiner Zeit mit der umfassendsten Sprachkenntnis gewesen sei.

Diese Sprachkenntnis war extensiv, also quantitativ zu erfassen; sie war aber gleichzeitig intensiv, nach ihrer Tiefendimension hin. Denn Humboldt studierte zwar fremde Sprachen hinsichtlich ihrer Grammatik und ihres Lexikons, gleichzeitig interessierte ihn aber das Sublimieren seiner empirischen Kenntnisse zu allgemein anthropologischen Aussagen, ‚Ideen'. Anders gesagt: Außer der Sprachwissenschaft, die sich gerade in seiner Spätzeit, seit 1820, sprunghaft entwickelte, faszinierte ihn auch die Sprachphilosophie, das Nachdenken über Wesen und Bedeutung von Sprache für den Menschen schlechthin. ‚Sprache' und ‚Denken' waren für ihn zwei weitgehend deckungsgleiche Sphären; je tiefer er in das Wesen der Sprache eindrang, desto mehr glaubte er über das Denken und mithin über den Menschen im allgemeinen herausfinden zu können. Indem wir uns auf seinen Weg des Denkens über Sprache begeben, erfahren wir also nicht in erster Linie einzelnes über fremde Sprachen, sondern Substantielles über den allgemeinen Zusammenhang von Sprache und Denken. Wenn Ludwig Wittgenstein später berühmt wurde mit dem Satz: „*Die Grenzen meiner Sprache* bedeuten die Grenzen meiner Welt", sind wir ganz nahe bei Humboldt, der dieselbe Einsicht fast wörtlich ebenso schon formuliert hatte. Der besondere Zusammenhang des Einzelnen mit dem Ganzen – das ist es, was an Humboldts Methode so fasziniert. Seine platonischen Denkformen trug er auch in die unübersehbar weite Welt der fremden Sprachen hinaus, womit er seine Ergebnisse auch für Zeitgenossen und Nachgeborene fruchtbar machte, die nicht imstande waren, ihm auf seinem Weg durch ein unübersehbares empirisches Material zu folgen.

Über das vergleichende Sprachstudium

Im Kopfsatz seiner 1820 vor der Akademie präsentierten Abhandlung *Ueber das vergleichende Sprachstudium in Beziehung auf die verschiedenen Epochen der Sprachentwicklung* nennt Humboldt als Zweck seiner Bemühungen Aufschlüsse über „Sprache, Völkerentwicklung und Menschenbildung". Diesen anthropologischen Ansatz will er als eigenen, neuen verfolgen; man muß, so Humboldt, das vergleichende Sprachstudium zu einem „eignen, seinen Nutzen und Zweck in sich selbst tragenden Studium" machen (HS 3, 1).

Dazu ist ihm die Erkenntnis dienlich, daß es im Blick auf die Geschichte einer Sprache (einer jeden Sprache!) einen „Punkt der vollendeten Organisation" (HS 3, 1) gibt, also ein Stadium der Entwicklung, in dem die Gestalt erreicht ist und sich nicht mehr grundlegend ändert. Damit meint er, daß beispielsweise die grammatischen Strukturen, wenn sie einmal ausgebildet sind, im wesentlichen gleichbleiben. Sprachwandel kann dann immer noch in bezug auf das Lexikon eintreten, aber nicht mehr auf dem Feld der Grammatik.

Insofern kann man also für bestimmte Strukturuntersuchungen der Sprache von einem gegebenen Zustand ausgehen und die Tatsache vernachlässigen, daß Sprachen im Munde der Sprecher immer im Fluß bleiben. Zugleich aber bemerkt man, daß wir nichts über Sprachen wissen, die diesen „Punkt der vollendeten Organisation" noch nicht erreicht haben. Auch den einfachsten Sprachen fehlt er nicht; man kann also höchstens empirisch nach der untersten erkennbaren Stufe einer Sprachentwicklung fragen. Aber in jedem Falle ist die Sprache ein Ganzes; wir können keine Unterteilung im Entstehungsprozeß einer Sprache feststellen; sie ist immer schon vollständig.

Die körperliche und die geistige Seite der Sprache, Humboldt nennt sie „Articulation" und „Reflexion", erlauben zwar Analysen beliebiger Tiefenschärfe, können aber auch durch Synthese wiederum unendlich kombiniert werden. Im Sprechenden selber äußert sich ein Selbstbewußtsein, das ihn dazu bestimmt, Laute zu artikulieren; gleichzeitig aber reflektiert er ihren Sinn. ‚Synthese' bedeutet in diesem Zusammenhang auf der körperlichen Ebene, Silben zu Wörtern und Wörter zur Rede zusammenzuschließen, auf der geistigen, mit diesen artikulierten Lauten Sinn zu verbinden.

Wie aber kann man Aussagen über die weitere Entwicklung, die „feinere Ausbildung" einer Sprache machen? In geschichtlich weit zurückliegenden Phasen hängt diese aufs engste mit den Entwicklungen der Völker zusammen, mit ihren Zügen, Wanderungen, Zusammenschlüssen und Trennungen. Verschiedene Mundarten einer Sprache können sowohl durch die Teilung von Völkern entstanden sein als auch durch selbständige, unabhängige Neubildung. Der ältere Streit um die Monogenese (Abstammung von einer einzigen Ursprache) oder Polygenese (unabhängige Entstehung von Sprachen an verschiedenen Orten) läßt sich nicht entscheiden.

Humboldt unterscheidet grundsätzlich „Organismus" und „Ausbildung" einer Sprache; wir könnten mit moderneren Begriffen vielleicht sagen: „Struktur" und „Geschichte". Während die Struktur einer Sprache nur begreiflich wird, wenn man mehrere vergleicht, also die empirische Kenntnis der Sprachen ausbreitet, wird die Geschichte aufgehellt, indem man in *einer* Sprache immer mehr in die Tiefe geht. Die durch eine Verbindung beider Richtungen erreichbaren Einsichten antworten auf vier Fragen: 1. Was ist die Sprache? 2. Welche Zwecke erreicht der Mensch mit der Sprache? 3. Wie entwickelt sich das Menschengeschlecht? 4. Wie unterscheiden sich die einzelnen Nationen?

Humboldt verweist auf seine künftigen Studien zu 30 indigenen Sprachen Amerikas. Auf die innere Strukturanalyse einer jeden soll die vergleichende Analyse mehrerer Sprachen in bezug auf bestimmte Teile, beispielsweise die Verben, folgen. Diese Strukturanalyse in doppelter Beziehung, in die Breite und in die Tiefe, sollte dann eine Klassifikation ermöglichen (in Analogie zur Klassifikation nach dem inneren Bau der Pflanzen).

Die Frage nach dem Zweck einer Sprache läßt sich nicht schon durch die Strukturuntersuchung, sondern erst durch die Analyse des Gebrauchs beantworten. Sie führt aus dem Problem heraus, daß bei vergleichenden Sprachforschungen sonst sehr leicht der Fall eintreten kann, daß man für analoge Funktionen in unterschiedlichen Sprachen nur eben unterschiedliche Laute feststellen kann. Diese Frage bildet für Humboldt den „Schlussstein der Sprachkunde", den „Vereinigungspunkt mit Wissenschaft und Kunst" (HS 3, 9). Hier kommt es aber vor allem auf die „gebildeten" Sprachen an: Während jede Sprache der Kommunikation dient, besitzen nur die „höheren" Sprachen auch Literatur.

Die Frage nach der Sprachentstehung auf einmal oder in Phasen (Stufen) beantwortet Humboldt ohne Umschweife mit einer Entscheidung für das plötzliche, einmalige Erscheinen einer jeden Sprache mit einem Schlage. Sein wichtigstes Argument liegt in der Logos-Adäquanz: Die Sprache ist der menschlichen Vernunft gleichartig, muß also schon von Anfang an mit der Möglichkeit zu denken gegeben sein. Schon zum Verständnis auch nur eines Wortes muß eine Sprache zur Gänze vorliegen. Diese Überzeugung faßt Humboldt in den zur Paradoxie zugespitzten Befund: „Der Mensch ist nur Mensch durch Sprache; um aber die Sprache zu erfinden, müsste er schon Mensch seyn" (HS 3, 11).

Als auffallend artikulierte Einheit der Rede, als „Individuum", fällt zunächst das *Wort* auf. Das Wort erscheint als sinnliches Zeichen des Begriffes, denn die artikulierende Trennung eines Wortes von anderen muß ja wohl eine formende Bedeutung haben und verweist insofern auf einen Begriff. Deshalb kann es nicht gleichgültig sein, daß man in einer Sprache mit mehreren Worten umschreiben muß, was in einer anderen auf den Begriff gebracht ist. „Das Denken ist aber nicht bloss abhängig von der Sprache überhaupt, sondern, bis auf einen gewissen Grad, auch von jeder einzelnen bestimmten" (HS 3, 16). Eine Universalsprache ist deshalb nicht möglich. Eine Ersetzung von Sprachzeichen durch mathematische Universalien geht am Wesen der Sprache vorbei, die eben nur als je besondere greifbar wird.

Wenn man akzeptiert, daß in einem Wort einer bestimmten Sprache ein Begriff fixiert ist, muß man auch anerkennen, daß er damit in gewissen Grenzen gefangen ist, und zwar deshalb, weil jedes Wort mit anderen Wörtern verwandt ist, also einen gewissen Assoziationsraum besetzt. Derselbe Assoziationsraum ist in anderen Sprachen anders begrenzt. Jeder Begriff erhält insofern durch seine Festlegung in einem Wort einer bestimmten Sprache eine gewisse Färbung, die ihn von einer Universalie notwendig unterscheidet.

Für das Verhältnis zwischen Individuum und Ganzem ist festzuhalten, daß Sprache nie freies Erzeugnis eines einzelnen Menschen sein kann, sondern allenfalls Modifikation des Übernommenen. Ein Neugeborenes, das eine Sprache erlernt, greift Vorgefundenes auf, ein Erbe von Generationen. Sprachlichkeit ist in erster Linie an eine Nation gebunden, letztlich aber zur gesamten Menschheit hin offen.

Sprache wird insofern „der grosse Uebergangspunkt von der Subjectivität zur Objectivität, von der immer beschränkten Individualität zu Alles zugleich in sich befassendem Daseyn" (HS 3, 18). Der durch die Sprache bedingte Mensch wirkt seinerseits auf die Sprache zurück.

Damit steht jeder Mensch am Umschlagspunkt von Subjectivem und Objectivem, weil ihm die Sprache objektiv entgegengebracht wird, er sie sich subjektiv aneignen muß und dann, modifiziert, weitergibt. Wenn jede Sprache einen „Anklang der allgemeinen Natur des Menschen" darstellt, möchte sie doch zugleich „ein vollständiger Abdruck der Subjektivität der Menschheit" werden: „Die ursprüngliche Uebereinstimmung zwischen der Welt und dem Menschen, auf welcher die Möglichkeit aller Erkenntniss der Wahrheit beruht, wird also auch auf dem Weg der Erscheinung stückweise und fortschreitend wiedergewonnen" (HS 3, 20).

Sprache ist zugleich „Abbild" und „Zeichen", nämlich teilweise „Product des Eindrucks der Gegenstände" und teilweise „Erzeugniss der Willkühr des Redenden". Viele Wörter entspringen genau dieser Verbindung von sinnlichen und unsinnlichen Ausdrücken. Während Ausdrücke für sinnliche Gegenstände in verschiedenen Sprachen wesentlich gleichartige Eindrücke hervorrufen, unterscheiden sich die Ausdrücke für unsinnliche Gegenstände stärker. Sie bestimmen ihre Objekte jeweils anders, schränken sie mehr oder weniger ein. Während sinnliche Ausdrücke leicht übersetzbar sind, wird dies bei unsinnlichen schwerer, im Grenzfall unmöglich. Hinzu kommt, daß Sprache wissenschaftlich oder rednerisch eingesetzt werden kann. Der rednerische Gebrauch nimmt gerne Elemente der Dichtersprache auf, weckt damit einen gewissen Hof von Assoziationen, der im abstrahierenden wissenschaftlichen Sprachgebrauch störend wirkt. Aber „bei jeder Erkenntniss, welche die ungetheilten Kräfte des Menschen fordert, tritt der rednerische ein" (HS 3, 20). So erhält die Sprache Licht und Wärme, entfernt sich aber zugleich von der Abstraktion. Wissenschaftlicher Gebrauch tendiert dazu (wie auch der konventionelle), die stoffliche Seite der Sprache zu vernachlässigen und sie nur als Zeichen anzusehen. In Wirklichkeit ist jede Sprache für den ‚ganzen Menschen' da, wird also auch durch Poesie, Philosophie und Geschichte beeinflußt und insofern rednerischem Gebrauch aufgeschlossen. – Die Tendenz der Ausführungen dieser Akademierede ist klar: Gegen die Auffassung von Sprache als einem bloßen Zeichensystem setzt Humboldt seine Einsicht, daß in den „zu höherer Ausbildung gediehenen Sprachen eigne Weltansichten liegen" (HS 3, 24).

Über das Entstehen der grammatischen Formen
Humboldt unterscheidet grundsätzlich in einer Sprache das *Lexikon* (Vokabular) von der *Grammatik* (Struktur). In der 1822 vorgetragenen Akademieabhandlung mit dem Titel *Über das Entstehen der grammatischen Formen und ihren Einfluss auf die Ideenentwicklung* wird nun ausschließlich das Element der Grammatik zum Thema: inwiefern die Verknüpfungsstruktur die Ideen beeinflußt. Es geht also hier nicht um das *Material* der Sprache, sondern um die *Form*. Damit verbunden ist die sekundäre Frage, „inwiefern es für das Denken und die Ideenentwicklung wichtig ist, ob diese Verhältnisse durch wirkliche Formen, oder durch andre Mittel bezeichnet werden" (HS 3, 31).

Als heuristisches Problem erkennt der Sprachforscher, daß es fatal wäre, a priori einen Typus der Sprachentwicklung festzustellen und eine Verlaufsform zu charakterisieren. Humboldt postuliert vielmehr, daß verschiedene Sprachen, welche verschiedene Möglichkeiten unabhängig voneinander realisiert haben, in ihrer Individualität gewürdigt werden müssen. Dieses Erkenntnisproblem erscheint um so schwerer zu umgehen, als jeder mögliche Beobachter von einer bestimmten Muttersprache herkommt und ihre Struktur als Norm zugrunde legt. Vom idealen Sprachforscher dagegen wäre zu fordern, daß er sich von solchen Prädispositionen freizumachen in der Lage wäre.

Grundsätzlich gibt es bei dem, was Humboldt hier an grammatischen Beziehungen zwischen Wörtern vorsieht, drei Möglichkeiten: 1. Einfache Sprachen bezeichnen Relationen, die in höheren grammatisch gekennzeichnet werden, noch nicht. Sie stellen nur Wörter nebeneinander, die vielleicht durch ihre Stellung zueinander, durch Betonung oder auf andere Weise in ihren Relationen deutlich gemacht werden können, aber diese Beziehungen noch nicht durch Formen fixieren. 2. Höhere Sprachen kennen Präfixe, Suffixe oder andere Veränderungen am Wort selbst (Flexionen) als Kodierung für grammatische Beziehungen. 3. Schließlich bietet sich die Möglichkeit, durch Präpositionen oder andere hinzugefügte Wörter deutlich zu machen, in welcher Relation das betreffende Wort zu stehen hat und was seine grammatische Funktion sein soll.

Humboldt formuliert die Einsicht: „Soll aber die Ideenentwicklung mit wahrer Bestimmtheit, und zugleich mit Schnelligkeit und Fruchtbarkeit vor sich gehen, so muß der Verstand dieses reinen Hinzudenkens überhoben werden, und das grammatische Verhältnis ebensowohl durch die Sprache bezeichnet werden, als es die Wörter sind. Denn in der Darstellung der Verstandeshandlung durch den Laut liegt das ganze grammatische Streben der Sprache" (HS 3, 38). „Die Ideenentwicklung kann erst dann einen eigentlichen Schwung nehmen, wenn der Geist am blossen Hervorbringen des Gedankens Vergnügen gewinnt, und dies ist allemal von dem Interesse an der blossen Form desselben abhängig. Das Interesse kann nicht durch eine Sprache geweckt werden, welche die Form nicht, als solche darzustellen gewohnt ist, und es kann, von selbst entstehend, auch an einer solchen Sprache kein Gefallen finden" (HS 3, 39).

Der Zusammenhang von Sprechen und Denken – das ist das Grundproblem, um das es hier geht. Beide stellt sich Humboldt dynamisch vor, jeweils in Entwicklung. Beide stehen in Wechselwirkung, und es kommt nun, wo Ideen entwickelt werden sollen, darauf an, die dafür geeignetste Sprache zu finden. Für Humboldt ist das klar die griechische, und so findet sich an dieser Stelle ein sprachphilosophischer Panegyrikos auf diese Sprache, die „höchstgebildete, die wir kennen": „In dem künstlichen Periodenbau dieser bildet die Stellung der grammatischen Formen gegeneinander ein eignes Ganzes, das die Wirkung der Ideen verstärkt, und in sich durch Symmetrie und

Eurythmie erfreut. Es entspringt daraus ein eigner, die Gedanken begleitender, und gleichsam leise umschwebender Reiz, ohngefähr eben so, als in einigen Bildwerken des Alterthums, ausser der Anordnung der Gestalten selbst, aus den blossen Umrissen ihrer Gruppen wohlgefällige Formen hervorgehn. In der Sprache aber ist dies nicht bloss eine flüchtige Befriedigung der Phantasie. Die Schärfe des Denkens gewinnt, wenn den logischen Verhältnissen auch die grammatischen genau entsprechen, und der Geist wird immer stärker zum formalen, und mithin reinen Denken hingezogen, wenn ihn die Sprache an scharfe Sonderung der grammatischen Formen gewöhnt" (HS 3, 41). Bei möglichen Mitteln zum Ausdruck grammatischer Beziehungen denkt Humboldt in erster Linie an Agglutination und Flexion, die gleichursprünglich sind, aber im Dienste der Ideenentwicklung von der einfachen Agglutination zur formal höherstehenden Flexion tendieren. Eine stärkere formale Durchbildung ist ein Kennzeichen jeder höher entwickelten Sprache. Je weiter sich Sprachen von ihrem Ursprung entfernen, desto mehr prägen sie Grammatik aus, und je mehr sie an formalen Strukturen zu bieten haben, desto mehr befördern sie die Ideenentwicklung, das Denken. – Nicht die zwischenmenschliche Kommunikation steht im Mittelpunkt der Humboldtschen Betrachtung, sondern die Adäquanz der sprachlichen Lautzeichen für die Ideenentwicklung.

Über die Buchstabenschrift

Auch diese 1824 vor der Akademie vorgetragene Abhandlung mit dem vollständigen Titel *Über die Buchstabenschrift und ihren Zusammenhang mit dem Sprachbau* gehört in den Kontext eines umfassenden Forschungsprogramms zum Zusammenhang von Sprache und Denken. Nun geht es darum zu ergründen, welche Bedeutung die Erfindung des Alphabets für die Entwicklung einer Sprache und mithin für die Erzeugung von Ideen hatte. Humboldt vergleicht Sprachen ohne Buchstabenschrift mit den vom Sanskrit abstammenden Sprachen. Befruchtend für sein Nachdenken wirkte der damals gerade aktuelle

Streit um den Charakter der ägyptischen Schrift. Soeben hatte Jean-François Champollion nämlich die Hieroglyphen entziffert (1822). Für Humboldt steht ein enger Zusammenhang von Buchstabenschrift und Sprachanlage fest.

Jede Sprache hat schon lange vor der Schrift bestanden, und Umgangssprache ist weitgehend schriftlos. „Allein das tönende Wort ist gleichsam eine Verkörperung des Gedankens, die Schrift eine des Tons" (HS 3, 84). Mit modernen Begriffen: Buchstabenschrift hält die phonologische Komponente des Sprechens fest, nicht die semantische. Diese Fixierung dient der Tradition, der Aufbewahrung; insofern uns Sprache aber nach der Erfindung einer Schrift auch als geschriebene entgegentreten kann, wirkt sie unvermeidlicherweise auch in dieser Gestalt auf den Geist zurück.

Humboldt geht grundsätzlich von zwei verschiedenen Ebenen aus: „Wortsystem" und „Gedankenwelt". „Die Eigenthümlichkeit der Sprache besteht darin, dass sie, vermittelnd, zwischen dem Menschen und den äussren Gegenständen eine Gedankenwelt an Töne heftet" (HS 3, 85). Über diese Wortsysteme läßt sich aussagen, daß sie „zu dem Werke der gesammten Menschheit alle Jahrhunderte ihres Daseyns hindurch werden, und dass mithin jedes Wort ein doppeltes Bildungselement in sich trägt, ein physiologisches, aus der Natur des menschlichen Geistes hervorgehendes, und ein geschichtliches, in der Art seiner Entstehung liegendes" (HS 3, 86). Dem Geist kommt es nicht bloß auf den Inhalt, sondern vorzüglich auf die Form der Gedanken an, wie man vor allem an den höher entwickelten Sprachen erkennen kann.

Eine Buchstabenschrift regt nun zwar nicht den Geist an, stabilisiert aber die phonologische Komponente der Sprache. Eine Bilderschrift wirkt negativ auf die Ideenentwicklung ein, weil sie „das Bild zum Schriftzeichen aufwirft" (HS 3, 86). Eine Figurenschrift, welche Begriffe bezeichnet, scheint für die Ideenentwicklung am ehesten förderlich. Dennoch kann diese ihre Funktion nicht erfüllen, weil Ideen an Wörter geheftet, also an Töne gebunden sind. Auch eine Begriffsschrift kann nicht rein aus Begriffen gebildet sein, weil sie von den Wörtern ihrer Ursprungsprache abhängig bleibt. Insofern aber Sprache vor der Schrift da ist, ist jede Begriffsschrift immer zugleich eine Lautschrift. „Das Bemühen, sich von einer bestimmten Sprache unabhängig zu machen, muss, da das Denken ohne Sprache einmal unmöglich ist, nachtheilig und verödend auf den Geist einwirken" (HS 3, 89).

Dagegen ist die Buchstabenschrift von diesen Fehlern frei, und zwar deshalb, weil sie die sprachliche Natur des Denkens wahrt, dabei aber hinter die Erfordernisse einer freien Ideenentwicklung zurücktritt. Deren besonderen Vorzug sieht Humboldt darin, daß das Lesen und Schreiben mit Hilfe des Alphabets zur Anerkennung der zugleich dem Auge und Ohr fühlbaren Lautelemente zwingt und mithin Trennung und Zusammensetzung, Analyse und Synthese dieser Lautelemente einübt und allgemein verbreitet. Das hat zunächst Rückwirkungen auf eine reinere Aussprache. Die Artikulation der Töne wird durch Buchstabenschrift befördert: „man behauptet nicht zu viel, wenn man sagt, dass durch das Alphabet einem Volke eine ganz neue Einsicht in die Natur der Sprache aufgeht" (HS 3, 92).

Bildende Kunst und Mathematik werden als Beispiele genannt für Systeme, in denen Sprache weniger wichtig ist, aber grundsätzlich gilt, daß Sprache die Grundlage aller menschlichen Tätigkeiten ausmacht. Verschiedene Nationen unterscheiden sich dadurch, wie stark sie die Sprache in Anspruch nehmen für alle möglichen Lebensbeziehungen. Die Individualität der Nationen läßt sich also auch kennzeichnen durch ihr Verhältnis zum Ton, zur lautlichen Qualität von Sprache. Die sinnliche Anmutung durch die Töne einer Sprache zeitigt aber Rückwirkungen auf die geistige Tätigkeit, „da der Mensch nur durch Sprache Mensch, und die Sprache nur dadurch Sprache ist, dass sie den Anklang zu dem Gedanken allein in dem Wort sucht" (HS 3, 95).

Das Phänomen der Artikulation ist in verschiedenen Schriften Humboldts von besonderer Bedeutung; so auch hier. Der artikulierte Laut sei „gleichsam der geistige Theil des Alphabets", heißt es in einer Klammerbemerkung. Humboldt schwelgt geradezu im Preis des Rhythmus, welcher „das Ohr in einen unnachahmlichen Zauber wiegt" (HS 3, 96 f.). Der Ton ist ihm Musik; Sprache dient also nicht nur der Verständigung, sondern auch direkt dem sinnlichen Genuß. Die antiken Silbenmaße vermitteln Harmonie, während moderne Mittel wie Reim und Assonanz bloß den Klang betreffen, gewissermaßen äußerlich bleiben.

Die Buchstabenschrift fördert aber auch die Ausbildung von Flexionsendungen, indem sie eine präzise Artikulation einzelner Laute unterstützt. Damit hat sie Rückwirkungen auf die Grammatik einer Sprache. Weil nun aber die Gliederung „das Wesen der Sprache" ist, wächst in einer Nation im Gebrauch der Buchstabenschrift auch die „Schärfe des Sprachsinnes" (HS 3, 98 f.).

Die Abhandlung schließt mit Ausführungen zu den altamerikanischen Sprachen, die nicht zur Buchstabenschrift übergegangen sind. Humboldt stellt den wesentlichen Unterschied zu mnemonischen Systemen wie etwa den Knotenschnüren oder Kerbstöcken heraus und geht auch auf mexikanische Bilderschriften ein. Er schließt die Vermutung an, daß die amerikanischen Völker ebenso wie China sich einer Buchstabenschrift verweigert hätten, wenn sie ihnen nicht von außen durch die Kolonisatoren aufgezwungen worden wäre, weil die innere Richtung ihrer Kultur diese Disposition nicht aufzuweisen hatte.

Über den Dualis

In dieser Akademieabhandlung von 1827 untersucht Humboldt ein Grammatikphänomen vergleichend durch alle ihm bekannten Sprachen: den Dualis, der im Griechischen geläufig ist, aber auch in zahlreichen anderen Sprachen, auch außerhalb des indoeuropäischen Sprachzusammenhanges. Außer der Einzahl (Singular) und der Mehrzahl (Plural) gibt es in diesen Sprachen noch eine Zweizahl (Dualis), die für Einheiten angewendet wird, welche genau zwei umfassen, nicht mehr und nicht weniger.

Zuerst skizziert er die geographische Verbreitung dieses Phänomens und führt alle betroffenen Sprachen auf drei Zweige zurück: die semitischen, die aus Indien herkommenden und die in Indonesien. Er vermag genauer zu differenzieren, welche zu diesen Zweigen gehörigen Sprachen Dual-Phänomene aufweisen.

Der nächste Schritt ist eine Funktionsanalyse. Anfangs geht es um die Gemeinsamkeit von Ich und Du, also der redenden und der angesprochenen Person, welche zusammengenommen werden können und gleichzeitig Außenstehende ausschließen. Sodann bezeichnen manche Sprachen paarig auftretende Phänomene mit Dualformen (Augen, Ohren, Hände, Füße usw.). Schließlich existiert auch noch die Möglichkeit, daß der Dualis die ganze Sprache durchdringt und allgemein den Begriff der Zweiheit zum Ausdruck bringt. Zwischen diesen Funktionsklassen und den geographischen Verbreitungsgebieten lassen sich sodann Zuordnungen treffen.

Auch hier betont Humboldt wiederum: „Die Sprache ist aber durchaus kein blosses Verständigungsmittel, sondern der Abdruck des Geistes und der Weltansicht der Redenden" (HS 3, 135). Insofern muß also die Verwendung einer speziellen Grammatikform für den Dualis, welche diesen vom allgemeinen Plural abhebt, für die betreffenden Sprachen und Nationen auch eine grundlegende Bedeutung gehabt haben. Es liege, meint Humboldt, grundsätzlich in der Sprache ein Dualismus, die Möglichkeit des Sprechens selbst werde durch Anrede und Erwiderung bedingt. „Schon das Denken ist wesentlich von Neigung zu gesellschaftlichem Daseyn begleitet, und der Mensch sehnt sich, abgesehen von allen körperlichen und Empfindungs-Beziehungen, auch zum Behuf seines blossen Denkens nach einem dem *Ich* entsprechenden *Du,* der Begriff scheint ihm seine Bestimmtheit und Gewissheit durch das Zurückstrahlen aus einer fremden Denkkraft zu erreichen. Er wird erzeugt, indem er sich aus der bewegten Masse des Vorstellens losreisst, und, dem Subject gegenüber, zum Object bildet" (HS 3, 138 f.). Diese Spaltung kann auch in einem Individuum selbst stattfinden, indem das Du dann jeweils nur *gedacht* wird. In jedem Falle aber wird die Vermittlung der Idee zwischen Subjekt und Objekt durch *Sprache* bewirkt. Der „Urtypus aller Sprachen" werde durch das Pronomen, durch die Unterscheidung der zweiten Person von der dritten ausgedrückt. „*Ich* und *Er* sind wirklich verschiedene Gegenstände, und mit ihnen ist eigentlich Alles erschöpft, denn sie heissen mit andren Worten *Ich* und *Nicht-ich*. *Du* aber ist ein dem *Ich* gegenübergestelltes *Er*. Indem *Ich* und *Er* auf innerer und äußerer Wahrnehmung beruhen, liegt in dem *Du* Spontaneität der Wahl. Es ist auch ein *Nicht-ich,* aber nicht, wie das *Er,* in der Sphäre aller Wesen, sondern in einer andren, in der eines durch Einwirkung gemeinsamen Handelns" (HS 3, 139).

Wir erleben hier, wie Humboldt als Sprachphilosoph arbeitet: Er skizziert in groben Strichen die empirische Basis seiner Beobachtungen, erspart uns aber die Ableitung im einzelnen. Er geht sofort über von einer Verankerung der grammatischen Eigenart des Dualis zu einer sehr weitgehenden Deutung. Dies ist ihm möglich auf der Basis seiner Überzeugung, daß in einer Sprache „Weltansichten" kodiert seien.

Man beachte, daß Humboldt der angesprochenen Person, dem Du, „Spontaneität der Wahl" zuschreibt. Das heißt auch, daß sich zwischenmenschliche Phänomene wie Freundschaft und Liebe in Sprache kodiert finden. Die äußere Wahrnehmung einer Getrenntheit des Ich vom Er (oder Sie) wird gewissermaßen ergänzt um ein Element menschlicher Freiheit, der Partnerwahl eines Du. Diese „Wahl" ist insofern von grundlegender Bedeutung für die Ideenentwicklung, als Humboldt zuvor schon festgestellt hatte, daß Denken seinem Wesen nach dialogisch funktioniert – selbst im Grenzfall, daß sich ein Ich sein Du nur vorstellt.

In solcher Form von Sprachphilosophie auf empirischer Grundlage kommt verschiedenes zusammen, was für Humboldt spezifisch ist: Wir erinnern uns an seine polare Philosophie der Geschlechter ebenso wie an seine Privilegierung des Griechischen als einer höchst gebildeten und zugleich ursprungsnahen Sprache. Während damals die meisten Sprachforscher wesentlich im Bereich des Lexikons arbeiteten, des Vergleichs verschiedener Bezeichnungen für ein und dieselbe Sache, um Genealogien von Sprachen aufzustellen, Abhängigkeiten zu konstatieren und Nationenwanderungen nachzuvollziehen, machte Humboldt hier erstmals ernst mit seinem Postulat, es gelte auch im Bereich der Grammatik anthropologische Kodierungen aufzuspüren. Der Dualis wird so von einem aussterbenden Kuriosum zu einer menschlichen Universalie.

Über die Verschiedenheiten des menschlichen Sprachbaues

Diese zu Lebzeiten Humboldts unpublizierte, über 200 Druckseiten starke Schrift enthält seine grundlegenden sprachphilosophischen Einsichten bis zum Jahre 1829. Man begreift, warum er sich davon nicht trennen wollte: Es geht um die großen Fragen im Verhältnis von Sprache und Denken; er konnte hoffen, bei weiterdringender Sprachkenntnis in diesen Problemen noch weiter voranzukommen.

Grundlegende Einsichten: Die menschliche Sprache, meint er, sei „eigentlich nur Eine" (HS 3, 144), daraus folgt beispielsweise, daß es außer einer Sprachenkunde (im Plural) auch eine Sprachkunde (im Singular) gibt. Überall auf der Erde lernen Menschen in einem bestimmten Entwicklungsalter die jeweils vorhandene Sprache; sie reifen im Aufwachsen mit dieser Sprache und entwickeln ihren Geist im Hineinwachsen in diese jeweilige Sprache.

„Die Sprache umschlingt mehr, als sonst etwas im Menschen, das ganze Geschlecht" – eine Überzeugung, der man sicher gerne zustimmen wird, doch kommt es auf den Folgesatz an: „Gerade in ihrer völkertrennenden Eigenschaft vereinigt sie durch das Wechselverständnis fremdartiger Rede die Verschiedenheit der Individualitäten, ohne ihnen Eintrag zu thun" (HS 3, 150). Der Mensch, der mit Sprache begabt ist, verwandelt immer größere Massen der ihn umgebenden Welt in Sprache; verschieden sprechende Individualitäten bilden in diesem Sinne kreative Potenzen. Um so auffallender ist, findet Humboldt, daß die Völker der Alten Welt, gerade auch die Griechen, anscheinend kein Bestreben hatten, sich mit fremden Sprachen auseinanderzusetzen. Erst die Differenzierung der Neuzeit, die Expansionsbewegungen, die mit geistigen Entwicklungen verbunden waren, haben offenbar das Bedürfnis geweckt, andere Sprachen zu lernen und forschend zu durchdringen. Damit wird aber auch die Menschheit als Ganzes in den Blick genommen; eine Sprachkunde erwächst aus der Sprachenkunde.

Elementar ansetzend, beschreibt Humboldt den Menschen als „tönendes Erdengeschöpf" (HS 3, 154): Schon das Neugeborene gibt Töne von sich, die ihm Kommunikation ermöglichen und im Laufe der Jahre immer stärker bearbeitet, verfeinert und kultiviert werden. Auf der Gegenseite ergibt sich das Problem des Sprachverstehens: Im Hörenden bilden sich Vorstellungen, die von dem abhängig sind, was seine eigene Sprache ist: „der Mensch versteht sich selbst nur, indem er die Verstehbarkeit seiner Worte an Andren versuchend geprüft hat" (HS 3, 196). Spracherwerb und Hermeneutik sind also miteinander verbundene Untersuchungsfelder für einen Sprachforscher.

Obwohl die Sprachfähigkeit zu den grundlegenden Humana gehört, steht der Sprachenkundler natürlich vor dem Problem der Pluralität menschlicher Sprachen. „Eine Nation [...] ist eine durch eine bestimmte Sprache charakterisirte geistige Form der Menschheit, in Beziehung auf idealische Totalitaet individualisirt" (HS 3, 160). In dieser Formel kommt die Tendenz der Zersplitterung mit der Idee der Ganzheit zusammen.

„Die Sprache ist das bildende Organ des Gedanken" (HS 3, 191). Dies ist einer der zentralen Sätze der Humboldtschen Sprachphilosophie. Und: Sprache ist grundlegend für Geselligkeit; da der Mensch bekanntlich ein ‚Zoon politikon' ist, wird Sprache zu seinem wesentlichen Medium. Er artikuliert Laute, und zwar im Hinblick auf ein Du; er entwickelt seine Kräfte, weil er vom „Verlangen nach Vervollständigung durch die andren" (HS 3, 200) bestimmt ist.

Die lautliche Komponente des Sprechens ist in gewisser Hinsicht charakteristischer, als es die Grundbestandteile Vokabular und Grammatik sind. Lautlichkeit bildet Heimat. ‚Mundart' wird deshalb zu einem wichtigen Untersuchungsgegenstand des Linguisten.

Immer wieder kommt Humboldt auf die ihm wesentliche Wechselbeziehung von Sprechen und Denken zurück: „So ist die Sprache ein nothwendiges Erforderniss zur ersten Erzeugung der Gedanken, und zur fortschreitenden Ausbildung des Geistes" (HS 3, 217). „Was für mich am überzeugendsten für die Einheit der menschlichen Natur in der Verschiedenheit der Individuen spricht […]: dass auch das Verstehen ganz auf der inneren Selbstthätigkeit beruht, und das Sprechen mit einander nur ein gegenseitiges Wecken des Vermögens der Hörenden ist" (HS 3, 220).

Eine Metapher, die später auf dem Weg über Max Weber und Clifford Geertz Karriere gemacht hat, ist die von der Sprache (Kultur) als einem selbst gesponnenen Gewebe: „Durch denselben Act, vermöge welches der Mensch die Sprache aus sich heraus spinnt, spinnt er sich in dieselbe ein, und jede Nation spinnt um die Nation, welcher sie angehört, einen Kreis, aus dem es nur insofern hinauszugehen möglich ist, als man zugleich in den Kreis einer andren Sprache hinübertritt. Die Erlernung einer fremden Sprache sollte daher die Gewinnung eines neuen Standpunkts in der bisherigen Weltansicht seyn, da jede das ganze Gewebe der Begriffe und der Vorstellungsweisen eines Theils der Menschheit enthält" (HS 3, 224 f.).

Die Untersuchung des Verhältnisses von Denken und Sprache ist die eigentliche Ebene, auf der Humboldt seine anthropologische Reflexion entfaltet. Kategorien seiner Anthropologie finden sich deshalb auch im Sprachlichen, wobei ‚Nation' vordringlich wird, ‚Geschlecht' nur noch am Rande Erwähnung findet.

Sprache und Denken

In den letzten Jahren seines Lebens beschäftigte sich Humboldt wesentlich mit Nachdenken über das Verhältnis von Sprache und Denken. Zu einem abgeschlossenen Werk ist es zwar nicht gekommen, doch enthält die Einleitung zu seinem Manuskript über die malaiische Gelehrtensprache Kawi seine allgemeinsten und tiefsten Gedanken zu diesem Thema. Es ist das umfangreichste seiner Manuskripte überhaupt; die

Einleitung umfaßt fast 400 Druckseiten, die auch Fußnoten enthalten und beinahe publikationsreif ausgearbeitet sind. Der Titel des Manuskripts lautet ähnlich wie beim vorangehenden: *Über die Verschiedenheit des menschlichen Sprachbaus und ihren Einfluß auf die geistige Entwicklung des Menschengeschlechts*. Ein möglicher griffigerer Titel wäre: „Sprache und Denken". Dieses umfangreiche Werk enthält die Summe von Humboldts Sprachdenken und sein bleibendes Vermächtnis an die Nachwelt.

„Die Sprache […] ist das Organ des inneren Seyns", lautet eine der allgemeinsten Formulierungen, eine andere: Sprache ist die „verschiedenartige Offenbarwerdung der menschlichen Geisteskraft" (HS 3, 383). In der Überschau seiner ausgebreiteten Sprachkenntnisse arbeitet Humboldt an einer Geografie der Sprachen und zugleich an einer „Culturgeschichte des Menschengeschlechts" (HS 3, 384). Denn: „Die Sprache ist tief in die geistige Entwicklung der Menschheit verschlungen, sie begleitet dieselbe auf jeder Stufe ihres localen Vor- oder Rückschreitens, und der jedesmalige Culturzustand wird auch in ihr erkennbar" (HS 3, 386). In den Menschen steckt eine „sprachbildende Kraft"; „Sprache ist ein inneres Bedürfniss der Menschheit" (HS 3, 390).

Jeder wird in eine Sprachwelt hineingeboren; er verwirklicht sich als Mensch, indem er Sprache erlernt. Wir wissen nichts über ein Menschsein vor der Sprache und können keine ‚Ursprache' greifen. Da Sprache immer im Wandel ist, wird jede Generation in einen neuen Sprachzustand hineingestellt und trägt zu dessen Fortbildung bei. Jeder einzelne kann die sprachliche Überlieferung beeinflussen, indem er Sprache gebraucht und weitergibt. Sprache ist immer national; eine Nation bildet sich nach dem Geltungsbereich einer Sprache. Sprachen sind, von zwei Richtungen betrachtet, beides: „Schöpfungen der Nationen" und „Selbstschöpfungen der Individuen" (HS 3, 412). „Die Sprache ist gleichsam die äusserliche Erscheinung des Geistes der Völker; ihre Sprache ist ihr Geist und ihr Geist ist ihre Sprache, man kann sich beide nie identisch genug denken" (HS 3, 414 f.).

Bei der Frage, was eigentlich Sprache sei, kommt Humboldt zu der Definition: „Sie selbst ist kein Werk (Ergon), sondern eine Thätigkeit (Energeia). Ihre wahre Definition kann daher nur eine genetische seyn. Sie ist nemlich die sich ewig wiederholende Arbeit des Geistes, den articulierten Laut zum Ausdruck des Gedankens fähig zu machen" (HS 3, 418). Wesentlich ist also der „Laut" als physikalische Größe einerseits, andererseits „die Gesammtheit der sinnlichen Eindrücke und selbstthätigen Geistesbewegungen" (HS 3, 422). Humboldt beschäftigt sich mit allen Komponenten des Sprechens, nicht zuletzt auch mit der unzertrennlichen Verbindung des Gedankens, der Stimmwerkzeuge und des Gehörs. Voraussetzung für das Sprechen ist weiterhin der aufrechte Gang des Menschen, der ihm zusätzlich die Möglichkeit zu Gebärden mit den Händen gibt.

Ein Teil der Untersuchung des Sprechens gilt der Kommunikation, da Sprache die gemeinsame Natur der Menschen ausmacht und Sprechen und Verstehen in einem wechselseitigen Verhältnis zueinander stehen. Sprechen ist insofern auch „Wecken des Sprachvermögens des Hörenden" (HS 3, 430). Kinder nehmen durch Übung in ihrem Sprachvermögen zu. Jede Sprache enthält eine „eigenthümliche Weltansicht" (HS 3, 434), die sich im Spracherwerb selbst einstellt.

Humboldt scheut sich nicht, die großen, allgemeinen Fragen anzupacken: nach dem Zusammenhang von Wort und Begriff, von Laut und Wort, von Konsonant und Vokal. Grundlegend sind Überlegungen zur Sprache als Rede, zum Sprechen *in actu,* das eben nicht immer schon auf die herkömmliche Weise zu fassen ist als Vokabular und Grammatik, als Stoff und Zusammenhang.

Sanskrit sei, meint Humboldt, die Ausgangssprache für alle neueren Sprachentwicklungen. Wenn er die semitischen oder die altamerikanischen Sprachen oder das Chinesische heranzieht, geschieht dies immer nur zur abgrenzenden Profilierung derjenigen Sprachen, die vom Sanskrit abstammen. Seine Verehrung für das Griechische hat hier gewissermaßen einen Oberbegriff gefunden; Griechisch ist für ihn die wesentlichste Erscheinungsform der Sprachentwicklung, die seit dem Sanskrit eingesetzt hat. Wo Humboldt von ‚sanskritischen Sprachen' spricht, sprach man später von ‚indogermanischen' oder ‚indoeuropäischen'. Sein Sprachdenken ist nicht zuletzt auch eine Apotheose der indoeuropäischen Sprachenfamilie. Er versucht zu zeigen, inwiefern die indoeuropäische Art des Sprachbaues zur Entwicklung des Denkens geeigneter war als die anderen bekannten Sprachen. Die entscheidenden Impulse für die Menschheitsgeschichte sind zurückzuführen auf jene Völker, welche sich als Ausdruck ihres Geistes das Instrument der Sprache in der Form geschaffen hatten, wie es zuerst im Sanskrit greifbar wird, dann im Griechischen, Lateinischen und den neueren Sprachen Europas.

Ein wesentliches Element zur Sprachanalyse liegt in der Erkenntnis von Wörtern als Bedeutungseinheiten und ihrer Zurückführung auf gemeinsame Wurzeln. Sodann geht es um den Umgang der Sprecher mit diesen: Nach Humboldts Überzeugung ist die Flexion der Wörter eine intellektuell überlegene Methode gegenüber der Agglutination, also der addierenden Hinzufügung von grammatischen Beziehungen. Mag auch kein grundlegender Gegensatz zwischen beiden Formen bestehen, ist es doch ein wichtiger Unterschied, ob eine Satzbeziehung nachträglich ausgedrückt werden muß durch Beifügung oder ob sie im flektierten Wort schon mitgegeben ist. Eine wesentliche Einsicht liegt dabei in der Zusammengehörigkeit von Worteinheit, Flexion und Satzgliederung. Der Erfassung der Worteinheit dienen drei Mittel: Pause, Buchstabenveränderung und Akzent. Je nach Einsatz dieser Mittel erhalten die Sprachen ihre eigene Physiognomie, was Humboldt eindrucksvoll am Englischen zeigen kann. So erscheint schließlich als „Hauptunterschied der Sprachen" die „Reinheit des Bildungsprincips" (HS 3, 548), die Überlegenheit der reinen Flexionsmethode als Prinzip des Sprachbaus.

Sprache intellektualisiert den Menschen, indem sie Gedanken und Gefühle faßbar, ausdrückbar macht. Immer wieder rekurriert Humboldt darauf, daß der Sprache eine kreative Potenz innewohne und daß es zu kurz gegriffen sei, Sprache nur unter dem Gesichtspunkt der Kommunikation zu fassen; daß sie „nicht bloss ein Austauschungsmittel zu gegenseitigem Verständniss, sondern eine wahre Welt ist, welche der Geist zwischen sich und die Gegenstände durch die innere Arbeit seiner Kraft setzen muss" (HS 3, 567).

Eine eigene Untersuchung gilt der Differenz von Poesie und Prosa, die es grundsätzlich in allen Sprachen gibt. Sie läßt sich fassen in unterschiedlichem Bezug auf die Wirklichkeit. Die Prinzipien poetischer Rede können dabei in verschiedenen Sprachen verschieden sein, etwa nach dem Prinzip der Länge und Kürze oder nach Endreim oder Assonanz. Weil der Ursprung der Sprache in der Musik liegt und Sprechen ein Singen ist, muß auch bei Prosa bedacht werden, daß sie „die selbständige Schönheit der Dichtung" nachahmen kann und in ihrer Syntax eine „der Gedankenentwicklung entsprechende logische Eurythmie" ausbildet (HS 3, 587).

Die Besonderheit der flektierenden indoeuropäischen Sprachen wird beschrieben als „Synthesis" von Gedankenform und Laut. Diesem Kerngedanken geht Humboldt in einer ausführlichen Untersuchung nach, bei der er den „Act des selbstthätigen Setzens in den Sprachen" (HS 3, 606) hervorhebt, den man vor allem an Satzbildung und Flexion erkennen kann. Dabei kommt es zunächst und in erster Linie auf das Verb an, es sei der „Leben enthaltende und Leben verbreitende Mittelpunkt", „der Inbegriff von Beziehungen" (HS 3, 608, 611). Indem das Verb grundsätzlich flektiert auftritt, also bereits Personenbeziehungen enthält, ebenso Temporalstrukturen, Aussagen über Wirklichkeit oder Möglichkeit und anderes mehr, bildet es das Musterbeispiel für den „Act des selbstthätigen Setzens". Weitere entscheidende Erscheinungen für diesen Akt bekommt man in den Konjunktionen zu fassen: Sie gliedern Sätze, bestimmen ihre Relation zueinander, bezeichnen Unterordnung oder Gleichrangigkeit, geben Zeitverhältnisse zu erkennen und logische Beziehungen. Als dritte Erscheinung des „selbstthätigen Setzens" nennt Humboldt die Relativpronomina, die durch ihre Kasusbezeichnung in eine den Konjunktionen vergleichbare Funktion treten können.

Humboldt beschreibt die Sprache allgemein als einen Organismus; die Kraft der Synthesis ermöglicht die wechselseitige Vollendung des Denkens und des Sprechens. Diejenige Sprachform, welche den „Act des selbstthätigen Setzens" am glücklichsten ausgeprägt hat und „welche dem allgemeinen Gange des menschlichen Geistes am meisten zusagt", hat sich als geeignet erwiesen, „ein wissenschaftliches Gebäude der Weltauffassung aufzuführen". „Die Sanskritischen Sprachen aber nähern sich dieser Form am meisten und sind zugleich die, an welchen sich die geistige Bildung des Menschengeschlechts in der längsten Reihe der Fortschritte am glücklichsten entwickelt hat" (HS 3, 652 f.).

Vor Humboldts spätem *Opus magnum* über Sprache und Denken kann man nur staunend stehen. Es nimmt vieles auf von dem, was er im Laufe seines Lebens in anderen Zusammenhängen entwickelt und teilweise auch vor der Akademie schon vorgetragen hatte, sublimiert es aber zu Einsichten, die erst im 20. Jahrhundert entsprechend aufgenommen und entfaltet wurden.

14 DIE SPONTANEITÄT DER WAHL IM DU

KLASSISCHE BRIEFKULTUR

Briefkultur
Die Möglichkeiten der Korrespondenz, die in einer reichen Geschichte seit den antiken Rhetoren und Brieftheoretikern ausgelotet worden waren, erreichten ein neues Stadium in der bürgerlichen Briefkunst, wie sie vor allem Christian Fürchtegott Gellert erprobte in einer Brieflehre mit Beispielen (1751), welche die barocken Briefsteller überwand. Wichtig war dabei die Anlehnung an mündliche, gesprochene Sprache (in Abhebung vom Kanzleistil, aber auch von kaufmännischen und gelehrten Konventionen). In dem solchermaßen frei und für jedermann (nicht zuletzt auch für die Frauen) verfügbar gewordenen Brief verwirklichen sich die kommenden Generationen von der Empfindsamkeit bis zur Romantik in unvorhergesehener Weise: Der Brief wurde ihnen zum Medium nicht nur des Austausches von Informationen, Meinungen und Gefühlen, sondern zu einem Medium des Lebens. Männer und Frauen kultivierten diese Form und sich selbst im Schreiben von Briefen, verliehen damit ihrem Alltag und Lebensvollzug Würde und Wert. Die Offenheit des Briefes für Klatsch und für Höhenflüge des Geistes, für einfache Absprachen und Scherze, für Schwermut und gute Laune – kurz: für alles – machte ihn zum Leitmedium einer sich entwickelnden bürgerlichen Kultur.

Wilhelm von Humboldt nutzte dieses Medium wie viele andere, und er entwickelte sich zu einem Meister des Briefes. Wir erinnern uns an seine Rechtfertigung Schiller gegenüber, in der er die kühle Aufnahme seiner Aufsätze in den *Horen* zu erklären suchte: Es sei ihm eben nicht gegeben, über Fragen des Geschlechterverhältnisses unabhängig von seiner Person zu schreiben (vgl. BSH 2, 120). Nun, im Brief durfte sich das Subjekt frei entfalten! In der Hinwendung zu einem bestimmten Du, die Humboldt in seiner Sprachphilosophie als konstitutiv für jedes Sprechen erkannte, lösten sich ihm die Blockaden des Schreibens, die er im Blick auf ein allgemeines Publikum nicht zu überwinden vermochte. Die Freiheit, die er genoß, begann schon mit der Auswahl seiner Korrespondenzpartner, oft Frauen: „Spontaneität der Wahl im Du". Die große Zahl und unterschiedliche Stellung der Persönlichkeiten, mit denen er Briefe wechselte, ermöglichte es ihm, die vielfältigen Facetten seiner Persönlichkeit ganzheitlich zu entwickeln.

Gegen Ende seines Lebens kam hinzu, daß er erkannte, daß seit den 1820er Jahren etwas Neues möglich geworden war: der publizierte Briefwechsel als Denkmal. Dies mußte ihm besonders wichtig werden, weil er lange vergeblich um dichterische Produktivität gerungen hatte, ohne sich selbst genügen zu können. Und es war für ihn zentraler als etwa für Goethe oder Schiller, weil er sich stets gegen die Vorstellung gesträubt hatte, eine Persönlichkeit verwirkliche sich in einem Werk (‚ergon'). Vielmehr spürte er in sich jene ‚*energeia*', jene zeugende Kraft, die immer nur im Leben selbst, seiner Unvollkommenheit, Unabgeschlossenheit und Fülle, in Erscheinung tritt. Gerade diese Lebensnähe aber spiegelte sich im Brief, in den zahllosen Facetten Tausender Briefe an viele Dutzend Gesprächspartner, im jeweils gewählten, wechselnden Du.

Der Briefwechsel mit Schiller

Ein Bestandteil der Vertragsverhandlungen der Schillerschen Erben mit dem Verleger Cotta bezüglich der Gesamtausgabe der Werke war auch der Briefwechsel mit Humboldt gewesen. Nachdem Goethe seine Korrespondenz mit dem Dichter 1828/29 publiziert hatte, schien es dem Verleger attraktiv, dergleichen mit aufzunehmen, obwohl die Veröffentlichung von Briefwechseln bekannter Personen damals noch nicht zum Selbstverständlichen gehörte. Humboldt wollte den Erben seines Freundes, den Kindern Schillers, diesen Wunsch nicht abschlagen.

Als er sich 1830 an die Arbeit machte, den Briefwechsel zu redigieren, mußten freilich zunächst einmal Grundsätze der Bearbeitung gefunden werden. Denn an einen historisch-diplomatischen Abdruck dachte damals noch niemand. In einem Brief an Körner vom 12. Februar 1830 bat er diesen nicht nur um Korrektur von Schreibfehlern, sondern erläuterte auch seine Grundsätze: daß er gestrichen habe, was lebenden Personen anstößig sein könnte, aber auch den Familien von Verstorbenen. Er fühlte sich auch frei, alles über „Plackereien mit dem Verleger des Musenalmanachs" zu entfernen. Weniger grundsätzlich ließ sich die Frage behandeln, was von den „häuslichen Angelegenheiten, Krankheiten der Kinder, Einrichten des Unterrichts" und dergleichen Kleinigkeiten zu streichen sei, denn Humboldt fühlte sehr richtig, daß man einem Briefwechsel, wenn man alle diese Dinge weglassen würde, die Individualität nähme. Problematischer war die Frage der inhaltlichen Eingriffe: „wenn ein Brief allgemeinen Raisonnements kein Interesse hat, wenn er halbwahre oder gar schiefe Ansichten enthält". Am liebsten hätte er deshalb, schreibt er an Körner, alles zurückgezogen, mit Ausnahme der beiden Briefe aus Rom und „vielleicht zwei" weiteren, was freilich das Unternehmen zerstört hätte. Humboldt zeigt sich sehr selbstkritisch: Schiller sei damals auf einem einseitigen philosophischen Wege gewesen, auf dem er ihn als Freund und Gesprächspartner wohl noch bestärkt habe: „Da nun der ganze Briefwechsel diese Farbe trägt, so kann es mir unmöglich angenehm seyn, daß er ins Leben zurücktritt". „Das einzig Trostreiche, was hierbei zu sagen ist, kann nur das seyn, daß für die Kenntniß von Schillers geistigem Entwickelungsgange dieser Briefwechsel wichtiger, als der Göthesche, und offenbar sehr merkwürdig ist" (HK,

96 f.). Der Gesichtspunkt historisch-dokumentarischer Treue schiebt sich also schließlich (was Inhalte angeht, nicht die Personalia) doch in den Vordergrund. Wenn Humboldt auch aus Bescheidenheit Körner gegenüber nicht darüber sprechen mochte, bedeutet die Veröffentlichung dieser Korrespondenz mit dem damals nicht nur längst verstorbenen, sondern auch bereits als klassisch angesehenen Autor Schiller eine Kanonisierung seiner selbst als ebenbürtiger Gesprächspartner im Umkreis der Weimarer Großen.

Als ‚Vorerinnerung' zu seinem Briefwechsel mit Schiller verfaßte Humboldt im Frühjahr 1830 einen schwungvollen Essay, der zum Glänzendsten gehört, was Humboldt überhaupt veröffentlicht hat. Er ist getragen von panegyrischem Lob des verstorbenen Dichterfreundes, stellt aber zugleich den Versuch dar, die Besonderheit dieses Genies zu ergründen. Er kann bereits voraussetzen, daß Schillers Werke allgemein bekannt sind, und trotzdem Hintergründe und Zusammenhänge aufhellen, die so nur ein naher Freund und zeitweiliger Mitarbeiter wissen konnte.

Humboldt bezieht sich bei seiner Charakteristik nur auf die Zeit ihres gemeinsamen Lebens, die Jahre 1794 bis 1797 in Jena. Sein Bestreben geht allein dahin, den Schiller jener Jahre verständlich zu machen, die Entwicklung von *Don Carlos* zu *Wallenstein*. Dabei verzichtet er auf alles Persönliche, alle Anekdoten und Lebensdetails, und tritt auch selber ganz hinter dem Freund zurück. Schiller erscheint als das große Genie, unabhängig schaffend, von unermüdlicher Produktivität. Selbst das Moment der Krankheit kommt kaum vor, welches für Schillers Lebensführung und sein Schreiben ja so entscheidend war.

Dagegen erleben wir Schiller im Gespräch, laut Humboldt ein Mann des Dialoges, des ‚*Symphilosophein*‘, der gemeinsamen Produktion von Gedanken beim Sprechen mit dem Freund. Er hebt auch Schillers besondere „Selbstthätigkeit" hervor, eine an sich reißende Aktivität, die kaum Geduld aufbrachte für bloßes Lesen und allen Stoff nur an sich raffte in der Absicht auf eigene Produktivität. Schiller benötigte wenig Stoff, wenig Erfahrung, und es gelang ihm trotzdem, das ihm von anderen Zukommende glänzend anschaulich zu machen. Schiller war ein Dichter des Enthusiasmus, der begeistert aufgriff, was Freunde ihm zutrugen, es sofort mit der Kraft der Produktivität aufnahm und für andere wiederum begeisternd verarbeitete. Er strebte einzig der Aufgabe nach, „die reichste Lebendigkeit des Stoffs in die reinste Gesetzmäßigkeit der Kunst zu binden" (HS 2, 358). Dabei erwuchs seine Dichtkunst auf einem ausgesprochen intellektuellen Boden. Humboldt hebt hervor, wie Schiller die Philosophie Kants für sein eigenes Denken und dichterisches Schaffen fruchtbar machte. Vor allem die ästhetischen und ethischen Aspekte der Kritiken Kants wandte er sofort in eigener Produktion an. Schiller erscheint in der Deutung Humboldts als dasjenige Genie, welches Philosophie mit Poesie in optimaler Weise zu verbinden vermochte.

Schiller hatte einen ganz eigenen Stil entwickelt, und zwar in poetischen, in historischen und philosophischen Werken. Trotzdem sieht Humboldt Schiller primär als *Dichter:* „Denn in Schiller selbst entwickelten sich, wie es in einem Dichter nicht anders seyn konnte, die philosophischen Ideen aus dem Medium der Phantasie und des Gefühls" (HS 2, 381). Doch lassen sich die verschiedenen Fähigkeiten und Stilebenen Schillers nicht auf bestimmte Epochen seines Schaffens begrenzen; auch „in seiner spätesten Zeit war die Lust zur Geschichte nicht in ihm erloschen" (HS 2, 382), wenn auch seine Pläne zu einer Geschichte Roms nicht zur Ausführung reiften. Als Dichter wird Schiller dadurch charakterisiert, daß seine Dichtung „innig an die Kraft des Gedankens gebunden" war (HS 2, 384).

Während Humboldt in seiner Schilderung der Beziehungen in Jena und Weimar bescheiden zurücktritt, wird die Bedeutung des (damals noch lebenden) Goethe für Schiller stark hervorgehoben. Nicht nur im Sinne der Freundschaft, sondern auch der Konkurrenz und des fruchtbaren Wettbewerbs profitierten beide vor allem in Hinsicht auf die Dramatik voneinander. Hier zeichnet sich das Bild der idealen Freundschaft der Dioskuren ab, wie es im Weimarer Doppeldenkmal dann später Gestalt gewonnen hat.

Briefe an eine Freundin

Einen Schatz der Briefschreibekunst bilden jene 174 Briefe Wilhelm von Humboldts an Charlotte Diede (die Gegenbriefe sind nicht erhalten), die nach seinem Tode zuerst in Auszügen (1847), schließlich von Albert Leitzmann vollständig veröffentlicht wurden (1909). Zu Lebzeiten Humboldts wußte niemand von dieser Korrespondenz; um so größer war die Überraschung, als die Briefe ans Licht kamen. Zumal die Brieffreundin eine völlig unbekannte Frau war.

Charlotte Hildebrandt stammte aus einem Pfarrhaus in Lüdenhausen im Detmoldischen und war zwei Jahre jünger als Wilhelm von Humboldt. Als sich die beiden zufällig 1788 in Bad Pyrmont begegneten, verschwieg sie ihm, daß sie zu diesem Zeitpunkt bereits verlobt war. Weil sie gerne in der Residenzstadt Kassel wohnen wollte, nahm sie den Heiratsantrag eines gewissen Doktor Diede an, der freilich als Lebemann berüchtigt war. In Kassel begannen unglückliche Zeiten, weil Charlotte ihren Mann nicht wirklich liebte, sich statt dessen in einen Offizier verliebte, in dessen Wohnung sie floh, worauf Diede die Scheidung einreichte. Der Offizier aber schob die Legalisierung der Verbindung Jahr für Jahr hinaus und heiratete schließlich eine andere Frau. Nach Verlust ihres Vermögens begann Charlotte mit der Herstellung von künstlichen Blumen und Ballgarnituren. Es entstand ein Verhältnis mit einem verwundeten Offizier, der sich in sie als seine Pflegerin verliebt hatte, aber sie wies ihn schließlich zurück. Sie lebte, bei all diesen romantischen Wirren, in ständiger Sorge, ihr materielles Überleben zu sichern; immer hatte sie den Stadtklatsch gegen sich und unternahm mehrfach Suizidversuche.

1814 besann sie sich auf die 26 Jahre zurückliegende Begegnung mit Humboldt, der soeben als preußischer Gesandter auf dem Wiener Kongreß eingetroffen war. Sie schickte ihm einen Bittbrief und beglaubigte ihr Ansinnen mit der Beilage eines eigenhändigen Stammbuchblattes, das ihr der Student Humboldt seinerzeit in Bad Pyrmont zurückgelassen hatte. Erstaunlicherweise warf Humboldt den Brief nicht etwa in den Papierkorb. Er antwortete ihr freundlich und schickte ihr Geld. Natürlich dankte sie; er schrieb zurück, und so entspann sich zwischen einer gebrochenen Frau in marginaler Existenz und einem berühmten Diplomaten von beträchtlichen Mitteln ein höchst erstaunlicher Briefwechsel, welcher sich über zwei Jahrzehnte ausdehnte und erst mit dem Tod Humboldts ein Ende fand. (Charlotte überlebte ihn um elf Jahre.)

Warum sich Humboldt diese Mühe machte, bleibt letztlich rätselhaft. Es ist wohl keine weit hergeholte Vermutung, daß am Anfang eine wechselseitige erotische Faszination stand, als sich der 21jährige und die 19jährige begegneten. Doch fand eine Anknüpfung auf dieser Ebene nicht mehr statt, mag sie auch von Charlotte erträumt worden sein. Humboldt vermied mit voller Absicht eine persönliche Begegnung, und als sie sich später zweimal verabredeten, blieben diese Zusammentreffen oberflächlich. Humboldt war nicht nur glücklich verheiratet, sondern auch umgeben von einer beträchtlichen Kinderschar. Zweimal versuchte Charlotte, ihm persönlich nahezukommen, ja: sie wollte sich in ihrer Verzweiflung der Familie geradezu aufdrängen, und sei es auch als Gouvernante, Dienstmädchen oder Pflegerin; aber bei beiden Gelegenheiten, bei der Wiederanknüpfung 1814 wie auch nach dem Tode seiner Frau Caroline 1829, zog Humboldt sofort klare Grenzen: Brieffreundschaft ja, Lebensgemeinschaft nein.

Das Buch erschien unter dem Titel *Briefe an eine Freundin*, doch fragt es sich, ob hier von ‚Freundschaft' gesprochen werden kann. Die soziale und materielle Ungleichheit zwischen beiden war so kraß, daß eine böse Zunge geradezu formulieren könnte, daß er diese Frau ‚ausgehalten' habe. Sie versuchte später, die Spuren zu verwischen und einschlägige Angaben aus den Briefen zu streichen, aber es sind immer noch so viele erhalten, daß ersichtlich wird, daß er ihr quartalsweise bedeutende Beiträge zu ihrem Lebensunterhalt überwies, manchmal auch zur Tilgung ihrer Schulden beitrug. Und dies über 20 Jahre lang. Versteht sich, daß sie sich ihm verpflichtet fühlte und auf seine Wünsche einzugehen suchte, die sich aber wesentlich nur darauf bezogen, daß sie ihm in gewissen Abständen Briefe schreiben und etwas über ihre Kindheit und Jugend erzählen sollte. Er seinerseits antwortete jeweils mit einem ausführlichen Gegenbrief, in dem er auf das von ihr Geschriebene sorgfältig einging, ihre Äußerungen aufnahm, kommentierte, ihren Stil und ihre Entwicklung lobte, sie zu weiterem Schreiben ermunterte.

Warum machte sich Wilhelm von Humboldt diese Mühe? Er versicherte ihr wiederholt, daß ihm selber ihre ursprüngliche Begegnung sehr viel bedeutet habe, daß er den zufällig geknüpften Lebensfaden absichtlich erneuern wolle, daß ihm ihre Briefe reichen Stoff für Gedanken und Gefühle lieferten und dergleichen mehr. Was er ihr nicht schreiben konnte: Daß er Mitleid mit ihr hatte; daß er es sich angelegen sein ließ, dieses verwirrte Leben zu klären und die prekäre Existenz dieser fernen Frau zu stabilisieren.

Natürlich war sie durchdrungen vom Gefühl der Asymmetrie der Beziehung: Warum schrieb er ihr immer, wenn er sie gar nicht bei sich haben wollte? Was hatte sie unbedeutende Frau dem berühmten und allweisen Manne zu sagen, was konnte sie ihm schreiben?

An dieser Stelle ist auf eine psychische Disposition Humboldts einzugehen, welche schon mehrfach Interpreten verwirrt hat: Offensichtlich gefiel es ihm, daß diese Frau von ihm abhängig war. Im Spiegel seiner Briefe wird mehrfach deutlich, daß sie gegen das Wort „Gehorsam" aufbegehrte; offenbar forderte er von ihr tatsächlich „Gehorsam" und war mehrfach veranlaßt zu erläutern, wie das denn zu verstehen sei. Das stärkste greifbare Faktum: Auf seinen Wunsch verlegte sie nach seiner ersten finanziellen Hilfe ihren Wohnsitz nach Göttingen. Freilich: Als sie nach einigen Jahren wieder nach Kassel zog, hatte er nichts dagegen einzuwenden. Es entstand ein komplexes Verhältnis zwischen dem Geldgeber, der fordern konnte, und der Unterstützungsempfängerin, die zwar gerne nahm, aber sich nicht gerne befehlen ließ.

Bevor man sich hier auf die Suche nach einer möglichen psychischen Abnormität des berühmten Mannes begibt, sollte man das schlichte Faktum der unendlichen Mühe und Fürsorglichkeit bedenken, welche Humboldt aufgewandt hat, um dieser Frau monatlich einen seitenlangen Brief mit der Hand zu schreiben (eine Mühe, die immer größer wurde, je mehr sich nach 1829 seine Parkinsonkrankheit entwickelte; doch hielt er bis zuletzt in dieser Brieffreundschaft an eigenhändigem Schreiben fest, während er seine übrige Korrespondenz längst schon zu diktieren pflegte). Es sind eigentlich seelsorgerische Schreiben: Humboldt hatte die psychische Stabilisierung dieser gefährdeten Frau zu seiner Sache gemacht, zu einer geheimen Neben-Leidenschaft, die er sich gönnte. Zumal er sehr schnell ihre Reaktion bemerkte, daß sie diese Schreiben als eine Art „Heiligthum" betrachtete, daß sie sie archivierte, immer auf sie zurückgriff, wenn sie dazu in Stimmung war (BF 1, 11–13). Humboldt konnte also davon ausgehen, daß seine Mühe nicht vergeblich aufgewandt war: Er schuf einen Briefkulturschatz, von dem zunächst niemand außer ihm selbst und der Empfängerin wußte, diese bat jedoch bald schon um Erlaubnis, die Briefe aufbewahren zu dürfen (was ihm widerstrebte, wozu er dann aber seine Einwilligung gab). Er hegte offenkundig die Vorstellung, daß Schreiben und Reflektieren eine Art von Selbsttherapie bei dieser gefährdeten Frau ermöglichen würden. Er bezahlte ihre Briefe mit eigenen Briefen, aber er teilte ihr nicht sein Leben mit, wie er es umgekehrt von ihr verlangte. Und wenn sie mutmaßte, daß ihre autobiographischen Aufzeichnungen für ihn als psychologisches Material dienten, beruhigte er sie: Eingehen auf fremde Individualitäten sei immer schon seine Art gewesen; eine wie auch immer geartete Verwertung brauche sie nicht befürchten.

Realisierbar wurde dieser Briefwechsel dadurch, daß die 1769 geborene Pfarrerstochter in den Sog der literarischen Bewegung geraten war. Vielleicht hatte sie ihr Leben verfehlt durch romanhafte Vorstellungen von Liebe und Freundschaft, durch literarische und dramatische Leidenschaften, deren Nachspielen im realen Leben unglücklicherweise nur mißlingen konnte; auf der anderen Seite ist unverkennbar, daß die Heilung, die ihr der ferne Freund verhieß, nur im Medium des Briefes möglich war, im Lesen und Schreiben, im Sich-Preisgeben und Verarbeiten der Reaktionen. Wichtig ist hier, daß beide Briefpartner fast gleichaltrig waren und durch dieselbe doppelte Schule der Aufklärung und Empfindsamkeit hindurchgegangen waren. Sie waren geprägt durch das, was seit der *Geschichte des Fräuleins von Sternheim* (1771) und den *Leiden des jungen Werthers* (1774) an deutscher Literatur gedruckt worden war, und sie blieben gewissermaßen auf dieser Stufe der Literaturentwicklung stehen, die für Humboldt zwar bis zu seinem engen Freundschaftsverhältnis mit Schiller und Goethe fortging, nicht aber die Romantiker miteinbezog. Er gesteht, sich in seiner Jugend (wie sie) an Gellert erbaut zu haben, was ihm nun schon beinahe peinlich ist. Er nimmt ihre Hinweise auf Sophie von La Roche auf und gibt ihr zu, daß deren Abqualifikation im Briefwechsel zwischen Goethe und Schiller besser nicht hätte gedruckt werden sollen. Gerne greift er ihren Hinweis auf Herder auf und läßt sich, eine Generation nach dessen Tod, sogar zu einer warmen und sehr positiven Charakteristik bewegen, doch steht er eigentlich auf der Seite Goethes und reagiert harsch, als Charlotte Herder gegen Goethe, den sie einen Dichter für die Glücklichen nennt, ausspielen will. Beide sind sich einig, daß die neue Literatur (nämlich die um 1830 entstehende) nicht mehr von ihnen gelesen zu werden brauche. – Es bleibt also das gemeinsame Generationsfluidum eines alternden Mannes und einer alternden Frau, welche sich, bei aller Ungleichheit der Bildung, doch auf einen gemeinsamen literarischen Fundus beziehen können, welche beide dieselbe Sprache sprechen und dieselbe Gefühlsmodellierung erfahren haben. Dadurch ergibt sich die Möglichkeit, daß er von ihr eine Verschriftlichung ihrer Gefühle, Gedanken und Erinnerungen verlangen kann; indem sie ihm diese liefert, trägt sie bei zu ihrer Selbsttherapie, eröffnet aber außerdem auch noch ihrem Briefpartner die Möglichkeit, auf sie einzuwirken. Hier verwirklicht sich eine der erstaunlichen Möglichkeiten des Mediums Brief im Zeitalter seiner Blüte.

Das liebevolle Eingehen Humboldts auf die Beschreibungen, Erzählungen und Reflexionen, die Charlotte Diede bietet, ist zutiefst mitmenschlich; es enthält nichts Herablassendes, Mäzenatisches. Es sind Gedanken und Gefühle, auf die beide als gleichgestimmte Menschen Bezug nehmen. Gelegentlich schrieb er ihr explizit auf ihre Skrupel: „Sie brauchen auch gar nicht zu denken, daß Sie darin bloß die Empfangende sind, ich habe es Ihnen oft gesagt, daß mir Ihre Aeußerungen, Ihre Briefe, Ihre Lebenserzählung recht große Freude machen und gemacht haben" (BF 1, 192 f.). Charlotte war sich bewußt, was sie an diesem Schatz von Briefen hatte, der ihr ganz ohne ihr Verdienst zukam, doch war sie immerhin fähig, diesen beständig erneuerten Strom von Gedanken und Empfindungen in Gang zu halten.

Humboldt hat selber einmal die Verwunderung aufgegriffen, wie man denn einen so ausgedehnten Briefwechsel pflegen könne, der weder durch Wissenschaft noch durch Geschäfte begründet sei. Es kommt hinzu, daß er eine gewisse Abneigung gegen bloßes Erzählen an den Tag legt: Das sei nicht seine Art; wenn sie ihm aber etwas erzählen wolle, lese er es immer gerne. Er schirmt sich außerdem weitgehend ab; er schreibt nichts über seine Frau und seine Kinder; er schreibt auch nichts über Freunde und Bekannte. Eine Ausnahme davon bilden Erinnerungen an Persönlichkeiten, die er in früheren Phasen seines Lebens gekannt hat und von denen er annimmt, daß sie seine Briefpartnerin interessieren könnten, beispielsweise Sophie von La Roche, Therese Huber, Bettina von Arnim, Rahel Varnhagen. Von den vielen großen Männern, die er im Laufe seines reichen Lebens kennengelernt hatte, ist nur selten die Rede. Von Politik spricht man fast nie. Und Wissenschaft ist per se schon aus dem Briefverkehr ausgeschlossen.

Was bleibt? Charlotte Diede hätte sich für alles interessiert, was ihren notablen Freund betraf. Doch dieser war sehr sparsam mit Informationen über seine Welt. Ja, das Wetter, darüber konnte man sprechen, der Wechsel der Jahreszeiten, die Freuden der Beobachtung des gestirnten Nachthimmels, die Spaziergänge, das gesundheitliche Befinden, die Gestaltung des Tageslaufes, die Einrichtung des Hauses, das Lob der Bäume, das unvermeidlich heraufziehende Alter, die richtige Einstellung zum Tod. Alle diese unscheinbaren Themenansätze boten Humboldt unendlichen Stoff für Reflexionen, für Erinnerungen, für ‚Ideen', wie er vorzugsweise sagte. Und wenn er zu oft auf Lieblingsausdrücke rekurrierte, die ihr nicht deutlich genug waren, wie zum Beispiel ‚Ideen', ergab sich für sie auch die Möglichkeit zurückzufragen: Was er eigentlich unter ‚Ideen' verstehe. Das bot ihm dann Stoff zu seitenlangen neuen Briefen.

Obwohl die Korrespondenz in der Leitzmann-Ausgabe 800 Seiten umfaßt, liest man sie mit unverminderter Teilnahme und bedauert mit dem Herausgeber, daß die Briefempfängerin, nachdem sie Wesentliches daraus exzerpiert hatte, daranging, die Originale zu verbrennen, so daß wir aus den ersten Jahren oft nur schöne Stellen haben und erst aus späterer Zeit dann die originalen Briefe unverstümmelt. Wären die Briefe zur Veröffentlichung vorgesehen gewesen, müßte man sagen: Humboldt inszeniert sich als Philosophen, als Weisen, als Lebensberater. Was er mitzuteilen hat, sind Destillate eines gereiften Erdenlebens in vielen Bereichen, in mehreren Ländern Europas, in Kontakt mit zahllosen Berühmtheiten. Was wir hier lesen dürfen, wurde zwar an Charlotte Diede persönlich gerichtet, aber doch nicht nur an sie. Was Humboldt über das Altern zu sagen hat, über die Einsamkeit, über Selbständigkeit, über Regelmäßigkeit der Lebensführung, über die richtige Einstellung zu Krankheiten, über Innerlichkeit, über die Abwesenheit der Furcht vor dem Tode, über den Umgang mit der Zeit und den Einschnitten des Jahreslaufes, über den heilsamen Wechsel der Jahreszeiten in unserem Klima, über den Strom der Gedanken und Erinnerungen, über die Haltung des Betrachtens und Reflektierens: Das ist alles klassisch, gediegen, oft von aphoristischer Qualität. Man könnte sich Hunderte dieser Sätze als Kalendersprüche vorstellen, als geronnene Lebensweisheiten in der Art der Stoiker und der französischen Moralisten.

So drängt sich schließlich die Frage auf, ob Humboldt damit gerechnet hat, daß diese Briefe einst veröffentlicht werden könnten. Sollte er sie gar für uns, für die Nachwelt, geschrieben haben? Wir wissen schon, daß er sie ursprünglich vernichten lassen wollte, dann aber der Aufbewahrung zugestimmt hat. Er erklärte sich explizit für einen Feind des Edierens privater Briefwechsel. Seine Rechtfertigung für die Bearbeitung der Korrespondenz mit Schiller lautet in den Briefen an Charlotte Diede: „Ich bin überhaupt gegen alles Drucken von Briefen. Die Herausgabe dieser rechtfertigt nur der Name eines wahrhaft großen Mannes, an den sich der andre mit immer gleich sichtbarer Unterordnung anschließt, so daß man doch immer auch in ihm nur jenen sieht. Briefe haben immer einen Anflug des wirklichen Lebens. Je mehr sie also aus der Ferne erscheinen, desto mehr überraschen sie. Gleich nach dem Tode sind sie eine schwache Fortsetzung der noch in dem Gedächtniß lebenden Wirklichkeit, nach langer Zeit erscheinend, führen sie Personen zurück, die man nicht mehr gewohnt war, sich mit den Umgebungen zu denken, wie sie das Leben begleiten" (BF 2, 247 f.). Dies ließe sich doch auch auf seinen Briefwechsel mit Charlotte Diede anwenden: Nun wäre der „Name eines wahrhaft großen Mannes, an den sich der andre mit immer gleich sichtbarer Unterordnung anschließt", sein eigener Name. Gleichzeitig rechtfertigt er damit eine posthume Edition.

Humboldt wäre nicht der ‚Weise von Tegel', wenn er auf ein Publikum geschielt hätte und auf den Beifall einer Öffentlichkeit. Es gibt keinerlei Hinweis darauf, daß er eine Publikation der Briefe gewünscht haben könnte. Freilich wußte er, daß sie von Charlotte Diede aufbewahrt wurden und daß diese auch Vorkehrungen für den Umgang mit ihnen im Falle ihres Todes getroffen hatte. Da die Briefe eines Prominenten in den Händen einer mittellosen Frau einen verführerischen Wert darstellten, mußte er damit rechnen, daß sie sie zu Geld machen würde. Er bestand nicht auf der Vernichtung und tröstete sich mit dem Gedanken: „Ich schreibe nie eine Zeile, die ich nicht mit Fug und Recht vertheidigen könnte, so ist es mir auch nicht gegeben, über das Schicksal meiner Briefe unruhig zu seyn" (BF 1, 49).

Wäre es denkbar, daß er damit kalkulierte, daß diese Briefe schließlich seinen Ruhm bei der Nachwelt ausmachen würden? Ursprünglich gewiß nicht. Freilich wurde es gerade in dieser Zeit, in der

Zeit der Restauration und Romantik, des Biedermeier und des aufblühenden Journalismus, immer üblicher, private Briefwechsel der Öffentlichkeit zu übergeben: Goethe selber war mit der Edition seiner Briefe an Schiller vorangegangen (1828/29); Varnhagen von Ense veröffentliche *Rahel. Ein Buch des Andenkens für ihre Freunde* (1833; 1834); Bettina von Arnim brachte ihr stilisiertes Buch *Goethes Briefwechsel mit einem Kinde* heraus (1835) – und Humboldt hat alle diese Veröffentlichungen noch zur Kenntnis genommen und kommentiert. Unvermeidlicherweise mußte ihm der Gedanke kommen, daß er seiner Charlotte einen Briefschatz gesammelt hatte, der sich verzinsen ließ und dessen humane Weisheit ein Erbe an die ganze Menschheit darstellte.

Botschaften des ‚Weisen von Tegel'

In seinen Briefen an Charlotte Diede stilisiert sich Humboldt zu einem Mann, den nichts anfechten kann, der in ruhiger Besonnenheit seinen Ideen lebt, der gelassen die Krankheiten und Beschwerden des Alters erträgt und so ohne Beunruhigung auf den Tod zugehen kann. Das wohl entscheidende Stichwort lautet ‚Einsamkeit'. Immer wieder lobt er die Einsamkeit, das Alleinsein. Er akzeptiert es nicht aus Not, sondern wählt es frei.

Freilich: Was versteht Wilhelm von Humboldt eigentlich unter ‚Einsamkeit'? In einem banalen, äußerlichen Sinne ist Einsamkeit auch für ihn (wie für jedermann) Freiheit von Geschäften und Abwesenheit von Störung durch andere; doch hebt er verschiedentlich hervor, daß gerade das Gewühl der Menschen, das beispielsweise in Großstädten herrscht, ihn in besonderem Maße auf sich selbst zurückwerfe und insofern seine Einsamkeit empfinden und genießen lasse. Außerdem gibt es für ihn gewissermaßen einen inneren und einen äußeren Kreis der Individualität: Einsamkeit scheint ihm durchaus möglich im Kreise der Familie; Störung bedeuten in diesem Sinne nur Fremde. Insofern besteht auch kein Widerspruch zwischen der Einsamkeit zusammen mit seiner Frau (sogar mit seinen Kindern) und der absoluten Einsamkeit allein. Einsamkeit, das wird immer deutlicher, je mehr man von den zahlreichen Stellen zum Lob der Einsamkeit aus seinen Briefen zusammenführt, bedeutet zunächst einmal ‚Innerlichkeit', also ein gewisses Behagen an der Beschäftigung mit sich selbst, eine Art von kultivierter Muße, die auf geistigen Genuß abzielt. Dieser bedarf freilich der Selbständigkeit in dem Sinne, daß er nicht von äußeren Einflüssen abhängig ist. Zur so verstandenen Einsamkeit gehört es, daß das Individuum nicht unzufrieden, unbeschäftigt, verdrießlich oder gelangweilt ist, wenn es auf sich selbst zurückgeworfen wird, sondern genau dann erst seine wahre Freiheit und Individualität genießen kann, wenn die äußeren Störungen und Ablenkungen fehlen.

Diese Art von ‚Selbstgenuß' hatte seit der Aufklärung und Empfindsamkeit eine steile Karriere erfahren: Vom Brüten über den Gräbern der Toten zum Sich-Ergehen in der freien Natur (Edward Young, James Thompson, Jean-Jacques Rousseau, Johann Georg Zimmermann, Christian Garve) hatte der solipsistische Einzel-Gänger sich zu einem kulturellen Ideal gebildeter Schichten entwickelt. Humboldt war einer der beredtesten Lobredner der Einsamkeit. Er erklärte sie geradezu zum Glück und Ziel seines Lebens.

Eine entscheidende Komponente ist dabei die Selbständigkeit, die Genügsamkeit in sich selbst und an dem, was man hat. Der introvertierte Einsame bezieht sein Glück daraus, daß er unabhängig ist von dem, was ihm andere geben könnten; er bedarf nicht der ständigen Zufuhr von Gedanken, Gefühlen und Gütern von außen. Seine Befriedigung besteht nicht zuletzt darin, daß er nichts entbehrt, wenn ihn andere nicht berücksichtigen. Seine innere Freiheit genießt er gerade dann, wenn er sich nichts wünscht, das von der Gnade anderer abhängig ist. Er ist sich selbst genug. Selbständigkeit, welche natürlich materielle und soziale Voraussetzungen hat, beinhaltet auch die psychische Freiheit: von niemandem abhängig zu sein, jederzeit und in jeder Hinsicht frei für sich entscheiden zu können.

Die Rahmenbedingungen für eine solche Unabhängigkeit findet der Adlige auf dem Lande. Humboldts Lob der Einsamkeit gilt unverkennbar der Muße adligen Landlebens, wie sie von Horaz bis Alexander Pope, von den römischen Agrarschriftstellern bis zu den aufgeklärten Adelstheoretikern gepriesen wurde. Humboldt genoß dieses in seinen letzten Jahrzehnten in Tegel unweit von Berlin; er hatte solche Muße aber auch schon als junger Mann gesucht, als er sich, frisch verheiratet, mit Caroline von Dacheröden auf die Güter seines Schwiegervaters nach Burgörner und Auleben zurückgezogen hatte. Humboldt strebte also stets, sein ganzes Leben lang, trotz der zeitweiligen Übernahme von Staatsämtern, in die Privatheit und Ruhe des Landlebens. Muße war die Bedingung der ungestörten Kultivierung einer gebildeten Innerlichkeit, die für ihn die Voraussetzung für Bleibendes darstellte.

Humboldts Schriften und Briefe sind durchzogen von einem emphatischen Bezug auf den Wert der Individualität. Konzentriert findet sich seine Anschauung in einem Brief an seine Frau vom 19. Mai 1809: „Der Punkt, in dem in mir, wie ich recht gut fühle, das ausgeht, ist eine nur vielleicht mir in dem Grade ganz eigene Liebe zur Individualität. Nicht bloß als neuer, als interessanter, als angenehmer Gegenstand reizt mich in Menschen und Sachen das Neue, sondern eigentlich als individueller. Ich will nicht bloß wissen und empfinden, wie es anders ist als andere Dinge, nein, sondern wie es in sich ein Ganzes bildet und sich als solches verhält zum Ganzen aller Dinge und zum Ganzen aller Möglichkeiten der Dinge. – Diese Liebe zur Individualität der Menschennatur (da doch der Mensch einmal das ist, auf den sich alles reduziert) liegt in mir jeder andern Empfindung zugrunde" (WCB 3, 163).

Hätte man Humboldt gefragt, wozu er denn diese Einsamkeit suche, hätte er wahrscheinlich zuerst auf die ‚Ideen' verwiesen, mit denen sich zu beschäftigen allein dem Weisen zieme. Dahinter steht nicht nur eine lange platonische Tradition des Denkens, sondern auch eine spezifische Vorstellung vom Strom der Gedanken, die Humboldt zwar nicht begrifflich ausformuliert hat, deren für ihn überragende Bedeutung aber an vielen Stellen seines Briefwechsels an die Oberfläche kommt. Zuweilen spricht er von ‚Phantasien', zuweilen vom ‚Denken'. Er hing offenkundig der Vorstellung an, *es denke* gewissermaßen immer *in ihm;* durch Betrachtung und Reflexion sei beständig eine geistige Tätigkeit im Gange, die durch Ablenkung, Zerstreuung, Störung nur behindert werde. Einsamkeit ist wichtig, damit dieses Denken unaufhaltsam fortströmen kann. Es bleibt durchaus abhängig von Gefühlen, von Stimmungen. Ein innerlicher Mensch von seinem Zuschnitt genießt sich in seinen Stimmungen, in Erinnerungen, in Betrachtungen. Aus dem Strom, der nicht an ihm vorüberzieht, sondern durch ihn hindurchgeht, schöpft er nach Belieben in völliger Freiheit; souverän läßt er gewisse Gedanken sich konkretisieren und abstrahiert im Hinblick auf Ideen. Sein Ohr ist gewissermaßen nach innen zentriert, und zwar nicht unbedingt in rationaler Absicht, sondern in hohem Maße ungezielt, sich dem Treiben der Phantasie überlassend. Sein Denken ist deshalb auch nicht auf ein bestimmtes Werk gerichtet *(‚ergon'),* sondern mehr ein Genießen der tätigen Kraft *(‚energeia'),* die er in sich arbeiten spürt.

‚Einsamkeit' bedeutet in diesem Sinne, ein inneres, selbsttätiges Denken zuzulassen, den Strom der Gedanken (und Gefühle) fließen zu lassen. Deshalb sind ihm Menschen ein Greuel, die alles in Gemeinschaft tun wollen und ihn auch noch auf Spaziergängen belästigen. Solche Gesellschafts-Menschen erscheinen ihm oberflächlich, am Sinnlichen klebend; sie wehren sich dagegen, daß in ihnen der wahre, innere Mensch zur Entfaltung kommt, indem sie sich beständig nach außen wenden und etwas tun zu müssen glauben.

Humboldt meinte festgestellt zu haben, daß Frauen insofern ein glücklicheres Leben führen könnten, als sie durch ihre in hohem Maße mechanischen Tätigkeiten (Kochen, Waschen, Putzen, Kinderwarten usw.) sich den Kopf freihalten könnten für dieses Fließen und Strömen der Gedanken, während Männer durch ihre Geschäfte (Rechnen, Schreiben, Produzieren usw.) den Strom ihrer Gedanken immer wieder unterbrechen müßten und deshalb in der Gefahr stünden, äußerliche, oberflächliche Menschen ohne seelische Rundung und Ganzheit zu werden. Ihm gefiel eine einsame, in ihrem Garten und mit Handarbeiten beschäftigte Frau wie Charlotte, von der er die Vorstellung hegte, sie lebe in einer Art von Einsamkeit und Muße, welche ihrer psychischen und intellektuellen Bildung förderlich sei.

Das Lob der Einsamkeit im Alter hängt ferner damit zusammen, daß Humboldt auf ein reiches Leben zurückblicken konnte, in dem er schon unzählige Menschen von Bedeutung und Anspruch kennengelernt hatte und selbst Wesentliches geleistet hatte, auch im äußeren Leben. Es klingt gelegentlich durch, daß er nicht zuletzt im Genuß der Rückschau auf das Überwundene und Erreichte lebte. Erinnerungen gehörten selbstverständlich zum Strom seiner Gedanken und zum Glück seines Lebens.

Grundsätzlich war es ihm wichtig, daß das Glück des Allein-Seins nicht etwa von Büchern, von Kenntnissen oder wissenschaftlicher Arbeit abhängig sei, sondern von dem, was jeder einzelne durch den Bezug auf ‚Ideen', auf das Immerwährende und Bleibende daraus mache. Er gesteht, sich von seiner wissenschaftlichen Beschäftigung zu Ideen anregen zu lassen, doch minimiert er die Bedeutung der Bücher und versichert, daß er erstaunlich wenig in seinem Leben gelesen habe, jedenfalls viel weniger, als man angesichts seiner Werke vermuten würde. Die Haltung des Betrachtens, die er fordert und fördern will, beinhaltet auch die Unabhängigkeit vom Zustrom von Informationen von außen. Wer am Ewigen, Bleibenden interessiert ist, braucht keine Zeitungen und Zeitschriften, schon gar keine aktuellen Nachrichten.

Was dem Betrachtenden hilft und ihn in seiner Bemühung um das Wesentliche unterstützt, das sind Spaziergänge in der freien Natur. Spazierengehen definierte er als „Alleinseyn mit der Natur" (BF 2, 353). Humboldt bevorzugte einsame Spaziergänge, weil im Falle der Begleitung durch andere die Möglichkeit des Gespräches gegeben wäre, also wiederum Zerstreuung und Störung drohte. Die Betrachtung der Natur dagegen und die körperliche Bewegung in der Landschaft fördern die kontemplative Stimmung und das In-sich-Hineinhören, welches auf

Ideen zielt: „Denn das gehört wesentlich zum Begriff selbst des Spatzierengehens, daß man keinen ernsthaften Zweck damit verbinde. Seele und Körper müssen in vollkommener und ungehemmter Freiheit bleiben, man muß kaum einen Grund haben, auf die eine oder andre Seite zu gehen. Alsdann befördert die Bewegung die Ideen, und man mag etwas Wichtiges denken, oder sich bloß in Träumen und Phantasiren gehen lassen, so gewinnt es durch die Bewegung des Gehens besseren Fortgang, und man fühlt sich leichter und heitrer gestimmt. Noch vor kurzem ist es mir geschehen, daß mir durch einen Spatziergang gelang, was sonst sich sehr lange nicht hatte gestalten wollen. Ich hatte oft vergebens an etwas gearbeitet, und plötzlich beim Herumgehen draußen kam es mir ganz von selbst, daß ich beim zu Hause Kommen es nur aufzuschreiben brauchte" (BF 2, 113 f.).

In dieser Hinsicht der Anregung zu Ideen über Wesentliches preist Humboldt auch die Betrachtung des gestirnten Himmels, die ihn immer beruhige und beglücke, und ganz allgemein die Hingabe an die Nacht. Die Reduktion der Beanspruchung der äußeren Sinne, vor allem des Sehsinnes, im Schutze der Nacht regt an zum Innerlich-Werden, zur Kontemplation.

Reisen fand er deshalb (im Alter) wenig attraktiv; die Ablenkung und Anregung, die andere Menschen unterwegs suchen, vermag er nicht zu genießen. Aber das Bewegtwerden in der Kutsche gewährt genau diesen zusätzlichen Reiz (vorausgesetzt, man hat den Innenraum für sich allein), daß es durch das Schweifen des Blickes, die Veränderung der Landschaft, die Betrachtung der Natur das innere Strömen der Gedanken in Gang bringt.

Während andere Menschen gegen schlaflose Nächte ankämpfen, preist Humboldt diese (die er allerdings selten hatte) deshalb, weil er sich dann so schön und ungestört dem Strom seiner Gedanken und der Entfaltung seiner Phantasien überlassen könne.

Auch Kranksein birgt für ihn aus diesem Grunde nicht denselben Schrecken wie für andere Menschen. Im Kranksein wird der Mensch auf sich selbst zurückgelenkt; wenn er nicht durch unerträgliche Schmerzen überhaupt aus der Bahn geworfen wird, kann er als Kranker besser als in Geschäften seine Innerlichkeit genießen.

Zur Weisheit gehört auch, sich nicht durch das Nachlassen der Kräfte im Alter und durch die Einschränkung von Körperfunktionen aus dem Gleichgewicht bringen zu lassen. Humboldt geht so weit, daran zu erinnern, daß er schon als Jugendlicher dem Alter nicht abhold gewesen sei und daß er sich das Alter immer als eine Zeit der Reife und der unabgelenkten geistigen Betrachtung und Phantasietätigkeit vorgestellt habe. Auch nachdem er konstatieren mußte, daß er selber vorzeitig in einen Alterungsprozeß eingetreten war, übte er sich in Geduld. Der Weise kann sich, kraft seiner Überzeugung von ewigen Ideen und seines inneren Bezuges auf diese, über die äußeren Schwierigkeiten erheben. Er unterwirft sich klaglos in der Einsicht, daß dies der Lauf der Natur sei und daß all sein Glück immer schon darin bestanden habe, sich in den Kosmos als Schönheit und Ordnung der Natur einbezogen zu wissen.

Es versteht sich, daß zur Weisheit auch ein richtiges Verhältnis zum unvermeidlichen Tod gehört. Humboldt versuchte in den *Briefen an eine Freundin,* dieser suizidgefährdeten Frau ihre Kurzschlußreaktionen auszureden und sie trotzdem in bezug auf sein eigenes Beispiel an den Gedanken eines ruhigen Todes zu gewöhnen. Er selber bezieht sich gerne auf das platonische Reich der Ideen. Seine Brieffreundin sucht er in dem christlichen Glauben, in dem sie erzogen worden war, zu bestärken. Wieweit er selber es vermochte, christliche Jenseitshoffnung mit stoischem Naturglauben zu vereinbaren, ist aus diesen adressatengerichteten Schreiben letztlich nicht zu klären. Was beeindruckt, ist seine Gelassenheit. Er wollte ein Weiser sein, wie Sokrates, Marc Aurel und Goethe. Seinem Ideal ist er, wenn wir uns auf diese Briefe als Quellen stützen dürfen, erstaunlich nahe gekommen.

Der Briefwechsel mit Caroline

In den letzten Jahren seines Lebens trieb Wilhelm von Humboldt einen ausgesprochenen Briefkult, in dessen Zentrum die Korrespondenz mit seiner verstorbenen Gattin stand. Er las sie gemeinsam mit seiner Tochter Caroline, die ihn beim Ordnen unterstützte. Er traf die Verfügung, daß dieser Briefschatz in weiblicher Linie zu vererben sei, was auch eingehalten wurde. Seine Urenkelin Anna von Sydow veröffentlichte diesen klassischen Briefwechsel schließlich in sieben Bänden (1906–1916). Damit stellte sie ihn in eine Reihe mit bedeutenden Briefwerken der klassisch-romantischen Epoche.

In späten Briefen, beispielsweise dem Humboldts an seine Tochter Gabriele vom 2. Oktober 1830, wird anschaulich, wie sich der Witwer nach dem Tode seiner Frau mehr und mehr in diese Briefkonvolute versenkte: „So fing ich an, einige zu lesen, und nun kann ich mich nur immer mit Mühe davon losreißen. Es fehlt vieles, aber unglaublich viel hat sich erhalten. Noch der erste Brief, den sie mir im Sommer 1788 schrieb, ehe wir uns je gesehen hatten. Von welcher Schönheit auch diese früheren Briefe sind, welch ein Schatz von Gedanken darin enthalten ist, welch ein unendlich reiches Gemüt, welch eine Fülle der Liebe sich darin ausspricht, das ahnt man gar nicht, ehe man diese Briefe liest. Und das Göttliche, das die Mutter so auszeichnete: der höchste und freieste Aufschwung der inneren Empfindung und die größte und einfachste Natürlichkeit da, wo der Mensch die Außenwelt berührt. Die Mutter trug nie etwas Exzentrisches ins Leben über und schloß immer das Seltenste und Ungewöhnlichste in sich. Es tut mir unendlich leid, diese Briefe nicht, als sie noch lebte, wieder gelesen zu haben, um mit ihr selbst darüber reden zu können. Ach, wenn man sich liebt, sieht und spricht man sich immer noch viel zuwenig. Die Mutter und ich haben so viel, so glücklich ohne allen Anstoß, größtenteils so einsam und in so freien Verhältnissen zusammengelebt, haben uns gegenseitig so tief gekannt, und doch überfällt es mich jetzt oft so wehmütig, daß ich sie noch viel mehr hätte sehen, mich viel mehr mit ihr beschäftigen können" (LW, 748). – Dies ist also zunächst Trauerarbeit und der Versuch, mit der Verstorbenen über ihren Tod hinaus in einem geistigen Kontakt zu bleiben, vermittelt über die geschriebenen Briefe, es ist aber vielleicht auch mehr.

Denn wenn sich Humboldt darüber Gedanken gemacht hat, was von ihm auf die Nachwelt kommen würde, mußte er wohl zunächst an den damals gerade zu edierenden Briefwechsel mit Schiller denken, sodann an die Möglichkeit oder eher Wahrscheinlichkeit, daß seine Briefe an Charlotte Diede den Weg unter die Druckerpresse finden würden. Dagegen würde der Briefwechsel mit seiner Frau ein Gegengewicht bilden, sogar ein weit überwiegendes. Und er konnte sich auch fragen, ob nicht die Briefe Carolines, die er so hoch stellte, so etwas wie ein Vermächtnis an die Nachwelt bilden würden. Dieses Legat konnte außerdem noch beeinflußt werden: Was sollte man besser vernichten oder ausstreichen? Daß Humboldt solche Gedanken hatte und Eingriffe nicht grundsätzlich ablehnte, ergibt sich auch aus seinen Überlegungen zum Briefwechsel mit Schiller. Eine historische, diplomatische Treue war in jener Epoche noch keineswegs leitend für private Briefeditionen; vielmehr hielt man viel auf Diskretion und den Schutz von Persönlichkeitsrechten.

Die Beschäftigung des alternden Humboldt mit seinem Ehebriefwechsel hat also nicht nur mit Liebe und Pietät zu tun, sondern auch mit einer bewußten oder unbewußten Stilisierung seines Bildes für die Nachwelt. Man wird sich deshalb nicht wundern, daß in diesen mehr als 1000 Briefen von anderen Liebschaften, erotischen Verwirrungen und Seitensprüngen kaum die Rede ist. Die Briefe und die beiderseits so stark ausgedrückte Wechselbeziehung tendieren vielmehr dazu, das Verhältnis der Ehegatten zur Ehe eines ‚hohen Paares' zu stilisieren, zu einer mustergültig geführten Beziehung zwischen gebildeten Menschen, einem Mann und einer Frau, die sich völlig auf Augenhöhe begegneten. Von Konflikten im Verhältnis beider, die wohl im Verlauf von 40 Jahren nicht ausgeblieben sein werden, ist nichts in die Briefe eingegangen (oder vor der Publikation wieder daraus entfernt worden). Negative Gefühle betreffen stets andere Personen, meist außerhalb der eigenen Familie. Schmerz und Leid werden durchaus artikuliert, aber immer im Zusammenhang mit Mitleid und Angenommensein durch den anderen. Der Leser dieser Briefe hat nicht den Eindruck, es könnte irgend etwas Trennendes zwischen den beiden Briefpartnern stehen.

Wir haben schon von den dezidierten Geschlechtervorstellungen gehört, die sich Humboldt gebildet hatte. Offenkundig waren die Eheleute in dieser Beziehung ebenfalls einer Meinung. Die Briefe selber entsprechen freilich nicht in jeder Hinsicht der propagierten Vorstellung zweier Geschlechterhemisphären, da sie völlig auf Gleichheit und Gleichberechtigung gestimmt sind. Es findet sich nie ein Wort der Gewalt, des Befehls oder des Beharrens auf männlicher Superiorität in seinen Briefen, aber auch nie ein Wort der Unterwerfung oder Erniedrigung in ihren. Im Gegenteil: Beide begegnen sich nicht nur mit höchster Achtung und Zuneigung, sondern auch im Alter noch mit ungebrochener Sehnsucht und Liebe. Diese Gefühle werden von seiner Seite immer sehr stark, ja enthusiastisch ausformuliert, von ihrer Seite eher reagierend, den Ton aufnehmend. Die brieflichen Anreden und Schlüsse, die meist in den Text eingebunden sind, enthalten eine nuancierte Sprache der Zärtlichkeit, die im Gefühl stets gleichbleibt, wenn sie auch im Ausdruck variiert. Dabei geht deutlich von ihm eine Tendenz zur Verschönerung, Erhebung, ja Vergötterung seiner Frau aus, die sie meist aus Gewohnheit einfach hinnimmt, zuweilen aber auch aus Bescheidenheit zurückweist. Ihre beständige Hochachtung ihm gegenüber bleibt unbezweifelt, wird aber durch ihre eher nüchtern-vernünftige Art nicht oft in Sprache übersetzt. Wenn man so will, ist vielleicht gerade diese Haltung männlicher Courtoisie Ausdruck eines nicht völlig symmetrischen Verhältnisses zwischen Mann und Frau, wie es den damaligen Auffassungen von Geschlechterrollen entspricht.

Diese mehr als 1000 Briefe enthalten unendliche Informationen über Begegnungen und Vorfälle des Alltagslebens. Im Vergleich mit den Schreiben, die Humboldt an Schiller und Goethe richtet, ist hier die Schwelle des Anspruches deutlich gesenkt: Viel öfter haben die Briefe einfach den Charakter eines Lebenszeichens, der Information über den Aufenthaltsort, die zufälligen Beschäftigungen und Personenkontakte. Die Hochachtung Humboldts vor Schiller und Goethe provozierte ihn zu Schreiben von intellektuellem Anspruch, Ausdruck der Ideen, Aussagen zur Ästhetik; in der Korrespondenz mit seiner Frau kommt dergleichen selten zum Zuge. Im Vergleich mit den Briefen, die an Charlotte Diede gerichtet wurden, ist Humboldt hier nicht der Lehrende, Erziehende und Ratgeber; er steht vielmehr auf gleicher Augenhöhe mit seiner Gattin. Charlotte Diede gegenüber hatte er es abgelehnt, einfach zu erzählen, zu berichten, zu plaudern; seiner Frau gegenüber beweist er dagegen, daß gerade in diesen Stücken seine Hauptstärke besteht. So sehr sich Humboldt in seinen wissenschaftlichen Schriften mit dem Formulieren schwergetan hat, so leicht fließt ihm alles aus der Feder im Briefgespräch mit Caroline. Ja, diesen Briefen eignet ein Zauber aufgrund ihrer Nähe zur mündlichen, gesprochenen Sprache! Man hört den Schreiber förmlich sprechen, und er genießt es, etwas zu erzählen, zu berichten, andere Leute zu charakterisieren, Anekdoten weiterzugeben und überhaupt zur Unterhaltung der Briefempfängerin beizutragen. Wilhelm von Humboldt erzählt die gewöhnlichsten Alltagsbegebenheiten nicht nur mit Charme und zuweilen einer gewissen Schalkhaftigkeit, sondern oft meisterhaft. Begegnungen mit anderen Menschen, zufällig oder gesucht, gewinnen oft selbst dann Interesse, wenn die Personen eigentlich nicht weiter von Belang sind. Er vermag alle zu nehmen, wie sie sind, mischt aber in seine Charakteristiken gerade bei zweifellos verehrten Persönlichkeiten gerne irgendeine satirische Anmerkung, einen lustigen Zug. Deshalb sind diese Briefe, die von ihrer Seite in den letzten Jahren nicht mehr so interessant sind, von seiner Seite äußerst lebendig, nicht selten wirklich brillant.

Das hindert ihn nicht, in Briefen an seine Frau ebenfalls alle die charakteristischen Reflexionen und für ihn konstitutiven Ideen unterzubringen, die wir schon in seinen *Briefen an eine Freundin* hervorgehoben haben: Individualität, Innerlichkeit, Einsamkeit, Abgeklärtheit. Immer wieder schreibt er über seine Freude an Spaziergängen, an den Stimmungen der Natur; er singt das Lob der Bäume und schildert die Wirkung der Sonnenuntergänge auf ihn. Es bleibt kein Zweifel, daß Caroline von Humboldt für all dies ebenfalls empfänglich war und in ihren Briefen gleichermaßen darauf eingehen konnte, aber es ist nicht zu verkennen, daß sie meistens reagiert, während er agiert.

Wir verdanken diese vielen Briefe und Gegenbriefe der schlichten Tatsache, daß die beiden so oft getrennt waren: nach seinem Ausscheiden aus dem Staatsdienst beispielsweise dann, wenn er nach Ottmachau oder auf die anderen Güter reiste, um Anordnungen zu treffen und Pächter zu suchen. Oder wenn sie aus Gesundheitsgründen in die Bäder ging: nach Karlsbad, Teplitz, Marienbad oder Bad Gastein, während er in Tegel zurückblieb, solange der Jüngste, Hermann, noch der Aufsicht bedurfte. Ihr briefliches Gespräch zeugt nicht nur von einer überaus engen und tiefen menschlichen Beziehung, sondern auch von gleichgestimmter Auffassungsweise und adäquater Ausdruckskunst. Es ist einer der großen Briefschätze aus der Blütezeit des deutschen Briefes, dessen Faszination sich über die Kluft der Zeiten mitteilt, auch wenn die Probleme längst gelöst sind, welche den Zeitgenossen damals aufgegeben waren, wenn die Personen gestorben und meist auch vergessen sind, von denen hier erzählt wird, und wenn die Welt, die sich hier spiegelt, versunken ist.

15 SO GLÜCKLICH OHNE ALLEN ANSTOSS

EIN LEBEN ALS WERK

Letzte Dienste

Als Humboldt mit dem letzten Tag des Jahres 1819 aus dem preußischen Staatsdienst ausschied, hätte er selbstverständlich Anspruch auf eine Pension gehabt. Schließlich hatte er seinem König fast 20 Jahre lang gedient, in höchsten Stellungen. Doch Humboldt lehnte eine Pension ab. Es mag sein, daß dabei etwas von der empfundenen Kränkung über seine Entlassung mitschwang, aber entscheidend war wohl sein Gefühl der Selbständigkeit, das Freiherrliche in seinem Wesen. Er hatte aus freien Stücken Dienst genommen, und er konnte auch wieder als unabhängiger Mann gehen. Außerdem fühlte er sich durch die frühere Gabe des Königs für seine Verdienste, das schlesische Gut Ottmachau, genügend belohnt und gesichert.

Man kann nicht sagen, daß Humboldt den Dienst grollend verlassen hätte, weil es in der Tat etwas Überzeugendes hatte, daß er mit seinem Sinn für Freiheit dem König nicht mehr dienen wollte, als dieser eine reaktionäre Wendung nahm. Wie es scheint, litt Friedrich Wilhelm III. mehr unter dieser Trennung als Humboldt; als der Kronprinz eine Rückberufung Humboldts vorschlug, lehnte er ab. Allerdings war er nach sieben Jahren, 1827, soweit, daß er eine private

Aussöhnung ins Werk setzte und Humboldt auf seinem Landsitz Tegel einen ehrenvollen Besuch abstattete.

Noch etwas später übernahm Humboldt sogar ein Ehrenamt, um das ihn der König gebeten hatte: Er führte den Vorsitz in einer Kommission, welche sich um die Aufstellung der Kunstwerke in dem von Schinkel gebauten Museum in Berlin kümmern sollte (eröffnet 1830). Daß Humboldt dafür geeignet war, konnte Friedrich Wilhelm III. schon daraus ersehen, daß sich dieser ja seinen Stammsitz von Schinkel zu einer Art von Schloß hatte umbauen lassen, in dem er sich als erster seines Standes von zahlreichen Antiken umgeben einrichtete. Tegel wurde 1821–1824 zu einem Privatmuseum umgestaltet, in dem echte Antiken sowie Abgüsse in großer Zahl in den märkischen Sand gepflanzt wurden. In diesen späten Jahren verwirklichte Humboldt den Traum einer ästhetisch durchstilisierten Lebenswelt nach klassizistischem Geschmack. Wer etwa in seinen Räumen auf einen überdimensionierten Kopf der Juno Ludovisi traf, konnte sich an Goethes Haus am Frauenplan in Weimar erinnert fühlen. Das neue Tegel war mehr als nur die Einrichtung eines privaten Wohnbereichs; es bedeutete ein ästhetisches Statement, eine denkmalartige Stiftung, welche der Nachwelt die Individualität des Gründers erhalten und vermitteln sollte. Binnen kurzem wurde Tegel zu einem Anziehungspunkt für Touristen.

Für seine Verdienste um das Museum erhielt Humboldt 1830 vom König den Schwarzen Adlerorden. Im selben Jahr wurde er auch wieder in den Staatsrat aufgenommen. Er nahm an den Sitzungen teil, aber mehr in der Art eines *elder statesman.* Er beabsichtigte nicht, noch einmal streitend in die politische Arena zu steigen.

Private Harmonie im Alter

Wilhelm und Caroline von Humboldt hatten fast ein Jahrzehnt noch gemeinsam in Ruhe zu leben und genossen die private Muße, sich der Ausgestaltung ihres Museums zu widmen. Das Kommen und Gehen der erwachsenen Kinder, deren Ehepartner, die Geburt von Enkelkindern:

Ein reges Familienleben bestimmte diese letzten Jahre. Beide Eheleute legten Wert auf Harmonie, Stille und Genuß.

Freilich: Solange Caroline am Leben war, kamen noch immer bedeutende Gäste nach Tegel oder in das Berliner Stadtdomizil, seit 1821 in der Französischen Straße 42, nahe am Gendarmenmarkt: Schleiermacher, Hegel, Wolf, Rauch, Schinkel, Tieck, Chamisso, Achim und Bettina von Arnim, Rahel Varnhagen, Henriette Herz – ganz abgesehen von den Spitzen der Beamtenschaft und des Hofes. Gemeinsam unternahm man auch 1827 noch einmal eine große Reise über Paris nach London, um die Tochter Gabriele mit ihren Kindern zu begleiten, deren Gatte, Heinrich von Bülow, als preußischer Gesandter dorthin geschickt wurde. Man träumte weiterhin von einer gemeinsamen Reise nach Rom, die aber infolge der zunehmenden Kränklichkeiten Carolines nicht mehr zustande kam.

Nach Carolines frühem Tod am 26. März 1829 jedoch war Wilhelm gebrochen. Nun nahmen bei ihm die Altersbeschwerden und Krankheiten überhand. Er reiste nur noch selten, und wenn, dann in Bäder (Bad Gastein, Norderney), wie es ihm sein Arzt empfahl. Seine älteste Tochter Caroline war um ihn und pflegte ihn. Sein Bruder Alexander, der sich in Berlin niedergelassen hatte und 1827/28 dort vielbeachtete öffentliche Vorlesungen hielt, kam, wie in früheren Phasen des Lebens, immer wieder zu langen Aufenthalten und Gesprächen.

In seinen *Briefen an eine Freundin* hatte Humboldt auch immer wieder Anlaß, auf das Thema Alter, Tod und Sterben einzugehen. Im Alter von 58 Jahren schrieb er beispielsweise: „Ich scheue das Alter nicht, und den Tod habe ich, durch eine sonderbare innere Stimmung, vielleicht von meiner Jugend an, nicht bloß als eine so rein menschliche Begebenheit angesehen, daß sie einen, der über Menschenschicksale zu denken gewohnt ist, unmöglich betrüben kann, sondern eher als etwas Erfreuliches. Jetzt ist meine Rechnung mit der Welt längst abgeschlossen. Ich verlange vom langen Leben weiter nichts, ich habe keine weit aussehenden Pläne, nehme jeden Genuß dankbar aus der

Hand des Geschickes, würde es aber sehr thöricht finden, daran zu hängen, daß das noch lange fortdauere. Meine Gedanken, meine Empfindungen sind doch eigentlich der Kreis, in dem ich lebe, und durch den ich genieße, von außen bedarf ich kaum etwas, und diese Gedanken und Empfindungen sind zu sehr mein, als daß ich sie nicht mit hinübernehmen sollte. Niemand kann den Schleier wegziehen, den die Vorsehung gewiß mit tiefer Weisheit über das Jenseits gezogen hat" (BF 1, 231). Oder, zwei Jahre später, mit 60 Jahren: „Die Vorbereitung zum Tode muß das ganze Leben seyn, so wie das Leben selbst, und wirklich von seinem ersten Schritte an, eine Annäherung zum Tode ist" (BF 1, 310). Mit 61 Jahren: „Ich habe nie die mindeste Furcht vor dem Tode gehabt, er wäre mir in jedem Augenblick willkommen. Ich sehe ihn als das an, was er ist, die natürliche Entwickelung des Lebens, einen der Punkte, wo das unter gewissen endlichen Bedingungen geläuterte und schon gehobne menschliche Daseyn in andre, befriedigendere und erhellendere gelangen soll" (BF 1, 380). Er starb, gelassen und gefaßt, am 8. April 1835, 67 Jahre alt.

Die täglichen Sonette

Eine Überraschung bedeutete für den in den Papieren stöbernden Alexander und die Nachwelt das Sonettwerk. Wilhelm von Humboldt hat in den letzten Jahren vor seinem Tode auf seinem Landsitz Tegel am Ende jedes Tages, oft nach Mitternacht, seinem Schreiber Ferdinand Schulz ein Sonett diktiert, von dem kein weiterer Mensch Kenntnis hatte. Diese täglichen Alterssonette, die sich auf immerhin 1183 summierten, wurden in ein verstecktes Kästchen gelegt, das der Schreiber nach des Dichters Tod dem Bruder übergab. Alexander hat in seiner Ausgabe der Werke zunächst einzelne und Gruppen am Ende der Bände drucken lassen, später auch noch (1853) eine Auswahlausgabe mit 352 Sonetten veranstaltet. Die große Ausgabe der Königlich Preußischen Akademie der Wissenschaften enthält weniger als die Hälfte der Sonette, nämlich 515, ediert von Albert Leitzmann 1912, deren schiere Quantität von Anfang an einen Schatten auf die Einschätzung ihrer Qualität geworfen hat. Bis heute empfindet man sie als Kuriosum; ihren ästhetischen Wert hat noch niemand zu verteidigen gewagt.

Die tägliche Sonettproduktion setzt ein am 1. Januar 1832, nach Carolines Tod. Während das Motiv der Einsamkeit überdeutlich hervortritt, bleibt ungeklärt, was ihn überhaupt zur Produktion anstachelte. Seiner anthropologischen Grundvorstellung zufolge war der Mensch ein Wesen, welches das Empfangene nicht nur weitertragen sollte, sondern etwas zurückzugeben hatte. Von Jugend an war er beherrscht von der Idee, er dürfe nicht nur ein Individuum werden, sondern müsse durch Entwicklung seiner Kräfte etwas spezifisch Individuelles hervorbringen.

Humboldts Alterssonette sind formbewußte und formstrenge Äußerungen, in denen ein Mann seine Gedanken und Gefühle gestaltet. Er erstrebte eine Vergewisserung über das Wesentliche, Überzeitliche, die ‚Ideen'. Daraus entstanden diese Exerzitien der Form, marmorglatte Sprachgebilde, deren entscheidendes Charakteristikum das 4-4-3-3-Versschema des Sonettes ist, die sonettüblichen Reimkonstellationen (bevorzugt umarmende Reime in den Quartetten, größere Freiheit des Reimes in den Terzetten) und fünfhebige Jamben mit weiblichen Endungen.

Wie war er zu dieser Form gekommen? Das Sonett spielt in der deutschen Literatur eine Rolle seit Gottfried August Bürger, seinem Schüler August Wilhelm Schlegel und Goethe. Es ist auffallend, daß Humboldt, der Verehrer der Griechen von der Kindheit bis ins Alter, sich für seine dichterischen Versuche nicht der *klassischen* Formen bediente, sondern einer spezifisch *romantischen* Form. August Wilhelm Schlegel hatte in seinen Berliner Vorlesungen 1803/04 eine grundsätzliche Aufwertung des Sonetts vorgenommen, indem er dessen geradezu mathematische Konstruktion herausarbeitete. Wenn er formulierte, daß durch seine Gliederung „das Sonett gewaltig aus den Regionen der schwebenden Empfindung in das Gebiet des entschiednen Gedankens gezogen" werde, empfahl er es damit dem Dialektiker Humboldt, dessen entscheidendes philosophisches Erlebnis die Lektüre Kants gewesen war: „Die paarende und trennende Kraft des Reimes kann man auch als Gleichheit und Entgegensetzung bezeichnen, und deswegen muß das Sonett auch im Gehalt wie in der Form Symmetrie und Antithese in der höchsten Fülle und Gedrängtheit vereinigen".

Humboldt liebte, das ist offensichtlich, die Sonette wegen ihrer Form. Er hatte im Laufe seines Lebens verschiedene Arten der Dichtung erprobt; in seinen letzten Jahren jedoch schrieb er ausschließlich Sonette. Sein Impuls war nicht der des Tagebuchschreibers, der etwas vom Tage festhalten und darüber reflektieren will; Humboldts Wollen bezog sich auf die befriedigende Form, die er täglich wechselnd mit neuen Inhalten zu füllen vermochte, worin man ihm eine gewisse Virtuosität nicht absprechen kann. Sonette bedeuteten für Humboldt in erster Linie geformte Sprache. Poesie war für ihn „Kunst, indem sie die Schöpfung als ein lebendiges, sich durch eigne Kraft von innen aus gestaltendes Ganzes darzustellen" vermochte; dazu bediente sie sich „des Rhythmus, der, als ein wahrer Vermittler, als äussere Gesetzmässigkeit, die Bewegungen der Welt, und als innere, die Veränderungen des Gemüths beherrscht", wie er in seiner Abhandlung *Latium und Hellas* formuliert hatte (HS 2, 37).

Damit tritt aber auch das Existentielle dieses spielerisch scheinenden Unternehmens besonders klar hervor: Der vor der Zeit gealterte Mann bewies sich selbst seine Lebenskraft, seine geistige Ungebrochenheit trotz körperlicher Einschränkungen jeden Tag neu durch sein Sonett-Exerzitium. (Er hielt diese Praxis durch bis elf Tage vor seinem Tode.) Das hat auch etwas mit schierer Willenskraft zu tun. In zahlreichen Ansätzen zur Selbstreflexion und Selbstcharakteristik hat Humboldt immer wieder seine Selbstbeherrschung und Willensstärke hervorgehoben, was in Anbetracht der weichen Züge, die uns von Künstlern in seinen Porträts überliefert sind, und der Konvolute empfindsamer Briefe vielleicht überraschen mag.

Es sind die einfachen, ewigen Dinge, von denen Humboldts Sonettdichtung fast immer ihren Ausgang nimmt: Abend und Morgen, Sonne und Mond und Sterne, die Windrichtungen und die Wolkenkonstellationen, Bäume, Bäche, Seen, Ströme, das Meer und die Berge. Nur selten jedoch handelt es sich um das, was man üblicherweise als ‚Naturgedichte' bezeichnen würde; fast immer sind die Naturdinge Anlaß für Gedankenbewegungen, Deutungen, Allegorien. Die gewöhnlichste Denkform ist ‚Innen' vs. ‚Außen'. „Gefühl, Erinnerung, Gedanken, Träume" (GS 9, 243): Es geht meist um Empfindungen, und eines der häufigsten Wörter überhaupt lautet ‚Sehnsucht'. Wir finden auch Liebe, Freundschaft, Schmerz und Trauer. Die Sonettdichtung enthält das ganze Arsenal der griechischen Mythologie und Geschichte: Agamemnon, Ajax, Alkmene, Andromeda, Aphrodite, Ariadne … (um nur mit dem Buchstaben A zu beginnen).

Dieser immer neu imaginierten und freudig heraufgerufenen griechischen Welt steht die *indische* gegenüber: Humboldt hatte 1820 mit seinem Sanskrit-Studium begonnen und sich vor allem mit der Bhagavad-Gītā beschäftigt. Auch von dieser fernen Kultur geht eine gewisse Faszination aus; aber es ist mehr eine romantische, befremdende Faszination, während ‚Hellas' für Humboldt ‚Heimat' bedeutet. Zahlreiche Gedichte befassen sich (ohne den Namen explizit zu nennen) mit der Liebe zu seiner verstorbenen Gattin, deren Bild immerfort vor seinem Inneren schwebt und zu deren Grabmal (der Büste der Spes von Bertel Thorvaldsen auf einer Marmorsäule im Park von Tegel) er täglich wallfahrtet. Andere Personen, vor allem Frauen, tauchen ebenfalls in seinen Erinnerungen auf, wo sie meist mit phantasievollen Rätselnamen belegt werden, die für den Dichter selber sprechend waren, für die Nachwelt aber überwiegend Geheimnis bleiben.

In der Kunstform des Sonetts erfuhr Humboldt diejenige Art der Sprachkunst, der sein Ohr zugänglich war. An Christian Gottfried Körner hatte er schon am 28. November 1812 geschrieben: „Ich habe von jeher ein unendliches Gefallen an Rhythmus in der Rede gehabt, und ein schöner Silbenfall wirkt sehr oft, ohne alle Rücksicht auf den Sinn, im eigentlichsten Verstande begeisternd auf mich. Es scheint dies dasjenige zu seyn, wodurch sich meine Natur für den Mangel alles eigentlich musikalischen Sinnes entschädigt" (HK, 91).

Wenn man auf der einen Seite die gedankliche, intellektuelle Zugangsweise des Sprachgelehrten zur Dichtkunst hervorkehrt, sollte man doch diese assoziative, spielerische, Mensch und Natur verbindende Ton-Kunst der Sprache bei Humboldt nicht übersehen. Wie sein Freund Schiller postuliert hatte: Der Mensch *„ist nur ganz Mensch, wo er spielt"*. Die Phantasie ist es, die jeden Tag und jede Nacht im Alternden aktiv war; er öffnete sich für sie und ließ sie Sprache werden im Sonett.

Humboldts Sonett-Exerzitien, die in mancherlei Hinsicht an religiöses Leben im Gebet erinnern, dienen nicht nur persönlicher Lebensbewältigung und einem bewußten Zugehen auf den Tod, sondern enthalten auch den Kern seiner platonischen Lebenslehre. Sie sind, so resignativ sie klingen, immer noch erfüllt von der Hoffnung auf Resonanz, auf Spätere, „die nach meinem Laut verlangen" (GS 9, 267). Die Botschaft liegt nicht in einer vereinzelten Aussage, sondern in der poetischen Form als Gesetz. Leben bedeutete Freiheit genießen, aber in den Bahnen der Form, der Regel, des Weltgesetzes.

Synthese

Humboldt wünschte seit seiner Pubertät zu wissen, was ein Mensch sei, worin sich zweierlei erkennen läßt: ein eindrucksvolles, nicht nachlassendes Drängen auf Selbsterkenntnis, verbunden mit einem Zug ins Allgemeine, in dem ihn seine Auseinandersetzung mit der Philosophie Kants bestärkte. Im Ringen um eine eigene Position wollte er zugleich eine solche finden, die menschheitlich universalisierbar wäre. Lange arbeitete er sich ab an den damals vorliegenden Kategorien wie Nationalcharakter, Geschlechtscharakter und Physiognomie, bis er schließlich in der Begegnung mit der Fremdheit der baskischen Nation die *Sprache* als anthropologisch entscheidend erkannte. Fortan lernte er immer fremdere Sprachen: Aus der empirischen Fülle des Materials aller Sprachen und der Einsicht in ihre Strukturmerkmale sollte sich herausfinden lassen, was allen Menschen als Sprachwesen gemeinsam war, aber auch, wie ihr Denken durch die vorgefundene

Sprache festgelegt war und welche Chancen sich durch den Gebrauch einer bestimmten Sprache ergaben. Die entscheidenden Einsichten gewann Humboldt hier erst in der Muße seines Alters.

Humboldts Idee vom Menschen enthielt mit Wert und Würde der Individualität auch die Legitimation der Innerlichkeit. Er war überzeugt von der „Wahrheit, daß der Mensch immer insoviel Gutes schafft, als er in sich gut wird" (WCB 1, 344 f.). Humboldt ermuntert jeden einzelnen auf dem Weg vom außengeleiteten Abhängigen zum innengeleiteten Freien. Dazu benötigt man äußere und innere Unabhängigkeit.

Entscheidend ist das Bestreben eines Individuums, möglichst viel von der Welt in sich aufzunehmen und zu verarbeiten. Es wird um so größer und universaler, je mehr es sich mit äußeren Dingen auseinandersetzt. Dies geschieht im Raum durch Reisen, in der Zeit durch Beschäftigung mit der Geschichte. Als Künstler strebt der Mensch danach, „den Stoff seiner Erfahrungen dem Umfange der Welt gleich zu machen; diese ungeheure Masse einzelner und abgerissener Erscheinungen in eine ungetrennte Einheit und ein organsirtes Ganzes zu verwandeln" (HS 2, 140). Bildung ist auch Formgebung.

In einem Brief an Friedrich Gottlieb Welcker vom 26. Oktober 1825 hat er diese Tendenz noch einmal, reflexiv auf sich selbst angewandt, in Worte gefaßt: „Ich habe, solange ich in Geschäften war, mehr auf das Tun als die Taten gehalten und halte im literarischen Leben mehr vom Lernen als vom Hervorbringen. Ich habe einmal die bestimmte Idee, daß man, ehe man dieses Leben verläßt, soviel von inneren menschlichen Erscheinungen, für die ich doch allein rechten Sinn habe, da mich alles andere nur vorübergehend berührt, kennen und in sich aufnehmen muß, als nur immer möglich ist. Ein mir neues wichtiges Buch, eine neue Lehre, eine neue Sprache erscheinen mir etwas, das ich der Nacht des Todes entrissen habe, und machen mich innerlich viel mehr glücklich, als ich es aussprechen kann. Das geringe Talent äußerer Hervorbringung, das ich besitze, ist auch gar nicht zu vergleichen mit dem, wie ich wahrhaft sagen kann, viel ausgezeichneteren, Verschiedenartiges und Tiefes in mich aufzufassen und innerlich zu verknüpfen, und jeder Mensch muß doch seiner Individualität und seinem charakteristischen Talent nachgehen" (LW, 715 f.).

In der Geschichte sind die alten Griechen besonders wichtig. Griechischlernen ist ein allgemeines Bildungsmittel: kein Selbstzweck, sondern Instrument zur Entwicklung der Humanität. Dies wird erläutert durch die Vorstellung, daß eine solche Lektüre jeden Lernenden „überhaupt zum größeren und edleren Menschen macht, wozu zugleich Stärke der intellektuellen, Güte der moralischen und Reizbarkeit und Empfänglichkeit der ästhetischen Fähigkeiten gehört" (LW, 123). Die Griechen standen dem Ideal des „ganzen Menschen" näher als die neuzeitlichen Menschen, weil sie in dreierlei Hinsicht gleichmäßig entwickelt waren: intellektuell, moralisch und ästhetisch.

Humboldt grenzt (mit Leibniz) ‚*Ergon*' (das Produkt) von ‚*Energeia*' (den Kräften) ab. Diese Unterscheidung ist für sein Denken von grundlegender Bedeutung: Es kommt nicht nur darauf an, was man von den Griechen lernen kann, von ihren Gedanken und Werken, entscheidend ist vielmehr die Bemühung, mit der man dieses Studium treibt, die Übung aller Kräfte. „Der Auffassende muss sich immer dem auf gewisse Weise ähnlich machen, das er auffassen will. Daher entsteht also grössere Uebung, alle Kräfte gleichmässig anzuspannen, eine Uebung, die den Menschen so vorzüglich bildet": „so wird die höchste Menschlichkeit durch das tiefste Studium des Menschen gewirkt" (HS 2, 7). Humboldt Vorstellung vom Menschen ist eine dynamische. Es geht also um die Gestaltung von Situationen, die anregend sind, vor allem aber Freiheit zur Entwicklung lassen. Weder Staat noch Kirche darf einengend wirken. Insbesondere aber muß jeder einzelne aus Verhältnissen emanzipiert werden, in denen ihn die Zwänge des Lebenserhalts und Nahrungserwerbs so eng im Griff haben, daß er nur noch auf eine Weise arbeiten kann, die ihn von sich selbst entfremdet. In dem freiheitlichen Staat, den sich Humboldt vorstellt, würden die Menschen aufblühen, weil sie sich ungehindert entfalten dürften.

Für Humboldt charakteristisch war sein ganzes Leben lang die Spannung von Sein und Handeln, von *Vita activa* und *Vita contemplativa*, damit verbunden auch: von wirklichem, innerlichem Sein und äußerlichem, rollengebundenem Scheinen: „Nur was wir sind, ist vollkommen unser Eigenthum, was wir thun, hängt von dem Zufall und den Umständen ab" (HS 1, 453 f.). Oder, wie Humboldt in seiner Schiller-Charakteristik ausführte: „Es giebt ein unmittelbares und volleres Wirken eines grossen Geistes, als das durch seine Werke. Diese zeigen nur einen Theil seines Wesens. In die lebendige Erscheinung strömt es rein und vollständig über. Auf eine Art, die sich einzeln nicht nachweisen, nicht erforschen lässt, welcher selbst der Gedanke nicht zu folgen vermag, wird es aufgenommen von den Zeitgenossen und auf die folgenden Geschlechter vererbt. Dies stille und gleichsam magische Wirken grosser geistiger Naturen ist es vorzüglich, was den immer wachsenden Gedanken von Geschlecht zu Geschlecht, von Volk zu Volk immer mächtiger und ausgebreiteter emporspriessen lässt" (HS 2, 359).

Ausgehend vom Prinzip der Erkenntnis, daß nur Ähnliches durch Ähnliches erkannt werden könne, schildert Humboldt die Problematik der Verbindung von historischer und philosophischer Erkenntnisform: Geschichtsdarstellung kann leicht daran scheitern, daß sie entweder in den Händen ängstlicher und pedantischer Sammler verkommt oder der philosophischen Spekulation verfällt. Humboldt leitet aus dem ‚*Simile-simili*-Axiom' eine bestimmte Art der Darstellung ab, die dem Leser Lebenshilfe bieten soll. Die Charakteristik der eigenen Epoche bedarf dieses Bezuges in besonderem Maße. Im „Charakter des Zeitalters" möchte und muß „jedes Individuum den seinigen" wiederfinden, weil es ja aufgrund seiner Selbsterkenntnis auf seine eigene Zeit zurückwirken will und muß. Die Person des Erkennenden wird einbezogen, und das Produkt seiner geistigen Arbeit, die geschichtliche Darstellung, wird in Relation zu Person und Welt gesehen: „Jedes Begreifen einer Sache setzt, als Bedingung seiner Möglichkeit, in dem Begreifenden schon ein Analo-

gon des nachher wirklich Begriffenen voraus, eine vorhergängige, ursprüngliche Uebereinstimmung zwischen dem Subject und Object".
„Wo zwei Wesen durch gänzliche Kluft getrennt sind, führt keine Brücke der Verständigung von einem zum andren, und um sich zu verstehen, muss man sich in einem andren Sinn schon verstanden haben. Bei der Geschichte ist diese vorgängige Grundlage des Begreifens sehr klar, da Alles, was in der Weltgeschichte wirksam ist, sich auch in dem Innern des Menschen bewegt" (HS 1, 596 f.).

Humboldts platonische Vorstellung einer Trennung von ‚Phänomen' und ‚Idee' eröffnet ihm eine spezifische Konzeption des Zusammenhanges von Innen und Außen, von Individuum und Geschichte, von Einzelwesen und Ganzem. Diese Konzeption bezieht sich auf die Möglichkeit des Verstehens, durchdringt jedoch auch alle Bereiche des Handelns, beispielsweise in pädagogischen Prozessen. Nie wurde vor Humboldt so klar formuliert, daß „auch das Verstehen ganz auf der inneren Selbstthätigkeit beruht, und das Sprechen mit einander nur ein gegenseitiges Wecken des Vermögens der Hörenden ist" (HS 3, 220), daß Unterricht an Schulen und schon gar an Universitäten nicht eigentlich Wissensvermittlung sein kann, sondern vielmehr eine spezifische Form des „geistigen Wirkens in der Menschheit [...] als Zusammenwirken" (HS 4, 255), daß Wissenschaft ihren Wert nur als Charakterbildung hat, daß der Lehrende seine Erkenntnisse mit voller Klarheit eigentlich erst in der Situation des Vortrags vor Lernenden gewinnt.

Diese praktisch anwendbaren Einsichten werden dann in Humboldts später Sprachphilosophie weiterentwickelt, welche die Sprache als das entscheidende Instrument nicht nur der Kommunikation mit anderen Menschen, sondern des Weltbezuges eines Einzelwesens überhaupt erscheinen läßt (auch diachron, historisch: als Verbindung zur Tradition der Menschheit). Sein Denken entwickelt sich im Medium der Sprache; sprechend wird er zum Menschen und vermag auf weitere Räume und fernere Zeiten auszugreifen. Die menschliche Vernunft ist in Sprache konkretisiert; in Sprache finden wir den Logos wieder. Mehrere Sprachen sind mehrere „Weltansichten" (HS 3, 64).

16 NACHWORT

WIRKUNG AUF DIE NACHWELT

Humboldts Ansätze zur Selbststilisierung, wie sie in seiner Edition des Briefwechsels mit Schiller, den *Briefen an eine Freundin* und der Verfügung über die Korrespondenz mit seiner Frau deutlich werden, gehen bruchlos über in die Sorge seines Bruders Alexander um die Veröffentlichung des wissenschaftlichen Nachlasses. Zwischen 1841 und 1852 erschienen sieben Bände *Gesammelte Werke*, angeregt durch Alexander von Humboldt, herausgegeben von Carl Brandes. Damit wurde so etwas wie ein ‚Werk' Humboldts sichtbar, das bis dahin völlig zersplittert und vereinzelt vorgelegen hatte. 1851 wurde auch erstmals die Grundschrift des Liberalismus im ganzen gedruckt: durchaus ein publizistisches Ereignis in den Jahren der Stagnation nach 1848.

Die Abhandlungen zur Sprache fanden nach seinem Tode verstärkt Beachtung; das Werk *Über die Kawi-Sprache auf der Insel Java, nebst einer Einleitung über die Verschiedenheit des menschlichen Sprachbaues und ihren Einfluss auf die geistige Entwicklung des Menschengeschlechts* wurde 1836–1839 in drei Bänden gedruckt. Die Akademieschriften waren den aktiven Sprachwissenschaftlern wie Heymann Steinthal (der sie 1884 gesammelt edierte) selbstverständlich bekannt und wurden vielfach als Anregung aufgegriffen. Trotzdem ist festzuhalten, daß die Sprachwissenschaft, welche sich im 19. Jahrhundert vordringlich der historisch-vergleichenden Grammatik zuwandte, nicht eigentlich in Humboldtschen Bahnen fortging und sich erst im 20. Jahrhundert wieder verstärkt mit ihm befaßte, wobei sie sich zum Teil auch mißbräuchlich auf ihn berief (Chomsky, Pinker). Die aktuelle Sprachwissenschaft der letzten Jahrzehnte hat Humboldt neu entdeckt und wesentliche Beiträge zur Erhellung seines Werkes geleistet, wobei vor allem auf die Erschließungsarbeiten von Kurt Mueller-Vollmer zu verweisen ist (*Wilhelm von Humboldts Sprachwissenschaft. Ein kommentiertes Verzeichnis des sprachwissenschaftlichen Nachlasses,* Paderborn u.a. 1993) sowie auf die Interpretationen von Tilman Borsche und insbesondere Jürgen Trabant. Ein derzeit noch im Gange befindliches Forschungsprojekt widmet sich den speziellen Arbeiten Humboldts zu den verschiedenen Sprachen.

Die Akademieschrift über Geschichte hat ebenfalls stark innerhalb der Fachwissenschaft gewirkt: Leopold von Ranke kannte sie, und Johann Gustav Droysen empfahl sie regelmäßig in seinen Vorlesungen, die später den Titel ‚Historik' erhielten; er pries Humboldt sogar als den „Bacon für die Geschichtswissenschaften".

Im 19. Jahrhundert war es freilich schwer, sich ein rundes, konzises Bild so vieler Impulse und Einzelwirkungen zu machen. Der erste, der eine volle Biographie Humboldts wagte, war Rudolf Haym 1856 unter dem Titel *Wilhelm von Humboldt. Lebensbild und Charakteristik*. Freilich mußte die Kenntnis der überlieferten Werke und Briefe zu dieser Zeit noch bruchstückhaft bleiben.

Während so vielerlei Spuren gelegt waren für eine künftige Kanonisierung, stand dieser doch auch einiges entgegen. Insbesondere teilte Humboldt mit Herder das Schicksal, vom Hauptstrang der Philosophiegeschichte, wie er sich im 19. Jahrhundert darstellte, ausgeschlossen zu sein. Man arbeitete damals stark mit der Vorstellung, Kant habe die neuere Philosophie revolutioniert, sei durch Fichte, Schelling usw. in gewisser Hinsicht weitergeführt und überboten worden, vor allem aber durch Hegel. Zur Jahrhundertmitte zeichnete sich eine Richtung ab, welche Hegel durch Marx vom Kopf auf die Füße gestellt wähnte, während andere Hegelianer diesen Weg nicht mitgingen. Am Ende des 19. Jahrhunderts dominierte in Deutschland eine Strömung des Neukantianismus, bevor die Philosophie überhaupt andere Wege einschlug. In diesem System fand Humboldt keinen Platz. Deshalb war es von großer Bedeutung für das Nachwirken Humboldts, daß Eduard Spranger 1909 ein umfassendes Werk veröffentlichte, in dem er Humboldt erstmals als Philosophen ernst nahm und seine Psychologie, seine Ästhetik und seine Ethik in großen Kapiteln würdigte.

Von Spranger aus, der auch ein grundlegendes Werk *Wilhelm von Humboldt und die Reform des Bildungswesens* veröffentlichte, entfaltete sich ein eigener Zweig der Pädagogikgeschichtsschreibung, der sich genauer mit Humboldts Vorstellungen von Erziehung, insbesondere aber seiner Leistung für die Reform von Schule und Universität in Preußen befaßte (wichtige Werke von Clemens Menze). Es gibt Berge von bildungspolitischer Literatur, die zu Recht oder zu Unrecht Humboldt im Titel führen oder sich auf ihn berufen oder sich gegen ihn profilieren (ich nenne nur stellvertretend Mitchell G. Ash, Rainer Christoph Schwinges, Bernd Henningsen und Christoph Markschies). Humboldt galt stets als Gewährsmann einer konservativen Richtung der deutschen Pädagogik in Schule und Universität, vor allem erneut nach 1945, und als solcher geriet er in die Schußlinie der Reformer, welche um 1968 alles neu machen und Schule und Universität aus den Fängen des Bildungsbürgertums befreien wollten. Umgekehrt wurden von der Gegenseite Schlagworte wie „Einsamkeit und Freiheit" sowie „Einheit von Forschung und Lehre" gebetsmühlenhaft wiederholt. Ohne Erfolg: Schule und Universität entwickelten sich zu Hauptbetätigungsfeldern immer neuer Reformbewegungen, welche sich mit dem emanzipativen Zeitgeist zunehmend von Humboldts Idealismus und Individualismus entfernten.

Der Reformer Humboldt wurde zu einem integralen Bestandteil auch der Preußengeschichtsschreibung, die sich vor allem im Kaiserreich entfaltete. Sein politisches Wirken wurde ebenso intensiv studiert wie etwa dasjenige von Gneisenau, Scharnhorst, Hardenberg oder dem Freiherrn vom und zum Stein. Bruno Gebhardt hat aus den Akten ein umfangreiches Werk über Humboldt als Staatsmann erarbeitet (2 Bde., 1896–1899). Es gibt entsprechende Kapitel über Humboldt in Friedrich Meineckes *Weltbürgertum und Nationalstaat,* wenn dieser es auch versäumt hat, seine Studien zur *Entstehung des Historismus* mit einem Humboldt-Kapitel zu krönen, weil er diese Tendenz in Goethe münden lassen wollte. Die Eingemeindung Humboldts in die borussischen Zusammenhänge hat einen Meinecke-Schüler, Siegfried A. Kaehler, dann nach dem Ersten Weltkrieg zu einem kritischen Humboldt-Buch provoziert, in dem einzelne Aspekte von Humboldts Denken und Wirken unter Aufnahme psychologischer Ansätze zu einem keinesfalls stimmigen, aber aufsehenerregenden Buch zusammengestellt sind. (Es erschien 1927 und erneut 1963 unter dem irreführenden Titel *Wilhelm von Humboldt und der Staat* mit dem Untertitel: *Ein Beitrag zur Geschichte deutscher Lebensgestaltung um 1800* – unter Verzicht auf die letzte Phase in Humboldts Leben, ab 1819.) Ein Meinecke-Schüler einer späteren Generation, Eberhard Kessel, hat dies durch eine ausgewogenere Humboldt-Studie ausbalanciert. Eine moderne, elegant geschriebene Leben-und-Werk-Darstellung mit Akzentuierung des Staatsmannes und politischen Denkers hat jüngst Lothar Gall vorgelegt.

Eine neue Grundlage für die Humboldt-Forschung wurde in wesentlichen Teilen noch vor dem Ersten Weltkrieg geschaffen, als sich die Königlich Preußische Akademie der Wissenschaften zu einer großen wissenschaftlichen Werkausgabe unter der Bezeichnung *Gesammelte Schriften* (GS) entschloß. Diese bot in vier Abteilungen zunächst die *Werke,* herausgegeben von Albert Leitzmann (9 Bde., 1903–1912, ein Nachtragsband 1920), gleichzeitig die *Politischen Denkschriften,* herausgegeben von Bruno Gebhardt (3 Bde., 1903–1904), sodann die *Tagebücher,* ebenfalls herausgegeben von Albert Leitzmann (2 Bde., 1916–1918). Auf dieser Grundlage hat Leitzmann 1919 ein Werk *Wilhelm von Humboldt. Charakteristik und Lebensbild* vorgelegt. Als Nachtrag zur Ausgabe der *Gesammelten Schriften* erschien später noch eine Abteilung *Politische Briefe,* herausgegeben von Wilhelm Richter (2 Bde., 1935–1936). Diese Ausgabe ist einerseits auch heute noch grundlegend aufgrund kritisch edierter Texte, die viel zuvor unpubliziertes Material enthielten, andererseits war sie immer schon in der Textauswahl und Textgestaltung umstritten, unhandlich und teuer. Diesem Verbreitungshindernis wurde erst durch die fünfbändige Ausgabe von Andreas Flitner und Klaus Giel abgeholfen, die seit 1960 zu erscheinen begann und 1981 abgeschlossen wurde (mehrfach nachgedruckt, Neuausgabe 2002). Sie enthält zwar nur eine Auswahl der Werke, aber eine exzellent konzipierte, außerdem mit eingehendem Kommentar (in Bd. 5). Dies ist auch heute noch die entscheidende Studienausgabe (HS).

Man hat früh schon bemerkt, daß man sich bei Humboldt, wenn man sich über seine Bedeutung klarwerden will, nicht auf die oft nur fragmentarischen *Werke* allein stützen kann, sondern vor allem die *Briefe* beachten muß. Humboldt hat ja auch selber diese Spur gelegt durch die Publikation seiner Korrespondenz mit Schiller. Die Briefe an Charlotte Diede waren, wenn auch in verstümmelter Form herausgegeben, seit 1847 eines der Lieblingsbücher des deutschen Bildungsbürgertums; sie wurden 1909 von Albert Leitzmann in einer verbesserten Fassung vorgelegt (BF). Der Briefwechsel Goethes mit den Brüdern Humboldt fand früh schon Beachtung (Ausgabe von Ludwig Geiger 1909; GB). Der entscheidende Meilenstein ist die siebenbändige Ausgabe des Briefwechsels von Wilhelm und Caroline von Humboldt durch ihre Urenkelin Anna von Sydow in den Jahren 1906 bis 1916 (WCB) (eine Sonderausgabe des Brautbriefwechsels wurde vielfach aufgelegt): Seither ist der Briefwechsel des Ehepaares Humboldt kanonisiert als wertvoller Schatz deutscher Briefkunst aus der klassisch-romantischen Periode.

Es konnte nicht fehlen, daß seit dem 19. Jahrhundert schon weitere Einzeleditionen von Briefen Humboldts von und an andere bekannte und unbekannte Personen in Druck gegeben wurden: Caroline von Wolzogen, Therese und Georg Forster, Carl Gustaf von

Brinkman, Friedrich Gentz, Henriette Herz, Friedrich Heinrich Jacobi, Christian Gottfried Körner, Johanna Motherby, Prinzessin Luise Radziwill, Christine Reinhard-Reimarus, Madame de Staël und andere. Hinzu kommen die hauptsächlich wissenschaftlichen Briefwechsel mit Friedrich August Wolf, August Wilhelm Schlegel, Friedrich Schlegel, Jacob und Wilhelm Grimm, Franz Bopp, Friedrich Gottlieb Welcker, Johann Gottfried Schweighäuser, Jean-Pierre Abel-Rémusat und anderen. Die Korrespondenz ist im Falle Humboldts außerordentlich zersplittert und in viele Dutzend Einzeleditionen aufgespalten (vgl. Philip Mattson: *Verzeichnis des Briefwechsels Wilhelm von Humboldts,* 2 Bde., Heidelberg 1980). Dies hat zwei verschiedene Tendenzen hervorgerufen: Mehrfach erschienen im Laufe des 20. Jahrhunderts Auswahleditionen, die einen charakteristischen Querschnitt bieten wollten (beispielsweise die von Wilhelm Rößle herausgegebene mit einer Einleitung von Heinz Gollwitzer, BR). Unter diesen ist die bedeutendste und ergiebigste diejenige von Rudolf Freese, vor allem in der verbesserten Form von 1986 (LW). Andererseits mußte die Fülle natürlich auch zu einer Synthese aufrufen, zu einer wissenschaftlichen Edition mit geprüften Texten und Kommentar, die seit Jahrzehnten von Philip Mattson erarbeitet wird und von der jüngst die ersten Bände im Druck erschienen sind (BHK). Diese Ausgabe wird eines Tages alle früheren überflüssig machen – freilich nur in bezug auf Humboldts eigene Briefe, denn die Gegenbriefe, die beispielsweise für das Verhältnis zu seiner Frau Caroline so wichtig sind, wurden nicht aufgenommen.

Wilhelm von Humboldt gehört dorthin, wo er sich selber plaziert hat – unter die Jena-Weimarer Klassiker Goethe und Schiller. Freilich steht er auch an der Seite der führenden Staatsmänner seiner Zeit – Hardenberg und Stein sowie Metternich und Gentz. Und schließlich ist er auch zu den epochalen Sprachwissenschaftlern und Sprachphilosophen zu rechnen – neben Jacob und Wilhelm Grimm, August Wilhelm und Friedrich Schlegel, Franz Bopp und anderen. Diese Zugehörigkeit zu verschiedenen Gebieten macht es so schwer, seine Leistungen in einem vereinheitlichenden Ganzen zu integrieren und ein ‚Werk' als solches zu erkennen – was bei Persönlichkeiten wie Kant oder Schiller wesentlich einfacher, weil eindeutiger, ist.

In den zurückliegenden Jahrzehnten wurde die Verankerung Humboldts im Kontext der Aufklärung erst deutlich durch eindringende Studien zum 18. Jahrhundert, etwa von Lydia Dippel und vor allem Christina M. Sauter. Gegenwärtig wird aufgrund dieser Erkenntnisse stärker die innere Einheit des philosophischen Denkens, auch der Ästhetik, bei Wilhelm von Humboldt erkannt (Anette Mook, Ludger Roth, Cord-Friedrich Berghahn u.a.). Als Desiderat muß eine umfassende Deutung der Sexualität im Leben und Werk Wilhelm von Humboldts gesehen werden (trotz des Kapitels „Der erotische Bereich in Humboldts Lebensgestaltung" bei Kaehler, 59–107), die von einer Kritik seiner Lebensführung aufgrund bürgerlicher Moralvorstellungen absieht, sein Sprechen und Schweigen über diese Zusammenhänge im Kontext einer Kulturgeschichte der Sexualität zu verstehen sucht und den kreativen Stimulus herausarbeitet, den Humboldt aus dieser Problemlage bezogen hat.

Außer den zentrifugalen Tendenzen im vielfältigen und zersplitterten Werk Humboldts, die jede Befassung schwierig machen, muß man jedoch auch seine erstaunliche Sorglosigkeit in bezug auf die Herauspräparierung eines ‚Werkes' feststellen: Er kümmerte sich nicht um seine *Wirkung* auf andere, weil ihm in erster Linie an der Gewinnung eines *Seins* gelegen war. Wirkung, glaubte er, sei ein sekundärer Aspekt, der sich gewissermaßen zwangsläufig einstelle, wenn genügend Substanz gegeben sei. „Mir ist es ein fester, unumstößlicher Satz: nichts von dem, was ein Mensch je Gutes und Großes war, geht jemals unter […]" (WCB 2, 64). Insofern, könnte man zuspitzen, bestand sein Werk nicht in Schriften, sondern in seinem Leben. Er stilisierte seine Biographie, sich selbst, zu einem Vorbild, an dem man lernen konnte – und lernen kann. Er strebte danach (wie Goethe), sich selbst als Prototypen eines Menschen darzustellen, wie er ihn als Ideal erkannt hatte. Zentral für solches Bestreben ist die

Überzeugung von der Würde und vom Wert eines Individuums. Aber nach Humboldts klassischer Vorstellung, welche die alten Griechen zum Maß nahm, durfte Streben nach Individualität nicht romantisch ausarten; vielmehr gehörte zur legitimen Kultivierung des Eigenen auch reflektierte Erkenntnis seiner Stellung im Ganzen, Einsicht in seinen Bezug auf die Menschheit.

NACHWEIS DER ZITATE

S. 82, 153: Alexander Pope: An Essay on Man, London 1733/34, Epistle II, v. 2.

S. 83: Johann Gottfried Herder: Werke in zehn Bänden, Bd. 1: Frühe Schriften 1764–1772. Hrsg. von Ulrich Gaier, Frankfurt a. M. 1985, S. 132.

S. 85: Johann Gottfried Herder: Werke in zehn Bänden, Bd. 6: Ideen zur Philosophie der Geschichte der Menschheit. Hrsg. von Martin Bollacher, Frankfurt a. M. 1989, S. 270.

S. 188: Theodore Ziolkowski: Das Amt der Poeten. Die deutsche Romantik und ihre Institutionen, Stuttgart 1992, S. 363.

S. 216: Thomas Nipperdey: Deutsche Geschichte 1800–1866. Bürgerwelt und starker Staat, München 1983, S. 278.

S. 219: Georg Wilhelm Friedrich Hegel: Werke in zwanzig Bänden, Bd. 12: Vorlesungen über die Philosophie der Geschichte, Frankfurt a. M. 1970, S. 30 f.

S. 231: Ludwig Wittgenstein: Tractatus logico-philosophicus. Logisch-philosophische Abhandlung, Frankfurt a. M. 9. Aufl. 1973, S. 89.

S. 281 f.: August Wilhelm Schlegel: Kritische Ausgabe der Vorlesungen. Hrsg. von Georg Braungart, Bd. 1.1: Vorlesungen über Ästhetik (1803–1827), Paderborn u.a. 2007, S. 166 f., 164.

S. 284: Friedrich Schiller: Über die ästhetische Erziehung des Menschen, 15. Brief (Friedrich Schiller: Sämtliche Werke in zehn Bänden. Berliner Ausgabe, Bd. 8, Berlin 2005, S. 355).

S. 290: Johann Gustav Droysen: Historik. Rekonstruktion der ersten vollständigen Fassung [...]. Hrsg. von Peter Leyh, Stuttgart-Bad Cannstatt 1977, S. 419.

LITERATURHINWEISE

Werkausgaben

Humboldt, Wilhelm von: Gesammelte Schriften. Hrsg. von der Königlich Preußischen Akademie der Wissenschaften durch Albert Leitzmann [u.a.], 17 Bde., Berlin 1903–1936 (GS).

Humboldt, Wilhelm von: Werke in fünf Bänden. Hrsg. von Andreas Flitner und Klaus Giel, Darmstadt 1960–1981 (und spätere Auflagen, Neuausgabe 2002) (HS).

Briefausgaben

Wilhelm und Caroline von Humboldt in ihren Briefen. Hrsg. von Anna von Sydow, 7 Bde., Berlin 1906–1916 (WCB).

Humboldt, Wilhelm von: Briefe an eine Freundin. Hrsg. von Albert Leitzmann, 2 Bde., Leipzig 1909 (BF).

Goethes Briefwechsel mit Wilhelm und Alexander von Humboldt. Hrsg. von Ludwig Geiger, Berlin 1909 (GH).

Wilhelm von Humboldts Briefe an Christian Gottfried Körner. Hrsg. von Albert Leitzmann, Berlin 1940 (HK).

Humboldt, Wilhelm von: Briefe. Hrsg. von Wilhelm Rößle, München 1952 (BR).

Der Briefwechsel zwischen Friedrich Schiller und Wilhelm von Humboldt. Hrsg. von Siegfried Seidel, 2 Bde., Berlin 1962 (BSH).

Humboldt, Wilhelm von: Sein Leben und Wirken, dargestellt in Briefen, Tagebüchern und Dokumenten seiner Zeit. Hrsg. von Rudolf Freese, Darmstadt 2. Aufl. 1986 (LW).

Humboldt, Wilhelm von: Briefe. Historisch-kritische Ausgabe. Hrsg. und kommentiert von Philip Mattson, Berlin und Boston 2014 ff. (BHK).

Forschungsliteratur

Ash, Mitchell G. (Hrsg.): Mythos Humboldt. Vergangenheit und Zukunft der deutschen Universitäten, Köln, Weimar und Wien 1999.

Becker, Ralf: Wilhelm von Humboldts Idee der Bildung, in: Zeitschrift für Kulturphilosophie 7 (2013), S. 127–145.

Berger, Thomas: Der Humanitätsgedanke in der Literatur der deutschen Spätaufklärung, Heidelberg 2008 (über Humboldt: S. 379–410).

Berghahn, Cord-Friedrich: Das Wagnis der Autonomie. Studien zu Karl Philipp Moritz, Wilhelm von Humboldt, Heinrich Gentz, Friedrich Gilly und Ludwig Tieck, Heidelberg 2012 (über Humboldt: S. 185–356).

Berglar, Peter: Wilhelm von Humboldt. Mit Selbstzeugnissen und Bilddokumenten dargestellt, Reinbek bei Hamburg 1970, 10. Aufl. 2008.

Borchmeyer, Dieter: Weimarer Klassik. Portrait einer Epoche, Weinheim 1994 (über Humboldt: S. 299–317).

Borsche, Tilman: Sprachansichten. Der Begriff der menschlichen Rede in der Sprachphilosophie Wilhelm von Humboldts, Stuttgart 1981.

Borsche, Tilman: Wilhelm von Humboldt, München 1990.

Bruch, Rüdiger vom: Friedrich-Wilhelms-Universität Berlin. Vom Modell ‚Humboldt' zur Humboldt-Universität 1810 bis 1949, in: Alexander Demandt (Hrsg.): Stätten des Geistes. Große Universitäten Europas von der Antike bis zur Gegenwart, Köln, Weimar und Wien 1999, S. 257–278.

Dippel, Lydia: Wilhelm von Humboldt. Ästhetik und Anthropologie, Würzburg 1990.

Feger, Hans/Brittnacher, Hans Richard (Hrsg.): Die Realität der Idealisten. Friedrich Schiller – Wilhelm von Humboldt – Alexander von Humboldt, Köln, Weimar und Wien 2008.

Gall, Lothar: Wilhelm von Humboldt. Ein Preuße von Welt, Berlin 2011.

Gebhardt, Bruno: Wilhelm von Humboldt als Staatsmann, 2 Bde., Stuttgart 1896–1899 (Neudruck Aalen 1965).

Geier, Manfred: Die Brüder Humboldt. Eine Biographie, Reinbek bei Hamburg 2. Aufl. 2013.

Gipper, Helmut/Schmitter, Peter: Sprachwissenschaft und Sprachphilosophie im Zeitalter der Romantik. Ein Beitrag zur Historiographie der Linguistik, Tübingen 1979.

Heinz, Christine und Ulrich von: Wilhelm von Humboldt in Tegel. Ein Bildprogramm als Bildungsprogramm, München und Berlin 2001.

Hempel, Wido: Wilhelm von Humboldt und Spanien, in: Hans Juretschke (Hrsg.): Zum Spanienbild der Deutschen in der Zeit der Aufklärung. Eine historische Übersicht, Münster 1997, S. 224–239.

Henningsen, Bernd (Hrsg.): Humboldts Zukunft. Das Projekt Reformuniversität, Berlin 2007.

Hinrichs, Carl: Ranke und die Geschichtstheologie der Goethezeit, Göttingen, Frankfurt a. M. und Berlin 1954.

Hoffmeister, Gerhart: Spanien und Deutschland. Geschichte und Dokumentation der literarischen Beziehungen, Berlin 1976.

Hübner, Ulrich: Wilhelm von Humboldt und die Bildungspolitik. Eine Untersuchung zum Humboldt-Bild als Prolegomena zu einer Theorie der Historischen Pädagogik, München 1983.

Jaeger, Friedrich/Rüsen, Jörn: Geschichte des Historismus. Eine Einführung, München 1992.

Jecht, Dorothea: Die Aporie Wilhelm von Humboldts. Sein Studien- und Sprachprojekt zwischen Empirie und Reflexion, Hildesheim 2003.

Jeismann, Karl-Ernst: Das preußische Gymnasium in Staat und Gesellschaft, 2 Bde., Stuttgart 1996.

Jeismann, Karl-Ernst (Hrsg.): Staat und Erziehung in der preußischen Reform 1807–1819, Göttingen 1969.

Jeismann, Karl-Ernst/Lundgreen, Peter (Hrsg.): Handbuch der deutschen Bildungsgeschichte, Bd. 3: 1800–1870. Von der Neuordnung Deutschlands bis zur Gründung des Deutschen Reiches, München 1987.

Kaehler, Siegfried A.: Wilhelm v. Humboldt und der Staat. Ein Beitrag zur Geschichte deutscher Lebensgestaltung um 1800, Göttingen 1927, 2. Aufl. 1963.

Kessel, Eberhard: Wilhelm v. Humboldt: Idee und Wirklichkeit, Stuttgart 1967.

Konrad, Franz-Michael: Wilhelm von Humboldt, Bern 2010.

Kost, Jürgen: Wilhelm von Humboldt – Weimarer Klassik – Bürgerliches Bewußtsein. Kulturelle Entwürfe in Deutschland um 1800, Würzburg 2004.

Kost, Jürgen: Individualität und Soziabilität. Überlegungen zum kulturgeschichtlichen Ort des Humanitätsideals Wilhelm von Humboldts und der Weimarer Klassik, in: Volker C. Dörr/Michael Hofmann (Hrsg.): „Verteufelt human"? Zum Humanitätsideal der Weimarer Klassik, Berlin 2008, S. 15–30.

Markschies, Christoph: Was von Humboldt noch zu lernen ist. Aus Anlass des zweihundertjährigen Geburtstags der preußischen Reformuniversität, Berlin 2010.

Maurer, Michael: Bildung, in: Hans-Werner Hahn/Dieter Hein (Hrsg.): Bürgerliche Werte um 1800. Entwurf – Vermittlung – Rezeption, Köln, Weimar und Wien 2005, S. 227–237.

Maurer, Michael: Staatliche Schulpolitik und bürgerliches Bildungsideal, in: Gisela Mettele/Andreas Schulz (Hrsg.): Preußen als Kulturstaat im 19. Jahrhundert, Paderborn 2014, S. 89–103.

Maurer, Michael: Einsamkeit und Freiheit. Die Alterssonette Wilhelm von Humboldts, in: Mario Gotterbarm/Stefan Knödler/Dietmar Till (Hrsg.): Sonett-Gemeinschaften, Paderborn u.a. 2016 (im Druck).

Meinecke, Friedrich: Werke, Bd. 5: Weltbürgertum und Nationalstaat.

Hrsg. von Hans Herzfeld, München 1969 (zu Humboldt: S. 142–177).

Menze, Clemens: Wilhelm von Humboldt und Christian Gottlob Heyne, Ratingen 1966.

Menze, Clemens: Wilhelm von Humboldts Lehre und Bild vom Menschen, Ratingen 1965.

Menze, Clemens: Grundzüge der Bildungsphilosophie Wilhelm von Humboldts, in: Hans Steffen (Hrsg.): Bildung und Gesellschaft. Zum Bildungsbegriff von Humboldt bis zur Gegenwart, Göttingen 1973, S. 5–27.

Menze, Clemens: Die Bildungsreform Wilhelm von Humboldts, Hannover u.a. 1975.

Messling, Markus: Pariser Orientlektüren. Zu Wilhelm von Humboldts Theorie der Schrift, Paderborn u.a. 2008.

Messling, Markus/Tintemann, Ute (Hrsg.): „Der Mensch ist nur Mensch durch Sprache". Zur Sprachlichkeit des Menschen, München 2009.

Mook, Anette: Die freie Entwicklung innerlicher Kraft. Die Grenzen der Anthropologie in den frühen Schriften der Brüder von Humboldt, Göttingen 2012.

Müller-Vollmer, Kurt: Poesie und Einbildungskraft. Zur Dichtungstheorie Wilhelm von Humboldts […], Stuttgart 1967.

Muhlack, Ulrich: Das zeitgenössische Frankreich in der Politik Humboldts, Hamburg 1967.

Noehles-Doerk, Gisela: Spanien und Weimar – Caroline und Wilhelm von Humboldt 1799/1800 in Spanien, in: Gisela Noehles-Doerk (Hrsg.): Kunst in Spanien im Blick des Fremden. Reiseerfahrungen vom Mittelalter bis in die Gegenwart, Frankfurt a. M. 1996, S. 153–169.

Osterkamp, Ernst: Gesamtbildung und freier Genuß. Wechselwirkungen zwischen Goethe und Wilhelm von Humboldt, in: Ernst Osterkamp (Hrsg.): Wechselwirkungen. Kunst und Wissenschaft in Berlin und Weimar im Zeichen Goethes, Bern u.a. 2002, S. 133–154.

Osterkamp, Ernst: Wilhelm und Caroline von Humboldt und die deutschen Künstler in Rom, in: Margret Stuffmann/Werner Busch (Hrsg.): Zeichnen in Rom 1790–1830, Köln 2001, S. 247–274.

Oswald, Stefan: Italienbilder. Beiträge zur Wandlung der deutschen Italienauffassung 1770–1840, Heidelberg 1985 („Wilhelm von Humboldt: Wehmut und Bewunderung", S. 62–66).

Pasquarè, Roberta: Vernunft und Vertrag. Die konservative Wende des Wilhelm von Humboldt, Würzburg 2012.

Ritter, Heidi: *Wechselseitige Ergänzung.* Wilhelm von Humboldts Geschlechteranthropologie zwischen Erfahrung und Konstruktion, in: Manfred Beetz/Jörn Garber/Heinz Thoma (Hrsg.): Physis und Norm.

Neue Perspektiven der Anthropologie im 18. Jahrhundert, Göttingen 2007, S. 175–186.

Roscher, Rainhard: Sprachsinn. Studien zu einem Grundbegriff im Sprachdenken Wilhelm von Humboldts, Paderborn u.a. 2006.

Rosenstrauch, Hazel: Wahlverwandt und ebenbürtig. Caroline und Wilhelm von Humboldt, Frankfurt a. M. 2009.

Roth, Ludger: Ästhetischer Holismus. Ein neuer Typus philosophischer Theoriebildung nach Kant, Marburg 2014.

Sauter, Christina M.: Wilhelm von Humboldt und die deutsche Aufklärung, Berlin 1989.

Schlerath, Bernfried (Hrsg.): Wilhelm von Humboldt. Vortragszyklus zum 150. Todestag, Berlin und New York 1986.

Schmitter, Peter (Hrsg.): Multum – non multa? Studien zur „Einheit der Reflexion" im Werk Wilhelm von Humboldts, Münster 1991.

Schnabel, Franz: Deutsche Geschichte im neunzehnten Jahrhundert, 4 Bde., München 1987 („Wilhelm v. Humboldt und die Reform des Bildungswesens": Bd. 1, S. 408–457).

Schwinges, Rainer Christoph (Hrsg.): Humboldt international. Der Export des deutschen Universitätsmodells im 19. und 20. Jahrhundert, Basel 2001.

Scurla, Herbert: Wilhelm von Humboldt. Werden und Wirken, Berlin 1970.

Spitta, Dietrich: Die Staatsidee Wilhelm von Humboldts, Berlin 2004.

Spranger, Eduard: Wilhelm von Humboldt und die Humanitätsidee, Berlin 1909.

Spranger, Eduard: Wilhelm von Humboldt und die Reform des Bildungswesens, Berlin 1910 (3. Aufl. Tübingen 1965).

Stadler, Peter Bruno: Wilhelm von Humboldts Bild der Antike, Zürich 1959.

Sweet, Paul R.: Wilhelm von Humboldt. A Biography, 2 Bde., Columbus/Ohio 1978–1980.

Tintemann, Ute/Trabant, Jürgen (Hrsg.): Wilhelm von Humboldt: Universalität und Individualität, München 2012.

Trabant, Jürgen: Apeliotes oder Der Sinn der Sprache. Wilhelm von Humboldts Sprach-Bild, Paderborn 1986.

Trabant, Jürgen: Traditionen Humboldts, Frankfurt a. M. 1990.

Trabant, Jürgen: Weltansichten. Wilhelm von Humboldts Sprachprojekt, München 2012.

Zimmermann, Christian von: Reiseberichte und Romanzen. Kulturgeschichtliche Studien zur Perzeption und Rezeption Spaniens im deutschen Sprachraum des 18. Jahrhunderts, Tübingen 1997.

Ziolkowski, Theodore: Das Wunderjahr in Jena. Geist und Gesellschaft 1794/95, Stuttgart 1998.

BILDNACHWEIS

Abb. 1: Wilhelm von Humboldt, Marmorrelief von M. K. Klauer (1796). Aus: Christine und Ulrich von Heinz: Wilhelm von Humboldt. Ein Bildprogramm als Bildungsprogramm, München und Berlin: Deutscher Kunstverlag 2001 (Vorsatzblatt).

Abb. 2: Caroline von Humboldt, geb. von Dacheröden, Gemälde von Gottlob Schick (Bildarchiv Preußischer Kulturbesitz).

Abb. 3: Friedrich Schiller, die Brüder Humboldt und Johann Wolfgang von Goethe. Zeichnung von Müller (Bildarchiv Preußischer Kulturbesitz).

Abb. 4: Wilhelm von Humboldt, Büste von Bertel Thorvaldsen (1808) (Bildarchiv Preußischer Kulturbesitz).

Abb. 5: Wilhelm von Humboldt, Holzstich nach einer Zeichnung von Eduard Stroehling (1814?) (Bildarchiv Preußischer Kulturbesitz).

Abb. 6: Karoline von Humboldt, Gemälde von Friedrich Wilhelm von Schadow (1817) (Bildarchiv Preußischer Kulturbesitz).

Abb. 7: Caroline von Humboldt (die älteste Tochter) als Siebzehnjährige, Gemälde von Gottlieb Schick (1809) (Bildarchiv Preußischer Kulturbesitz).

Abb. 8: Adelheid und Gabriele von Humboldt, Zeichnung von Gottlieb Schick (1808). Aus: Rudolf Freese (Hrsg.): Wilhelm von Humboldt. Sein Leben und Wirken, dargestellt in Briefen, Tagebüchern und Dokumenten seiner Zeit, Darmstadt 2. Aufl. 1986, S. 835.

Abb. 9: Adelheid und Gabriele von Humboldt, Gemälde von Gottlieb Schick (1809) (Bildarchiv Preußischer Kulturbesitz).

Abb. 10: Der Wiener Kongreß, zweiter von rechts, stehend: Wilhelm von Humboldt, Gemälde von J. B.

Isabey (Bildarchiv Preußischer Kulturbesitz).

Abb. 11: Wilhelm von Humboldt, Karikatur. Graphitzeichnung von Fürst A. Radziwill (1814). Aus: Rudolf Freese (Hrsg.): Wilhelm von Humboldt. Sein Leben und Wirken, dargestellt in Briefen, Tagebüchern und Dokumenten seiner Zeit, Darmstadt 2. Aufl. 1986, S. 841.

Abb. 12: Caroline von Humboldt, Kreide- und Kohlezeichnung von Wilhelm Wach (1830) (Archiv für Kunst und Geschichte Berlin).

Abb. 13: Wilhelm von Humboldt, Zeichnung von Franz Krüger (1827) (Bildarchiv Preußischer Kulturbesitz).

Abb. 14: Wilhelm von Humboldt, Kreidezeichnung von Luise Radziwill, geb. Prinzessin von Preußen. Aus: Rudolf Freese (Hrsg.): Wilhelm von Humboldt. Sein Leben und Wirken, dargestellt in Briefen, Tagebüchern und Dokumenten seiner Zeit, Darmstadt 2. Aufl. 1986, S. 839.

Abb. 15: Wilhelm von Humboldt, Zeichnung von Johann Joseph Schmeller (Bildarchiv Preußischer Kulturbesitz).

Abb. 16: Alexander von Humboldt, Photographie (um 1850) (Bildarchiv Preußischer Kulturbesitz).

Abb. 17: Wilhelm von Humboldt, Bronzestatuette von Drake. Aus: Eberhard Kessel: Wilhelm v. Humboldt: Idee und Wirklichkeit, Stuttgart 1967, Vorsatzblatt.

Abb. 18: Wilhelm von Humboldt an seinem Schreibtisch in Tegel, Ölgemälde eines unbekannten Künstlers (um 1830) (Bildarchiv Preußischer Kulturbesitz).

Abb. 19: Wilhelm von Humboldt, Ölgemälde von Gottlieb Schick (1808/09) (Bildarchiv Preußischer Kulturbesitz).

Abb. 20: Schloß Tegel, Zeichnung von Rohbock (um 1850) (Bildarchiv Preußischer Kulturbesitz).

Abb. 21: Schloß Tegel, Blauer Salon (Bildarchiv Preußischer Kulturbesitz).

Abb. 22: Schloß Tegel, Antikensaal mit Durchblick zum Grünen Kabinett (Bildarchiv Preußischer Kulturbesitz).

Abb. 23: Brief Wilhelm von Humboldts an General von Boyen vom 7. Februar 1819 (Preußisches Geheimes Staatsarchiv).

Abb. 24: Adelheid von Bülow, Grabstätte Familie von Humboldt mit Blick zum Schloß Tegel (auf der Säule: Spes von Bertel Thorvaldsen). Aus: Christine und Ulrich von Heinz: Wilhelm von Humboldt. Ein Bildprogramm als Bildungsprogramm, München und Berlin: Deutscher Kunstverlag 2001, S. 64.

PERSONENREGISTER

A

Abel-Rémusat, Jean-Pierre 294
Adelung, Johann Christoph 221
Aischylos 77, 78, 184
Alexander I. (Zar) 209
Altenstein, Karl Freiherr von Stein zum 170, 171
Arndt, Ernst Moritz 174, 204
Arnim, Achim von 279
Arnim, Bettina von 262, 265, 279
Ash, Mitchell G. 291

B

Baggesen, Jens 120
Bagration, Fürstin Katharina 197
Baretti, Giuseppe (Joseph) 143
Becker, Rudolf Zacharias 25
Beethoven, Ludwig van 197
Berghahn, Cord-Friedrich 10, 295
Bernstorff, Christian Günther Graf von 213
Biester, Johann Erich 15
Blücher, Gebhard Leberecht (Fürst von Wahlstatt) 201, 210
Blumenbach, Johann Friedrich 83, 89
Boeckh, Philipp August 191
Bokelmann, Georg Wilhelm 146
Bonaparte, Jérôme 186
Bopp, Franz 294
Borsche, Tilman 290
Bourgoing, Jean-François de 144
Brandes, Carl 289
Brentano, Clemens 21
Brinkman, Carl Gustaf von 66, 102, 105, 120, 147, 294
Brun, Friederike 156
Bülow, Heinrich von 279
Bürger, Gottfried August 281
Burgsdorff, Wilhelm von 114, 199
Burke, Edmund 36

C

Calderón de la Barca, Pedro 145
Campe, Joachim Heinrich 15, 20–22, 38
Chamisso, Adelbert von 279
Champollion, Jean-François 239
Chateaubriand, Vicomte François-René de 156
Chomsky, Noam 290

Condorcet, Marie Jean Antoine Nicolas, Marquis de 119
Condorcet, Sophie, Marquise de 119
Consalvi, Ercole Marchese 156
Cook, James 18
Cotta, Johann Friedrich (Freiherr von Cottendorf) 253

D

Dalberg, Carl Theodor von 24, 27, 28, 72, 101, 103, 104
Diderot, Denis 120
Diede, Charlotte (geb. Hildebrandt) 257, 261–265, 273, 275, 293
Dieffenbach, Johann Friedrich 174
Diogenes 120
Dippel, Lydia 295
Dohm, Christian Wilhelm (von) 15, 21
Dohna, Alexander Graf 171, 172
Droysen, Johann Gustav 290

E

Eichendorff, Joseph von 21
Engel, Johann Jakob 15, 16, 108, 136
Erasmus von Rotterdam 69, 76
Ernesti, Johann August 190

F

Fernow, Carl Ludwig 156
Fichte, Johann Gottlieb 170, 187, 188, 191, 290
Flitner, Andreas 293
Forster, Georg 18, 19, 23, 24, 28, 32, 72, 83, 89, 102, 104, 293
Forster, Therese (geb. Heyne, spätere Huber) 19, 24, 262, 293
Franz I. (Kaiser von Österreich) 198, 201

Freese, Rudolf 294
Friedländer, David 136, 195
Friedrich d. Gr. (König von Preußen) 18, 33, 190
Friedrich Wilhelm II. (König von Preußen) 18, 33, 47
Friedrich Wilhelm III. (König von Preußen) 193, 207, 209, 212, 277, 278

G

Gall, Lothar 292
Garve, Christian 266
Gebhardt, Bruno 292
Geertz, Clifford 246
Geiger, Ludwig 293
Gellert, Christian Fürchtegott 77, 184, 252, 261
Gentz, Friedrich (von) 36, 100, 102, 118, 168, 197, 206, 294
Giel, Klaus 293
Gneisenau, August Graf Neidhardt von 291
Goethe, Johann Wolfgang (von) 10, 12, 25, 70, 71, 77, 78, 89, 97, 105–109, 112–114, 119, 121, 123, 130, 133, 135, 139, 142, 143, 154, 157, 158, 162, 166, 168, 183, 184, 195, 198, 253, 254, 256, 261, 265, 271, 274, 275, 278, 281, 292–295
Gollwitzer, Heinz 294
Goltz, August Friedrich Ferdinand von der 171
Gothein, Eberhard 228
Gouges, Olympe de 93
Graß, Carl Gotthard 156
Grimm, Jacob 294
Grimm, Wilhelm 294
Gropius, Georg Christian 135, 142

H

Hagen, Friedrich Heinrich von der 184
Hardenberg, Karl August (Fürst) von 11, 193, 198, 201, 207, 208, 210, 212–214, 216, 291, 294
Haym, Rudolf 290
Hegel, Georg Wilhelm Friedrich 191, 219, 228, 279, 290
Heinrich (Prinz von Preußen) 190
Henningsen, Bernd 291
Herder, Johann Gottfried (von) 70–72, 78, 80, 82–85, 137, 144, 145, 152, 184, 220, 227, 261, 290
Herz, Henriette (geb. Lemos) 16, 19, 136, 195, 279, 294
Herz, Marcus 136, 195
Heyne, Christian Gottlob 17, 19, 24, 66, 71, 72, 77, 190
Hölderlin, Friedrich 78
Homer 67, 70, 72, 74, 77, 78, 109
Horaz 267
Huber, Ludwig Ferdinand 24
Hufeland, Christoph Wilhelm 188, 191
Humboldt, Adelheid von (Tochter) 119, 135, 154
Humboldt, Alexander von (Bruder) 12, 14–17, 65, 79, 99, 114, 116, 131, 133, 134, 164, 198, 229, 230, 279, 280, 289
Humboldt, Alexander Georg von (Vater) 14, 16
Humboldt, Caroline von (Frau) 11, 12, 19, 23–25, 27, 28, 32, 67, 100, 101, 114, 142, 143, 146, 163–166, 168, 196, 258, 267, 272, 273, 275, 276, 278, 279, 281, 293, 294
Humboldt, Caroline von (Tochter) 154, 163, 272, 279
Humboldt, Gabriele (Tochter) 154, 272, 279
Humboldt, Gustav von (Sohn) 165
Humboldt, Hermann von (Sohn) 165, 276
Humboldt, Louise von (Tochter) 164
Humboldt, Marie Elisabeth von (geb. Colomb, verw. von Holwede, Mutter) 14–16, 27, 103, 116, 120
Humboldt, Theodor von (Sohn) 119, 154, 163, 166, 196, 200
Humboldt, Wilhelm von (Sohn) 154, 156, 157

I

Iffland, August Wilhelm 173

J

Jacobi, Friedrich Heinrich 19, 20, 32, 34, 101, 102, 104, 117, 167, 294
Jung-Stilling, Johann Heinrich 90
Justi, Carl 143

K

Kaehler, Siegfried A. 292, 295
Kant, Immanuel 17, 19, 23, 45, 83, 84, 104, 108, 123, 173, 188, 217, 256, 281, 284, 290, 291, 295
Karl V. (Kaiser) 130
Kessel, Eberhard 292
Khevenhüller, Graf 156
Klein, Ernst Ferdinand 15
Klopstock, Friedrich Gottlieb 77, 184
Körner, Christian Gottfried 72, 102, 104, 106, 109, 157, 165, 197, 254, 255, 283, 294
Körner, Theodor 197, 199

Kotzebue, August von 215
Kunth, Gottlob Johann Christian 15, 16, 136

L

La Roche, Carl von 16, 19, 24
La Roche, Sophie (von) (geb. Gutermann) 261, 262
Lavater, Johann Caspar 23, 104, 122, 127
Leibniz, Gottfried Wilhelm 38, 40, 45, 73, 87, 187, 286
Leitzmann, Albert 257, 263, 280, 292, 293
Lessing, Gotthold Ephraim 77, 184
Levasseur, Thérèse 120
Lichtenberg, Georg Christoph 17, 23
Ligne, Fürst von 197
Loder, Justus Christian 89
Löffler, Josias Friedrich Christian 65
Ludwig I. (König von Bayern) 156
Ludwig XIV. (König von Frankreich) 45
Luther, Martin 33, 69
Lützow, Ludwig Adolf Wilhelm Freiherr von 199

M

Machiavelli, Niccolò 221
Marc Aurel 271
Markschies, Christoph 291
Marx, Karl 290
Massow, Julius von 187
Mattson, Philip 294
Mecklenburg-Strelitz, Erbprinz von 156
Meinecke, Friedrich 292
Meiners, Christoph 23, 83, 89
Melanchthon, Philipp 69, 76

Mendelssohn, Moses 15, 195
Menze, Clemens 291
Metternich, Clemens Wenzel Nepomuk Lothar Fürst von 197, 198, 203, 206, 210, 215, 294
Mook, Anette 295
Moritz, Karl Philipp 83, 90
Motherby, Johanna (geb. Thielheim, spätere Dieffenbach) 168, 174, 294
Müller, Adam 204
Mueller-Vollmer, Kurt 290
Murillo, Bartholomé Esteban 143

N

Napoleon I. (Kaiser der Franzosen, ursprünglich Napoleone Bonaparte) 47, 119, 135, 145, 155, 164, 166, 169, 170, 186, 187, 195, 196, 199–203, 206, 208, 210, 211
Necker, Jacques 119
Nicolovius, Georg Heinrich Ludwig 172
Niebuhr, Barthold Georg 191
Nietzsche, Friedrich 76
Nipperdey, Thomas 216
Novalis (Friedrich von Hardenberg) 21, 204

P

Pestalozzi, Johann Heinrich 174, 178
Pindar 67, 77, 78
Pinker, Stephen 290
Pius VI. (Papst) 155
Pius VII. (Papst) 155
Platner, Ernst 82
Platon 38, 40, 43, 69, 81, 93, 96, 98, 99, 222, 226, 231, 267, 271, 284, 288

Pope, Alexander 82, 153, 267
Praxiteles 94

R
Radziwill, Friederike Dorothee Luise, Fürstin (geb. Prinzessin von Preußen) 294
Ranke, Leopold von 228, 290
Rauch, Christian Daniel 156, 279
Reinhard-Reimarus, Christine 294
Reinhart, Johann Christian 156
Ribera, José de 143
Richter, Wilhelm 293
Rößle, Wilhelm 294
Roth, Ludger 295
Rousseau, Jean-Jacques 80, 90, 120, 137, 142, 176, 266
Ruffo-Baranello, Fabrizio Kardinal 156

S
Sagan, Dorothea Herzogin von 197
Sand, Karl Ludwig 215
Sauter, Christina M. 295
Savigny, Friedrich Carl von 191
Scharnhorst, Gerhard Johann David von 291
Schelling, Friedrich Wilhelm Joseph (von) 290
Schenkendorf, Max von 174
Schick, Gottlieb 120, 156
Schiller, Charlotte (von) (geb. von Lengefeld) 24
Schiller, Ernst (von) 103
Schiller, Friedrich (von) 10, 12, 23, 24, 28, 39, 42, 70, 72, 77, 89, 96, 97, 102–109, 113, 114, 117, 122, 130, 132, 134, 154, 157, 158, 162, 165, 167, 183, 184, 227, 253–256, 261, 264, 265, 273–275, 284, 287, 289, 293–295
Schiller, Karl (von) 103
Schinkel, Karl Friedrich 278, 279
Schlabrendorf, Gustav Graf von 120, 163–165
Schlegel, August Wilhelm (von) 145, 156, 281, 294
Schlegel, Dorothea (geb. als Brendel Mendelssohn, gesch. Veit) 16, 19, 197
Schlegel, Friedrich (von) 197, 204, 294
Schleiermacher, Friedrich Daniel Ernst 152, 170, 188, 189, 191, 279
Schlözer, August Ludwig (von) 17, 140
Schulz, Ferdinand 280
Schwarzenberg, Felix Fürst zu 201
Schweighäuser, Johann Gottfried 120, 294
Schwinges, Rainer Christoph 291
Seuse, Heinrich 25
Sokrates 271
Sophokles 184
Spranger, Eduard 291
Staël-Holstein, Germaine de (geb. Necker) 119
Stein, Heinrich Friedrich Karl Reichsfreiherr vom und zum 169, 170, 193, 198, 201, 202, 206, 209, 292, 294
Steinthal, Heymann 289
Stieglitz, Johann (geb. als Israel Stieglitz) 20, 32
Süvern, Johann Wilhelm 182–184
Sydow, Anna von 272, 293

T

Talleyrand-Périgord, Charles-Maurice de (Prince de Bénévent) 208
Talma, François-Joseph 119
Thaer, Albrecht von 191
Thompson, James 266
Thorvaldsen, Bertel 156, 283
Tieck, Christian Friedrich 120, 279
Trabant, Jürgen 290

U

Unzer, Johann August 82

V

Vandeul, Madame de (geb. Diderot) 120
Varnhagen von Ense, Karl August 265
Varnhagen von Ense, Rahel (geb. Levin) 120, 262, 279
Velázquez, Diego Rodriguez de Silva y 143
Voltaire (François-Marie Arouet) 224
Voß, Johann Heinrich 77

W

Walther von der Vogelweide 25
Weber, Alfred 220
Weber, Max 246
Welcker, Friedrich Gottlieb 100, 285, 294
Wellington, Arthur Wellesley, Duke of 210
Wette, Wilhelm Martin Leberecht de 191
Winckelmann, Johann Joachim 70, 71, 158
Wittgenstein, Ludwig 231
Wolff, Christian 108
Wolf, Friedrich August 66, 68, 72, 102, 191, 279, 294
Wöllner, Johann Christoph von 18, 22, 33, 36, 76
Wolzogen, Caroline von (geb. von Lengefeld, gesch. von Beulwitz) 24, 293
Wolzogen, Wilhelm von 24

Y

Young, Edward 266

Z

Zelter, Karl Friedrich 172, 173
Zimmermann, Johann Georg 266
Ziolkowski, Theodore 188
Zoëga, Johann Georg 156, 158
Zöllner, Johann Friedrich 66

MICHAEL MAURER

JOHANN GOTTFRIED HERDER

LEBEN UND WERK

Johann Gottfried Herder (1744–1803) suchte seine Spur zu hinterlassen: im praktischen Leben als Familienvater, Prediger und Pädagoge; auf theoretischem Gebiet durch eine Vielzahl von grundlegenden Schriften. Doch im Vergleich mit Goethe und Schiller ist Herder der unbekannte Klassiker. Die neue Biografie über den oft vergessenen Dichter und Denker schafft ihm den gebührenden Platz im Bewusstsein unserer Zeit. Pointiert und anschaulich folgt der Biograf den wichtigen Stationen im Leben und Schaffen Herders und vermittelt verständlich die Grundlagen seiner aufgeklärten Kulturphilosophie. Herders von Humanität geprägtes Denken hat auch im 21. Jahrhundert nicht an Aktualität verloren.

Dieser Titel liegt auch für eReader, iPad und Kindle vor. Registereinträge und Weblinks sind in diesem zitierfähigen E-Book interaktiv.

2014. 195 S. 4 S/W- UND 8 FARB. ABB. FRANZ. BR. 135 X 230 MM
ISBN 978-3-412-22344-1 [BUCH] | ISBN 978-3-412-21816-4 [E-BOOK]

BÖHLAU VERLAG, URSULAPLATZ 1, D-50668 KÖLN, T:+49 221 913 90-0
INFO@BOEHLAU-VERLAG.COM, WWW.BOEHLAU-VERLAG.COM | WIEN KÖLN WEIMAR